国家社科基金
后期资助项目
GUOJIA SHEKE JIJIN HOUQI ZIZHU XIANGMU

财政风险管理视角下的
政府会计改革研究

Study of Government Accounting Reform in view of
Fiscal Risk Management

刘慧芳　著

中国社会科学出版社

图书在版编目（CIP）数据

财政风险管理视角下的政府会计改革研究／刘慧芳著 . —北京：中国
社会科学出版社，2019.4
ISBN 978-7-5203-4248-3

Ⅰ.①财… Ⅱ.①刘… Ⅲ.①预算会计-经济体制改革-研究-中国
Ⅳ.①F810.6

中国版本图书馆 CIP 数据核字（2019）第 062924 号

出 版 人	赵剑英
责任编辑	任　明
责任校对	季　静
责任印制	王　超

出　　版	中国社会科学出版社
社　　址	北京鼓楼西大街甲 158 号
邮　　编	100720
网　　址	http：//www.csspw.cn
发 行 部	010-84083685
门 市 部	010-84029450
经　　销	新华书店及其他书店

印　　刷	北京君升印刷有限公司
装　　订	廊坊市广阳区广增装订厂
版　　次	2019 年 4 月第 1 版
印　　次	2019 年 4 月第 1 次印刷

开　　本	710×1000　1/16
印　　张	17.25
插　　页	2
字　　数	318 千字
定　　价	85.00 元

国家社科基金后期资助项目

出 版 说 明

　　后期资助项目是国家社科基金设立的一类重要项目，旨在鼓励广大社科研究者潜心治学，支持基础研究多出优秀成果。它是经过严格评审，从接近完成的科研成果中遴选立项的。为扩大后期资助项目的影响，更好地推动学术发展，促进成果转化，全国哲学社会科学工作办公室按照"统一设计、统一标识、统一版式、形成系列"的总体要求，组织出版国家社科基金后期资助项目成果。

全国哲学社会科学工作办公室

序

财政风险管理和政府会计，均是当前财政、会计领域的重要问题。政府会计处于财政管理理论与会计理论的交叉领域，是公共财政管理的重要手段。财政风险是财政运行中面临的客观问题，凡有财政收支存在，也往往伴随着财政风险的存在，需要对这种风险进行防控和管理。从这个意义上说，财政风险管理视角和政府会计两者之间的关联性也十分密切。

本书从理论上对政府会计的相关基本要素进行了详细论述，区分了政府会计、预算会计、政府财务会计等基本概念的异同，深入探讨了权责发生制及在预算会计和政府财务会计中的运用；从基金主体和组织主体、核算主体和报告主体两种分类的视角，对政府会计主体进行了系统的分析。对基本概念的理解和阐释是否准确，直接关系着政府会计实际运用的合意性。政府预算与政府会计之间有着密切的联系。本书对政府预算与政府会计之间的关系进行了细致的讨论，并从政府预算的角度分析了政府会计对象问题。

政府财务信息是政府进行财政风险管理的基础信息。政府财务信息并不是一个虚幻的提法，而是有着实实在在的来源和形态。本书将财政风险分为广义和狭义两个层面，分别对应着相应范围的政府资产和负债信息，从而有助于厘清财政风险管理和政府会计之间的关联性，并具有较强的可操作性。

刘慧芳同学曾先后从事财政税务领域的实践和教学研究工作，也对财务会计问题有着浓厚的兴趣。在攻读博士学位期间，她将政府会计和财政风险管理问题的融合这一前沿问题作为博士学位论文的选题，并查阅了大量的相关文献资料，在进行理论分析的同时又从事了专题调研，在研究财政风险管控与政府会计改革规律方面进行了有益的尝试，提出了一些有新意、有见地的观点。完成博士阶段学业后，刘慧芳同学又以博士论文为基础申请了国家社会科学基金后期资助项目，并获得立项，本书稿便是该项目的最终成果形式。财政风险管控背景下的政府会计改革，是一个宏大而复杂的主题，相关理论和实践中仍然有许多问题值得探索，愿刘慧芳同学在教学和科研工作中继续予以关注并取得新的成果。

孙　开
2018 年 12 月 31 日

摘　　要

　　财政风险管理与政府会计关联十分密切。首先，政府会计提供的政府资产和政府债务信息是财政风险管理所需信息的重要来源。其次，各个国家面临的财务压力是政府进行政府会计改革的激励因素之一，从政府会计改革的实践来看，国家面临的财务压力越大，政府会计改革的动力越强。再次，政府通过发行债券对政府债务的规模和结构进行调整，实现与政府资产的规模和结构相匹配，以降低财政风险。反映政府整体财务状况、经营业绩及现金流量的财务报表是表明政府信用情况的主要文件。一个完善的政府债券市场，离不开政府提供的政府财务报告。而政府财务报告的质量取决于一个国家政府会计准则制定的质量。最后，在面临内外部的预算约束时，政府往往会产生财政机会主义行为，具体表现为各种类型的政府或有债务和隐性债务，而收付实现制的政府会计给或有债务和隐性债务的存在提供了条件，从而在一定程度上掩盖了财政风险。所以，设计良好的政府会计可以更好地反映和预测财政风险状况，也是进行财政风险管理的基础性手段。

　　与西方国家相比，我国一方面需要政府会计在财政风险管理中发挥基础性作用，但同时我国的政府会计还比较落后。财政风险管理是通过对政府债务和政府资产两方面的管理来实现的，而我国现行的政府会计不能提供真实可靠的政府资产和政府债务信息。原因在于政府会计主体的设置不科学、政府会计的目标定位不明确、采用收付实现制的会计基础及缺少统一的政府会计准则。政府会计改革的方向为：采用"双主体"的政府会计主体模式，"基金"主体和"组织"主体并存；分离预算会计与政府财务会计，采用预算会计与政府财务会计并行的政府会计模式；将权责发生制逐步引入政府预算及政府会计领域，从政府会计到政府预算，从地方政府到中央政府，从修正的权责发生制到完全的权责发生制。在此基础上，将预算会计要素设置为预算收入、预算支出和预算结余；将政府财务会计要素设置为资产、负债、净资产、收入和费用。以政府资产负债表、运营表和现金流量表为核心，重构我国的政府财务报告体系。

本书在对现有研究成果归纳总结的基础上，从以下方面展开研究：

第一，对财政风险及政府会计的理论基础进行了阐释。政府债务是一种客观存在，是财政风险的集中体现。但政府债务本身说明不了财政风险状况，关键是能否与政府资产相匹配。财政风险的资产负债表管理是将财政风险和政府会计联系在一起的纽带。政府会计改革的过程是对政府会计模式选择的过程。政府会计主体的选择模式存在"组织"主体和"基金"主体两种；政府会计目标的定位也是政府预算与政府会计关系的处理；不同的会计基础下，政府会计提供侧重点不同的会计信息。

第二，对我国现行的政府会计的财政风险管理作用的发挥做出了评价。收付实现制的会计基础使得各预算单位提供的政府资产和政府债务信息相当不真实；不同的组织形式采用不同的会计制度使得政府合并财务报告的提供缺乏技术上的可能性；财政总预算会计本质上为资金会计，对实物资产不核算。这些造成了我国的政府会计无法提供进行财政风险管理有价值的会计信息。存在这些问题的原因首先是政府会计的目标定位不清，其次是政府会计主体设置不合理，最后是采用收付实现制会计基础。

第三，阐明我国应选择"双主体"的政府会计主体模式、预算会计与政府财务会计并行的"双轨制"政府会计模式、会计基础选择权责发生制。在选择政府会计模式时要借鉴国外的先进经验，但更重要的是结合本国具体的政府会计环境。"双主体"为"基金"主体和"组织"主体并存的政府会计主体模式。我国的"双主体"具体形式为：对于符合"基金"确认条件的资金采用"基金"会计的模式，"基金"既为核算主体也为报告主体；对于政府其余的经济业务以"组织"为会计主体，其中，"机构"为核算主体和报告主体，"政府"为报告主体。

"双轨制"政府会计模式指预算会计与政府财务会计并存。预算会计核算政府预算收支的整个过程，反映政府预算的执行情况；对预算支出的核算以支付周期为主线；既核算预算金额也核算实际执行金额；预算会计为资金会计，不核算实物资产。政府财务会计核算政府所有的经济业务活动，包括与财政年度预算收支有关的活动，也包括与财政年度预算收支无关的活动；提供这些活动引起的会计期间内收入和费用的发生额、会计期末资产、负债及净资产的余额信息。这些信息对于分析财政风险状况至关重要。

只有在权责发生制的会计基础下，政府会计提供的资产和负债信息才是最真实可靠的。但是，权责发生制的引入也会带来一系列成本的增加。

只有结合本国的政府会计环境,才能使得收益最大化。权责发生制的引入应采用循序渐进的步骤。地方政府对财政风险管理的需求大于中央政府,应先在地方政府债务核算及资产核算中引入权责发生制;收付实现制预算在我国现阶段有存在的必要性,应先在政府会计系统中引入权责发生制,成熟之后,考虑在政府预算中引入权责发生制,但政府预算与政府会计的会计基础差异不应是一种长期存在。

第四,重新构造我的政府财务报告体系。政府财务报告由政府财务报表和财务报告附注构成,由政府财务会计系统产生。政府财务报表包括资产负债表、运营表和现金流量表。资产负债表要素包括资产、负债和净资产;运营表要素包括收入和费用;现金流量表要素包括现金收入、现金支出和现金余额。其中,资产负债表和运营表基于相同的会计基础——权责发生制,现金流量表依据的为收付实现制。政府预算的执行情况由预算会计系统提供,预算会计要素设置为预算收入、预算支出和预算结余。反映收付实现制预算下,预算收支的执行情况。预算执行情况信息为政府财务报告的组成部分之一。

第五,财政风险分为广义的财政风险和狭义的财政风险。广义的财政风险为公共风险,狭义的财政风险为政府组织的财务风险。狭义的财政风险又可具体化为短期的财务风险和长期的财务风险。将社会各个部门的资产负债表合并的国家资产负债表反映公共风险状况。公共部门资产负债表是国家资产负债表重要的组成部分。公共部门资产负债表分为三个层次:依据政府会计准则编制的政府资产负债表、包括了政府财务报告中披露内容的资产负债表、包括了政府所有资产和负债的资产负债表。公共部门资产负债表反映狭义的财政风险状况,其中依据政府会计准则编制的政府资产负债表更侧重政府短期的财务风险。

论文将政府会计主体设置、预算会计与政府财务会计分离及权责发生制在预算及政府会计中的运用融合在一起,使得方案的设计更具操作性。同时,将财政风险的层次性与政府财务报告的层次性对应,厘清了财政风险管理的思路,结合具体财务指标的设计及运用,提高了政策的实用价值。

关键词:财政风险,政府会计,权责发生制

Abstract

Fiscal risk management is intensively connected with government accounting in many ways. Firstly, the accounting information about the government assets and debts is an important source of information for fiscal risk management. Secondly, financial pressure is one of the governments' incentives to reform accounting in various countries. From the perspective of government accounting reform, the worse the financial pressure the country faces, the greater the motivation of the reform of government accounting. Thirdly, the government may adjust the volume and structure of its debts by issuing bonds, to match the scale and structure of government assets in order to reduce financial risk. The balance sheet of the government is the main file showing the overall government financial condition, operating results and cash flow, illustrating the status of government credit. A perfect government bond market cannot function properly without the government financial reports. The quality of government financial reports depend on the accounting standards that the government developed. Finally, with internal and external budget constraints, the fiscal opportunist behavior tends to be embodied in the various types of government contingent liabilities and implicit debts. The cash basis of government accounting provided the access and existence of hidden debts, covering up the financial risks to some extent. Therefore, a well-designed government accounting system can reflect and predict the financial risk profile, which is a basic method for fiscal risk management.

Compared with western countries, our government accounting system is relatively backward, though playing a fundamental role in fiscal risk management at the time. Fiscal risk is managed in two aspects, as of debt and asset. Yet we can not provide real or reliable accounting information of assets and debts. The reasons are that the government accounting subject setting is not scientific, the government's target of accounting position is not clear, as well as using cash for accounting basis, besides lack of unified government accounting standards. Government accounting should be reformed in the following directions: to introduce double-subject mode of government accounting entity with the subjects of "funds" and "organization" coexisting; to separate government fiscal budget accounting from government financial accounting, with the budget accounting and government financial accounting in a parallel mode of government accounting; to introduce accrual basis step by step, such as from government accounting to government budget, from local governments to the central government, from the modified accrual basis to the complete accrual basis. On that basis, we might set the budget accounting elements as budgetary fiscal revenues, public expenditures, and the budget surplus; and set the government financial accounting elements to assets, liabilities, net assets, revenues, and expenses. With the government balance sheet, operation table and the cash flow statement as the core, we may reconstruct government financial reporting system in our country.

Based on existing research results of others, the text extends the study of the subject from the following aspects.

First, the theoretical basis of the financial risks and government accounting. Government debt is objective, concentrating government financial risks. But the government debt itself doesn't explain the financial risk status, while the key is whether it can match the government assets. Balance sheet approach of fiscal risk is the link of fiscal risk management to the government accounting. The government accounting reform means the process of model selection. The choices of accounting entity consists of two kinds, "organization" and "fund". The accounting goal determination deals with relationship of fiscal budget and accounting. Different model provides information with different emphasis under different accounting foundation.

Second, evaluation of the role that the current accounting system has played in fiscal risk management. The cash basis led budget units to provide inaccurate information on assets and debts. Technically, the units with different accounting basis cannot provide a consolidated financial report. Since public finance budgetary accounting in essence is especially for funds, physical assets are not counted. Those impedes government accounting from providing useful information in financial risk management. Those problems are caused by A) the unclear orientation of the government's accounting target, B) unreasonable government accounting subject setting, C) use of cash basis.

Third, illustrating we should choose "double - subject" mode of government accounting entity, i. e. fiscal budget accounting and government financial accounting parallel "double - track", with accrual accounting basis. When choosing mode of government accounting, we should learn from foreign advanced experience, but more important is the consideration of the specific national environment. By "double - entity", I mean both "fund" and "organization" model. To be specific, for those qualified for fund entity, use fund accounting mode, with fund as the accounting subject and as a reporting entity; for other government economic activities, use organization mode, unit as the accounting entity, with the unit as the subject in the accounting and reporting, while government as the report entity.

"Double track" government budget accounting model refers to a parallel type of fiscal budget accounting and public financial accounting. Budget accounting deal with the whole process of the government budget, reflecting both budget and its implementation, following the budget timing. Budget accounting, as cash accounting, counts cash only, not any physical assets. Government financial accounting counts all the economic activities, including the activities relevant or irrelevant to the annual budget, providing information about the yearly income and expenses, and information of assets, liabilities and net worth. Such information is very important for analysis of financial risk condition.

Only under the accrual basis of accounting, government accounting information is the most reliable of assets and liabilities. However, the introduction of accrual accounting will bring a series of increased costs. By combining with the national accounting environment can we make the maximum benefit. The introduction of accrual accounting should be adopted step by step. The local governments need more information for public financial risk management than the central government. The accrual basis should be introduced in local governments' debt accounting and assets accounting. Cash accounting for budget is the necessity at present in our country, we should introduce accrual basis in government accounting system. The accrual basis in government budget may delay, but the difference between government budget and government accounting should not be a long-standing.

Fourth, reconstructing our country's government financial reporting system. The government financial report consists of government financial statements and the notes to financial statements, produced by the government financial and accounting system. The government financial statements including balance sheet, operation table and the cash flow statement. The balance sheet elements include assets, liabilities and net worth, with operating table elements including revenues and expenses. The cash flow statement elements include the cash receipts, cash disbursements, and cash balances. Among them, the balance sheet and operating table are based on the same basis, accrual basis accounting, while the cash flow statement is based on cash basis. Government budget implementation is provided by the budget accounting system. Budget accounting elements are the fiscal revenues, public expenditures, and budget balance. It reflects the implementation of budgetary revenues and expenditures in cash basis. Information on budget implementation is a part of the government financial report.

Fifth, fiscal risk can be divided into the generalized sense and the narrow sense. General fiscal risk stands for public risk, when narrow sense of fiscal risk for the financial risk of the government organization. Narrow sense of the fiscal risk can be embodied as short – term and long – term financial risks. Consolidated national balance sheet of each department of nation reflects the status of public risk. The public sector balance sheet is an important part of national balance sheets. Public sector balance sheet is divided into three levels: A) balance sheet on the basis of government accounting standards, B) including the government financial report notes of disclosure contents, C) including all the government assets and liabilities. Public sector balance sheet illustrates the status of narrow sense fiscal risk, among which balance sheet on the basis of government accounting standards lays more emphasis on government short–term financial risk.

The thesis combined the problems of government budget accounting entity, separation of budget accounting and financial accounting, and accrual basis in government budget and government accounting, enabling the design more feasible. Meanwhile, matching the levels of financial risks with the government financial reports, it provides a better thought of financial risk management, combining with the concrete financial index design and utilization, improving the practical value of the policy.

Key words: fiscal risk, government accounting, accrual basis

目 录

图表目录

第一章 导论

第一节 选题背景及选题意义

一 选题的背景

20世纪70年代末的新公共管理运动的兴起是导致政府会计改革的重要原因。新公共管理运动是相对于传统的公共行政理论而言的，核心为政府再造，强调对政府进行企业化管理，把一些在企业中运用的科学管理方法，如成本核算、项目管理、绩效评估等引入公共行政领域，目的是提高政府工作效率，从而提高公共资金运用效率。在新公共管理运动的带动下，20世纪90年代以来，西方各国对政府会计进行了大幅度的改革，将适用于企业会计的权责发生制引入了政府预算和政府会计领域。

传统的政府预算及政府会计以收付实现制为主，重点反映政府预算的执行情况。从改革的程度看，较为彻底的是英国、新西兰和澳大利亚等国，在政府预算及政府会计中完全引入了权责发生制；有些国家权责发生制引入的程度较低，仅在原政府会计基础上部分引入，如德国；美国处于两种形式之间，在政府会计中引入了权责发生制，要求编制权责发生制基础的政府财务报告，但同时，政府预算的编制仍然以收付实现制为主。

我国没有"政府会计"的提法，只有"预算会计"。从政府预算与政府会计的关系上看，政府预算占主导，预算会计主要反映政府预算的执行情况。我国的预算会计制度经历了从建立到调整的阶段，其中1997—1998年的改革奠定了我国现行预算会计制度的基础。从2000年开始，为了顺应政府会计改革的国际潮流，也是为了更好地服务于我国的公共财政管理，我国开始了对新一轮政府会计改革的研究，核心是权责发生制在政府预算及政府会计中的运用。2010年12月底，财政部发布了新的《医院会计制度》，规定医院会计采用权责发生制会计基础。2012 年 11 月，财政部发布了《事业单位会计准则》，规定事业单位会计核算一般采用收付实现制；对于部分经济业务或者事项，由财政部在会计制度中做出具体规定后，可采用权责发生制核算。

2008 年席卷全球的金融危机带来了全世界的经济衰退。此轮经济危机最初由美国次贷危机引起，然后蔓延至整个金融领域，引起金融危机，然后从金融领域蔓延至实体经济，引起大量的公司破产，工人失业。对于政府来说，经济衰退意味着税源的减少，带来的是财政收入的减少。同时，在经济衰退期，要依靠政府投资扩大社会有效需求，这意味着财政用于投资支出的增加。同时，财政支出具有很强的刚性。财政收入的减少和财政支出的增加使得政府预算出现大额的赤字。政府预算赤字需要政府通过借债来弥补，带来的是两个指标的急剧攀升：国债余额占国内生产总值的比重和赤字占国内生产总值的比重。

几乎世界上各个国家都面临政府债务问题。"国家破产"指一个国家资不抵债的状况，即国家对外资产不足以偿付其对外负债。2008 年，冰岛的金融业外债达到了其国内生产总值的 8 倍多，国际信贷评级机构将其信用级别从 A-降到了 B，冰岛作为主权国家面临"国家破产"。地方政府也面临政府破产问题。2008 年，美国纽约州州长称，受金融危机和经济衰退的影响，纽约州的财政赤字四年后将达到 470 亿美元。2006 年，日本的小镇夕张政府的政府负债达到了 630 亿日元，约为年度财政收入 45 亿日元的 14 倍，计划于 2009 年申请破产。2009 年 10 月初，希腊政府对外宣布，该年度财政赤字和政府债务占国内生产总值的比例为 12.7% 和 113%，远远超过了欧盟《稳定与增长公约》规定的 3% 和 60% 的上限，拉开了欧洲政府债务危机的序幕。至 2010 年，债务危机已经蔓延至整个欧洲，全球三大评级机构集体下调欧洲国家主权评级，欧元遭到大肆抛售，欧洲股市暴跌。

我国经济一直保持着高速的增长。此次经济危机对我国的影响也是相当巨大的。我国经济的对外依存度较高，这也是一个发展中国家一般都具备的特点。国外收入的减少也减少了外需对国内生产总值的贡献。为应对此次经济危机，我国政府采取了一系列措施，其中最重要的是加大了政府投资。但带来的问题是地方政府债务的急剧增加。由于一系列限制的存在，地方政府债务大都以或有债务的形式存在，管理极不规范。同时，我国政府还面临人口老龄化带来的养老金缺口隐性负债。经济的快速发展及监管措施的缺失带来了日益严重的环境恶化，环境治理成本也是政府的一项债务。

虽然政府行为失当带来的公共支出过度膨胀、对经济运行造成的不良影响导致财政收入缺乏保障是政府产生财政危机的根源，但政府会计没有发挥"政府经济警报器"的作用，没有在事前起到预测财政危机的作用。传统的以预算会计系统以预算年度的预算收支为核算对象，以收付实现制为预算和会计基础，注重预算管理需要不注重政府财务管理需要，难以实现政府财务风险的防范目标。国际会计师联合会（IFAC）倡议各国政府对政府会计进行权责发生制改革，通过制定先进的政府会计准则，将权责发生制引入政府会计领域，加强政府会计的财务管理职能，提高政府财务信息的质量，从而提高政府财务管理水平及公共资金的使用效率。

二 选题的意义

财政风险管理与政府会计改革之间存在密切的关联。从政府会计改革的发展历程上看，政府面临的财政压力是促使政府进行政府会计改革的重要原因。市场和政府是调节经济的两种形式和手段，对市场自由竞争的推崇并不排斥政府干预的存在。从经济学的发展来看，古典经济学和凯恩斯理论在逐渐的融合，并不是完全地相互对立。基于此，面对每次的经济周期，政府加大了对经济的干预程度。随着政府经济干预的增加，财政赤字增加，政府债务也逐渐增加。无论是政府自身还是对政府会计信息需求的外部信息使用人，都存在进行政府会计改革的要求。传统的政府会计以收付实现制为主，目的是监督政府预算的执行情况，是服务于预算的。政府会计提供的信息主要是预算收支的流量信息，对于存量信息的反映只是辅助。而财政风险管理需要了解政府资产和政府债务的存量信息，所以，需要对政府会计改革。

不完善的政府财务报告制度也是造成政府资产和政府负债信息不实的原因。一方面，表内的政府资产和政府负债是满足政府资产和政府负债确认条件的政府资产和政府负债，并不是所有的政府资产和政府负债都满足会计要素的确认条件。另一方面，对于满足披露要求但不满足确认要求的资产和负债，虽然不满足确认要求，但比较重大的，要在财务报告中披露。

我国的财政风险与发达国家财政风险的区别表现在，发达国家的财政风险主要体现在政府的直接显性债务，而我国则体现在或有债务，尤其是地方政府的或有债务。地方政府或有债务的形成与财政机会主义直接相关，财政机会主义主要存在一些处于转型期的国家。在面临内外部的财政约束时，采用"预算外"的手段，将政府债务或有化或隐性化。而正是由于收付实现制的政府会计给财政机会主义的实现提供了可能。也就是说，如果采用权责发生制的政府会计，有相当大一部分或有债务不能再以或有债务的形式存在。

同时，从国外政府财政管理的经验来看，地方政府发行债券，尤其是市政债券，是普遍做法。地方债发行有利于分清地方政府的责任，规范地方政府行为；同时，市政债券也是资本市场中不可或缺的组成部分，有利于资本市场的健康发展。从我国面临的情况看，一方面，我国地方政府债务急需进行规范管理。在我国政府债务管理中存在着不同的称谓，"政府债务""政府性债务"等，是因为许多的地方政府债务并不是以地方政府的名义对外举借，地方政府只是担保人。这很大程度上是无奈之举，既要完成政策目标，法律又不允许地方政府举债。另一方面，对地方政府债务管理的措施中，是否允许地方政府发行地方政府债券是解决问题的焦点所在。在对这个问题的讨论中，普遍认为，地方政府发行债券本身是中性的，关键在于对我国是否具备发行地方政府债券条件的讨论。包括债券发行的技术条件及监管制度的建立。地方政府可以也应当发行债券，但要建立在对其有效监管的基础上。政府会计条件既是债券发行的技术条件中的重要一环，也是政府及市场监管地方政府债券发行的有力手段。

规范的地方政府财政风险管理离不开地方债券的发行，地方债券的发行离不开规范的政府会计制度。我国政府会计准则不同于美国的政府会计准则，美国联邦政府及州和地方政府政府会计准则的制定机构是不一致的，采用不同的政府会计准则。之所以存在这种情况，与美国特有的文化历史背景有关。两套政府会计准则同时存在，也带来了在财务会计信息提供和运用上的成本，不见得是合适的。基于我国的背景，中央政府和地方政府不可能采用不同的政府会计准则。所以，地方政府会计准则的改进还有待于整个的政府会计准则的建立。

在我国，企业会计改革已经颇具成效，但政府会计却相对比较落后。政府会计系统提供的信息非常有限，难以发挥政府会计应有的功能。①

从财政风险管理的角度对政府会计改革进行分析的意义在于，论述怎

---

① 我国政府会计改革的步伐在加快。2014 年 8 月，《中华人民共和国预算法》修改，2014 年 12 月《权责发生制政府综合财务报告制度改革方案》发布，2015 年 10 月，《政府会计准则——基本准则》公布，重新印发了《财政总预算会计制度》。

样的政府会计能更好地服务于财政风险管理，以及如何利用政府会计进行财政风险管理。针对我国政府会计及财政风险管理的现状，提出我国政府会计改革的方向，并设计运用政府会计手段管理财政风险的具体方法。

第二节　国内外文献综述

本部分首先论述国内外关于财政风险及财政风险管理的研究现状，其次论述了国内外关于政府会计改革的不同观点，最后，结合本书的写作思路，论述了国内外从财政风险管理角度研究政府会计改革的成果。

一　财政风险及财政风险管理的国内外文献综述

关于财政风险的文献可以分为两个方面，一方面是对财政风险理论上的论述，如什么是财政风险；另一方面是对财政风险的具体分析，如对我国财政风险状况的分析判断。研究的目的集中在如何对我国的财政风险进行管理，这方面主要是对财政风险预警机制的设计。

（一）关于财政风险的概念

随着我国政府债务的逐渐增加，财政风险成为了一个学者们关注的重点。关于财政风险的文献相当多，对于财政风险的概念有代表性的观点主要有以下几个。财政部的研究报告《国家财政困难与风险问题及振兴财政的对策研究》（1996）将财政风险定义为："在财政发展过程中由于某些经济社会因素影响，给财政运行造成波动和混乱的可能性，集中表现为巨额财政赤字和债务危机。"这是国内最早的对财政风险的定义。把财政风险描述为"财政赤字和债务危机"。主要是把财政风险理解为公司财务风险，即不能偿还到期债务或债务不可持续，认为巨额的财政赤字和债务危机是财政风险的表现。可以理解为，如果实现了财政平衡或者没有政府债务就不存在财政风险。

而有些学者则认为，合乎经济发展的财政赤字是有必要的，仅仅为了考虑防范财政风险而不采用赤字，反而会不利于经济发展，长远来看会加大财政风险。如 Selowsky（1998）认为，减少政府公布的赤字往往并不意味着财政状况的改善。仅仅强调减少财政赤字，有可能增加而不是减少财政风险，恶化而不是改进未来财政业绩，妨碍而不是促进一些为长期财政稳定而进行的改革。财政状况改善的指标除了赤字减少以外，还应该包括财政可持续性和效率。武彦民（2003）也认为："不能把财政风险同财政赤字和债务规模扩张简单地联系起来。"

随着对财政风险研究的深入，特别是 Hana Polackova 提出财政风险矩阵及财政风险对冲矩阵之后，政府资产负债结构状况或净资产成为了定义和衡量财政风险的方式。Hana Polackova 和 Ashoka Mody（2000）认为"政府面对的风险首先来自其收入、资产，或有直接负债的结构"。当政府的资产负债结构或收支结构严重失衡的时候，政府的净价值就会受到威胁，这种威胁可以直接体现为增加的财政赤字与债务负担（较高的赤字率和负债率）。当然因为政府拥有征税的权利，所以即使其净价值为负，政府也不会出现类似于企业破产的问题。但是，当政府被迫通过增加纳税人的负担来对预算赤字和债务负担融资时，也付出了巨大的成本。

张春霖将财政风险定义为"国家财政出现资不抵债和无力支付的风险。这种风险是和政府债务相联系的。政府债务的可持续性是政府财政风险的一种重要反映"。[①] 并提出，"要评估政府的借款能力，有必要把财政、银行、企业三个部门作为一个整体，编制政府或公共部门的资产负债表，并测算其变化趋势"。依据奎多提和库莫（1993）提出的分析框架，设计出了我国公共部门资产负债表示意图。

刘尚希（2004）将财政风险定义为"政府未来拥有的公共资源不足以履行其未来应承担的支出责任和义务，以至于经济、社会的稳定与发展受到损害的一种可能性"。

丛树海（2005）将财政风险分为广义的财政风险和狭义的财政风险。广义的财政风险指公共风险，即来自经济、自然、社会和政治等方方面面的不利因素致使国家财政、银行信用和货币流通出现混乱和动荡的可能性；狭义的财政风险，是指爆发财政危机的可能性，即政府财政入不敷出、预算赤字巨大、国家债务剧增、全部或部分国家债券停止兑付的可能性。[②]

（二）对我国财政风险状况的判断

如果认为财政风险是一种客观存在，关于我国是否存在财政风险的争论的含义应该是我国的财政风险状况是否可控。持乐观态度的学者依据赤字率（当年中央财政赤字/当年 GDP）和国债负担率（当年国债余额/当年 GDP）这两个指标，否认我国存在财政风险。但事实上，从数据上看，这两个指标只能表明国债风险状况，并不包括政府所有的债务。我国和其

---

① 张春霖：《如何评价我国政府债务的可持续性?》，《经济研究》2000 年第 2 期。

② 丛树海：《财政扩张风险与控制》，商务印书馆 2005 年版，第 6—7 期。

他经济转轨国家一样，存在大量的财政机会主义，表现为存在大量的政府或有债务和隐性债务（Kathie L. Krumm 和 Christine P. Wong，2003）。如果以政府债务总额为标准来计算，我国的这两个指标已相当可观。樊纲教授也提出我国"国家综合负债率"至少在70%，已经超过了亚洲许多国家以及欧盟和美国。从政府的隐形债务和或有债务来看，现有的研究成果表明，这部分债务占 GDP 的比重约为75%—125%左右（世界银行，1998；刘成，2000）。刘尚希和赵全厚（2002）则对目前我国政府或有债务进行了测算，测算结果保守估计也达到 58609 亿元，其中占主要部分的为地方政府或有债务。

（三）财政风险的成因

对于我国财政风险的成因，学者们普遍从经济转轨或体质变迁的角度进行分析。刘尚希（2004）指出，财政风险是在国民经济的市场化、工业化、金融化和城市化的环境中产生的，是这种环境的快速变化超出了制度变迁的速度所导致的一种结果。改革打破了"利益大锅饭"，而风险责任的界定相当模糊，导致"风险大锅饭"，这导致公共风险扩大，最后不得不由政府财政来兜底。张春霖（2000）认为中国国有经济的基本结构是一个由国家财政、国有银行和国有企业组成的"三位一体"的结构。金融业的或有负债、国有企业改革和社会保障体制改革引起的财政责任，以及中央和地方政府间的财政关系的模糊性是财政风险的来源（Kathie L. Krumm 和 Christine P. Wong，2003）。

也有学者则从财政运行机制的角度来寻找原因。宋仪（2002）认为产生财政风险的原因主要有：（1）财政支出结构不合理。表现为"缺位"与"越位"并存及行政经费日益膨胀，政府经济行为的不当潜伏着财政风险。（2）财政收入缺乏稳定的增长机制。首先，税制结构不合理，间接税占比较高而直接税占比较低，制约着财政收入的长期增长。其次，财政收入中过分依靠国有企业。（3）制度建设存在严重缺陷，存在着严重的偷税、漏税现象。（4）金融风险、社会保障资金缺口、国企扶贫以及自然灾害的很大部分损失最终可能变为财政风险。

经济转轨或体制变迁与财政运行机制并不是完全分离的两个角度。财政运行机制是导致财政风险状况恶化的直接原因，而体制变迁或经济转轨是造成财政运行机制不当的根源。

在 Hana Polackova Brixi（1998）首次提出"财政风险矩阵"（fiscal risk matrix）以后，政府隐性和或有负债被视为财政风险的主要来源，尤其是处于经济转型期的国家。大多数学者都认为，隐性和或有负债构成了我国财政风险的主要来源。从整体来看，社保基金缺口和地方政府投融资平台公司债务是我国隐性和或有债务的主要组成部分。

（四）财政风险的防范措施

根据财政风险的产生原因，学者们提出了各种防范和控制的措施。针对我国转型期的特征，学者们认为要是从市场与政府的关系入手，构建我国的公共财政体系，纠正政府的"缺位"和"越位"。阎坤和陈新平（2004）认为，深化国企改革，建立现代企业制度，明确银、企关系。

对于政府隐性债务中的社保基金缺口，贾康（2001）建议开征社会保险税解决社会保险资金筹资问题。魏凤春、于红鑫（2002）则建议出售部分公有资产。王利军也认为可以通过变现国有资产的方式补充基本养老保险基金，不过他还认为应该建立新的筹资渠道，拓宽养老保险资金来源渠道。

针对中央与地方财政关系模糊引发的财政风险，刘尚希（2004）提出，清晰界定各级政府之间的风险责任，防止下级政府随意地向上级政府转移自身应当承担的财政风险。

早期对财政风险的理解是政府财政收不抵支，表现是巨额的财政赤字和政府债务。学者们从提高财政收入和优化财政支出入手提出了自己的观点。蓝庆新、姜静（2004）认为解决财政困难的根本出路在于提高财政收入占 GDP 的比重。对于财政支出要加强财政支出管理，提高财政资金的使用效益。对于如何提高财政资金的使用效率，阎坤、陈新平（2004）提出"完善政府投融资体制，把有限的政府财力投向公共物品和公共服务领域"。彭龙运（1997）建议加强财政效率评估。马国贤（2000）主张借鉴国外的经验，推行绩效预算。

陈学安、侯孝国（2001）提出，建立财政风险的动态监测和风险基金制度。借鉴国际经验，建立一套管理财政风险的指标体系。应考虑专门建立一笔财政风险基金。对于可量化的政府债务，应进入政府的预算安排，编制中长期预算。政府会计基础逐步采用权责发生制，编制政府资产负债表。

从以上对财政风险及管理的文献中看出，国外的学者大都从实践的角度，如政府债务的种类等进行论述，很少对什么是财政风险进行界定。如白汉娜（1998）提出的财政风险矩阵中基本上将财政风险与债务风险等同，文中并没有对财政风险的内涵进行判断。而我国的学者们在财政风险理论方面的研究较多，不同的学者提出了不同的财政风险的概念和定义。笔者认为，这些对财政风险定义的不同表述并不是相互排斥的，而是从不同角度和不同范围对财政风险的理解。概念是对事物本质的概括，风险是一种可能性，是中性的。而且，财政风险也不是简单的债务风险，应该分为广义和狭义来看。在对我国财政风险状况判断中的论述中，虽然存在不同的观点，但从本质上讲，也不是矛盾的，原因在于做出判断依据的标准不同。但有一点是肯定的，除了发行的国债这样的直接显性债务外，我国确实存在着大量的或有债务和隐性债务。但财政风险状况到底如何，还要结合政府资产的状况，学者们大都将研究的重点集中在政府债务上，对政府资产关注得比较少，略显片面。在对财政风险的内涵进行界定、对我国财政风险状况进行判定及原因进行分析之后，学者们提出了各种管理和防范我国财政风险的措施，包括财政风险预警指标的设计。笔者认为，一个国家的财政风险状况，是多种因素影响的结果，同时又会对社会的政治和经济产生影响，并且是一个动态而非静态的过程。财政风险预警指标的设置的关键在于预警指标数据能否可靠取得，有无制度化可持续的取得途径。这也是在设计我国的财政风险预警指标体系时的软肋，提出了若干种不同类型的财政风险预警指标体系，但缺少对如何取得数据及如何具体运用这些指标对我国各级财政风险状况的具体运用。

二　政府会计改革的文献综述

对政府会计的理论基础分析是政府会计改革的基础，从现有文献看学者们的观点存在差异。本部分欲先对关于政府会计改革理论基础的文献进行梳理。同时，政府会计主体的选择、政府预算与政府会计的结合方式、权责发生制的运用是政府会计改革的关键因素，也是本书的写作主线。考虑到这些原因，文献综述的第二部分，也是以这三方面为主线的。

（一）关于政府会计改革的理论基础

政府会计改革的研究思路通常是在对政府会计改革的理论依据进行阐释的基础上，分析我国政府会计的现状，进而提出我国政府会计改革的方向。学者们通常以公共受托责任、新公共管理、公共财政理论、现代预算理论、公共选择理论、委托代理理论、政府职能理论、制度变迁理论等为政府会计的理论依据。

1. 现有研究的理论视角

（1）关于受托责任

李建发指出受托责任产生于委托代理关系。公共受托责任是受托管理公共资源的政府、机构和人员，履行社会公共事务管理职能并向公众报告的义务，包括行为和报告两个方面，是新型政府会计与财务报告体系的基石。公共财务受托责任是政府在被让渡财产权以及管理公共资源的基础上形成的对纳税人、债权人和社会公众的受托责任。并对立法机构、行政机构和司法机构的财务受托责任进行了界定。并将政府财务受托责任归纳为两个方面：①政府接受委托，管理委托方（纳税人、债权人和社会公众）所交付的资源。政府因此承担了合理、有效地管理和使用受托资源的责任。②政府承担了如实向资源委托方报告受托责任的履行过程与结果的义务，这种报告形式，在会计技术上通常以财务报告为手段[①]。

常丽（2007）指出委托代理关系的产生首先基于财产所有权和控制权的分离。公共受托责任是受托责任的一个分支，是指受托经营管理"公共财产"的机构或个人报告和经营管理这些财产的责任。政府所承担的公共受托责任是政府职能的集中体现。将公共部门责任划分为三大类九小类。"政府的财务受托责任"，是指各项收入来源或债券发行取得的财政资源应按照其运用方面的限制来使用、依从预算、有效运用财政资源和资本资产的保全等方面的责任。政府财务受托责任的履行集中体现在其财政收支活动上[②]。

路军伟（2010）认为，政府公共受托责任是指，在民主制度下，人们为了满足社会公共需要而将公共权力以及公共资源通过投票的方式让渡或委托给政府，政府由此对委托人及其代表承担有效地运用公共资源履行管理社会公共事务以及提供公共产品的义务和责任。并依据不同的分类标准对政府公共受托责任进行了不同的分类[③]。

张琦（2011）指出受托责任是一种特殊形式的责任，它只有在特定主体接受其他主体授权时才会产生。张琦并没有对公共受托责任定义。认为信息披露是受托责任解除的前提。从信息披露的角度，将受托责任分为三个要素：①受托责任关系中的两个主体——授权方和被授权方；②被授权方向授权方披露的内容——授权事项的履行情况（包括行为、过程、产出与成果等）；③信息披露的形式包括数字描述、解释等。对公共受托责任在信息披露方面具备的特点和要求进行了论述。指出公共受托责任的被授权方及授权事项的内涵复杂，公共受托责任的授权方及信息需求具备多元化的特征，公共受托责任信息披露的内容与方式也

---

① 李建发：《政府财务报告研究》，厦门大学出版社 2006 年版，第 71—78 页。

② 常丽：《论我国政府财务报告的改进》，东北财经大学出版社 2007 年版，第 31 页。

③ 路军伟：《双轨制政府会计模式研究》，厦门大学出版社 2010 年版，第 54 页。

具备多样性的特征①。

公共受托责任是政府会计改革最常见的一个切入点。从企业所有权和经营权相分析产生的受托责任入手，指出受托责任是会计存在的前提，进而指出公共受托责任是政府会计存在的前提。同时政府会计也是作为受托人的政府解除其公共受托责任的一种途径。有学者认为公共受托责任"产生于委托代理关系"，委托代理关系指双方信息不对称的关系，处于信息劣势的一方为委托方，处于信息优势的一方为代理方。委托代理关系是结果而不是原因。"受托管理公共资源"，"履行社会公共事务管理职能并向公众报告的义务"，说明了受托管理的对象是"公共资源"，"政府、机构和人员"是为了"履行社会公共事务管理职能"，并且有"向公众报告的义务"。财务受托责任强调的是"公共资源""财产权"的受托责任。常丽将公共受托责任和政府职能联系起来，这里的"财务受托责任"强调"财政资源"和"预算""财政收支活动"。路军伟提出的"满足公共需要"说明了财政的职能，"公共权力""公共资源"说明了受托责任的对象。

（2）新公共管理

李建发（2006）认为新公共管理在理论上批判了传统公共行政学管理理论；在实践中采用了与传统公共行政模式截然不同的公共管理模式。新公共管理实践对政府财务信息披露提出了挑战。常丽（2007）对新公共管理理论的产生背景、理论基础、含义、基本特征及对新公共管理理论的批判进行了系统的论述。路军伟（2013）对公共管理的概念进行了探讨，认为可以将公共管理看作一种理念或意识的创新。指出公共管理对政府会计的需求是站在公共部门管理者的立场之上的，他们需要政府会计信息为其公共管理决策提供支持。

此理论基础并没有说明政府会计的本质，只是说明了对政府会计提供财务信息的需求，是促使政府会计改革的动力。

（3）公共财政和现代预算理论

石英华（2006）认为公共财政理论是在资产阶级夺取政权，逐步建立资产阶级民主国家的过程中逐步发展完善的。公共财政运行具有规范和透明的基本要求。公共财政所强调的公共性、民主性和法制性，为政府财务信息披露的发展奠定了理论基础。政府预算是了解政府对公共预算资金

---

① 张琦：《政府会计改革：系统重构与路径设计》，东北财经大学出版社2011年版，第37页。

使用情况的主要工具。

以此理论作为政府会计改革理论基础的学者是从财政学的角度，认为是公共财政的要求导致政府会计要对外披露财务信息。

（4）公共选择理论

陈志斌（2003）认为政府公共信息的报告和披露能促使政府的行为和目标受制于国家和人民的利益，便于人民监督和评价，最大限度地缩小政府机构或官员与公众之间的利益分歧，使政府职能和目标以及政府的公共选择达到帕累托最优。石英华（2006）指出公共选择理论提出了政府失灵论。而政府失灵理论凸显了信息披露和公众监督的重要性。路军伟（2010）从选民对政府财务信息的需求上看，政府会计提供的信息可以降低选民在政治市场上寻求潜在受托主体并与之建立受托责任关系的交易费用。公共选择理论只是说明了对政府会计提供的财务信息的需求。

（5）委托代理理论

路军伟（2010）探讨了公共部门中的委托代理关系。依据委托代理理论，代理人可能会偏离委托人的目标，并以牺牲委托人的利益追求自身利益的最大化。政府会计能够作为一种监督和控制机制在一定程度上克服代理人的机会主义行为，确保代理人履行受托责任。

（6）政府职能理论

常丽（2007）探讨了政府的含义，进而讨论了政府职能的发展理论，并论述了当代政府的主要经济职能。

（7）制度（变迁）理论

路军伟、殷红（2012）基于制度变迁的理论视角，提出政府会计改革是一个制度变迁的过程，在这一过程中存在着具有不同预期成本收益的利益主体，并且各利益主体的预期成本收益在不同的改革策略或方案下将有所不同，提出可以在政府会计改革动力机制分析的基础上引入"改革策略"变量，并构建"政府会计改革动力"与"改革策略"之间关系的理论分析模型。张琦（2010）基于制度理论和同质理论对我国政府会计改革路径的实施策略进行了研究，提出推行政府会计改革实验机制，由试点地区逐步向全国范围推广，让模仿性同质发挥作用；在政治市场中强化竞争机制，让强制性与模仿性同质效应在政治参与者中发挥作用；加入国际组织，融入世界经济，全球范围内的强制性同质与标准化同质将迫使一国政府实施政府会计改革。殷红（2013）以制度变迁为理论视角对政府会计模式的选择和优化进行了研究。核心理论是制度变迁的要素（制度环境、行动集团、制度安排）、制度变迁的步骤、制度变迁的方式。从制度变迁的角度分析了美国、英国和法国的政府会计模式的变迁，这些国家的政府会计制度变迁的过程——这三个要素、以什么样的步骤、以什么样的方式进行的。郭磊（2014）从新制度经济学的委托代理理论、博弈理论、路径依赖和锁定理论对政府会计改革过程进行探讨。其中，基于委托代理理论的探讨是"我国政府会计是由于公共受托责任的产生而崛起，并且随着公共受托责任的发展而不断推进"；基于博弈理论的探讨是"政府会计作为一种制度，将涉及众多利益相关主体，每一个利益相关主体对政府会计改革过程中的成本与收益进行衡量，进而相互之间进行不断地博弈所形成的作用力的合力即为政府会计改革动力，从而决定政府会计改革的进程、方向与结果"；基于路径依赖和锁定效应理论得出"政府会计改革不仅要设计好整个改革路径，更重要的是在改革起点的选择上下功夫，否则，如果一旦出现错误，后续很难更改"。并总结出了基于新制度经济学的政府会计改革理论框架。陆晓辉（2012）也从制度变迁理论的视角对政府会计改革进行了探讨，提出随着政府会计环境的变化，产生了诱致政府会计制度变迁的因素，进而产生了潜在的制度收益，表明现有政府会计制度安排有待改革。将我国政府会计改革的诱致性因素归结为民主政治建设的发展、现代政府优化治理的意识增强、国际社会的要求等。制度变迁有它的产生环境和诱因、供需关系和动力机制。政府会计改革的诱致性因素没有获得完全的作用空间。

2. 对现有研究成果的总结和评价

一般来讲，政府会计研究主要从以下方面入手：什么是政府会计？为什么要对政府会计改革？如何改革？

这些理论基础之间有无联系？看似不同学科的理论依据其实存在密切联系。笔者认为，根源在于政府介入经济体系的必要性。如果市场运行是完美无缺的，根本不需要政府介入，也就不会存在委托和受托、委托代理、公共管理、公共选择、制度变迁。所以，在这些理论中，政府职能理论是最根本的。要满足社会公共需要，所以才要有政府介入，这也是公共财政理论的一部分。同时，公共财政理论也要求预算信息的公开，这也是对政府提供的财务信息的要求，政府会计是提供政府财务信息的主要手段，也就提出了对政府会计的需求。总之，公共财政理论、新公共管理理论、公共选择理论、委托代理理论，是在谈对政府会计提供信息的需求。公共受托责任理论也是在谈对政府会计提供信息的需求，即需要政府会计提供的信息来解除受托责任。从制度经济学的角度看，政府会计准则（制度）是一项正式制度，政府会计改革同样也是一种制度变迁。用制度变迁的理论研究政府会计改革是合理的。从现有的研究成果看，主要借助于制度变迁理论，通过研究影响政府会计改革的环境因素，提出我国政府会计改革的路径。笔者认为，制度变迁理论对于政府会计改革的意义在于：（1）找出制约和促使我国政府会计改革的因素；（2）"路径依赖"的警示意义，政府会计改革要慎重，一个设计不严谨的制度将会对未来产生不良影响。

公共受托责任的完成过程同时也是政府职能的履行过程，只是前者更强调民主政治。会计核算的也是这个过程，从会计核算的角度看，以公共受托责任理论作为政府会计的理论基础是最合适的。

学者们依据不同的理论从不同的学科角度论述了政府会计存在的必要性和政府会计改革的必要性，但对政府会计究竟要提供什么样的信息论述较少。对于什么是"政府财务信息"没有统一的认识，石英华（2006）提出了"政府财务信息"，认为政府财务信息包括"政府财务会计手段核算和反映的财务结果信息"，还包括"反映政府财务计划的政府预算信息"。这里所指的财务信息并不是政府财务会计提供的财务信息。

（二）关于政府会计主体模式

查阅国内外文献，关于我国政府会计模式改革的文献很多，但对究竟什么是政府会计模式还没有一个统一的定义。王雍君（2004）指出国际上并不存在某种"标准"的预算会计模式，即便在发达国家之间，预算会计模式也表现出相当差异。各国预算会计模式的差异大体上可从四个维度加以区别：支出周期；交易记录的组织层次；是否记录预算数据以及会计基础。王雍君这里讲的预算会计模式并不是政府会计模式，而仅指预算会计模式。王晨明（2007）的著作《政府会计环境与政府会计改革模式论》中提到的政府会计模式，指的是传统的收付实现制政府（预算）会计与现代的权责发生制下的政府会计。王晨明基本上将预算会计的概念与收付实现制政府会计概念等同，而且从文中的论述看出，作者有这样的理解：预算会计＝收付实现制下的政府（预算）会计＝不同会计模式中的预算会计。路军伟（2010），从对政府会计需求的委托代理观、公共管理观以及公共选择和私人选择观几个角度，分别提出了"控制取向""管理取向"以及"报告取向"三种政府会计模式，这三种会计模式并不是相互独立或相互排斥的[1]。路军伟、张琦都没有对政府会计模式的概念做出确切说明，或许认为这个问题太过简单。

---

[1] 路军伟：《双轨制政府会计模式研究》，厦门大学出版社2010年版，第101页。

全国预算与会计研究会课题组（2010）将会计主体定义为"会计记账和报告的主体"，并将会计主体、会计规范适用主体和预算管理主体概念进行了区分。会计规范适用主体是指会计准则适用的主体，而预算管理主体是指在政府预算管理中，预算编制、执行及报告预决算情况的主体。提出政府会计主体的设置应尽量使得三种主体范围一致。将政府会计主体的模式分为了三种①：（1）以单位为基本会计主体，就是按政府组成、控制的单位，作为基本主体。（2）以基金作为基本会计主体，就是把政府的所有收支分成不同的类别，即不同的"基金"。每类基金有特定的来源和限定的用途，分别设置账户核算、编制财务报表。（3）单位会计主体和基金会计主体并存，即"双元主体"模式。就是对政府一般经济资源以单位作主体进行核算和报告，对有特定用途的资金以基金作主体进行核算和报告。认为我国应采用"双元主体"模式。理由为"符合我国国情"。我国的财政预算管理制度传统上是按单位进行管理的。随着改革的不断深化，在财政预算管理和预算会计核算方面也尝试推出了基金（资金）管理的新形式。基金会计推行至少需要预算管理采用基金制。采用基金会计是手段而不是目的。近年来，我国已经形成了"收入按来源、支出按功能"的综合性公共财政预算体系，即政府预算由公共财政预算、政府性基金预算、社会保险基金预算和国有资本经营预算。在政府会计中如果推行完全的基金制，将会产生许多问题：一是政府会计核算与预算管理难以衔接；二是将单位多渠道取得的资金拆开核算，不利于单位对收支的统一管理；三是对现行的会计核算观念及习惯冲击太大，必定会带来强大的阻力。这些都可视为采用完全的基金模式的成本。而"双主体"模式体现了与国际通行做法的协调。采用完全的单位主体模式及完全的基金主体模式的国家很少，大部分国家采用的都是"双主体"模式。如国际公共部门会计准则理事会（IPSASB）认为，政府报告主体不受其法律形式的约束，可以是单位组织，也可以是一项计划。

在认为我国应采用"双主体"模式的前提下，提出了单位主体界定的标准：（1）公立性质，具体表现为占有、支配和使用的资产全部或大部分为国有资产；（2）对政府负有财政、财务的责任，包括按规定使用财政性资金、提高资金及资产的使用效益、维护国有资产安全等方面的责任；（3）履行政府公共管理和服务职能。同时具备上述三条标准的单位，可列作政府会计单位主体。

---

① 全国预算与会计研究会：《财务与会计》2010 年第 10 期。

　　提出了基金会计主体应同时具备以下三条标准：（1）经中央政府批准或中央政府授权省级地方政府批准成立特定事项的资金；（2）资金单独运行，单设全套账户核算并编制财务报表；（3）有财政拨款，并单独编制政府基金预算。并提出了我国政府会计中满足基金主体条件的有：（1）三峡水库库区基金；（2）农业综合开发资金；（3）社会保险基金；（4）住房公积金；（5）国际金融组织贷款转贷资金。基金会计主体的设置不是一成不变的，随着政府经济活动内容增加和管理的需要，会设立新的基金会计主体。如在条件成熟时，可设立国有资本经营基金会计主体。

　　王庆成将基金会计定义为"指政府会计（包括政府部门会计和政府行政部门会计）及公立非营利组织会计（国有事业单位会计）以基金为基础，按照基金种类进行会计核算与报告的会计体制或模式"[1]。

　　贝洪俊认为，会计主体是"界定会计核算和报告的空间范围"，一个会计主体内部可进一步分为"记账主体和报表主体"，记账主体又可称为核算主体，报表主体又可称为报告主体。"对政府或政府单位既可以每类限定用途的基金作为一个会计主体（记账主体，同时也是报告主体），也可以整个单位作为一个会计主体（报告主体）。"[2]"基金会计模式以资金活动为核算中心，而不是以运用资金的单位为核算中心。"[3]

　　张雪芬指出"我国的政府会计采取的是预算会计模式，每一个政府预算单位为一个会计主体和报告主体，即将政府单位所有财务资源作为一个会计主体来核算和报告，各种基金只是政府单位会计主体的内容"。"我国应将预算会计主体转变为各级政府，实现政府会计核算，同时，配合政府资金的核算和管理，引进基金会计模式。目前按照我国公共财政管理的要求，应建立政府公共基金、国有资产基金和社会保障基金"。"基金会计模式是我国未来政府会计改革的方向。"[4]

　　叶龙、冯兆大（2006）指出："西方国家在政府会计领域内的一个最显著的特征就是'基金会计'模式的广泛应用。"当代西方国家对政府会计主体的界定采用的是"双主体"模式——不但"政府"是一个会计主体，而且"基金"也是一个会计主体。赵建勇（1999、2002）在对 GASB 基金主体及组织主体论述的基础上，认为 GASB 采用的是"双主体"模

①　王庆成：《预算会计发展的展望》，《事业财会》2000 年第 1 期。
②　贝洪俊：《新公共管理与政府会计改革》，浙江大学出版社 2004 年版，第 45—46 页。
③　同上书，第 168—169 页。
④　张雪芬：《政府会计发展与对策》，中国时代经济出版社 2006 年版，第 191—193 页。

式。认为当代西方国家对"政府主体"这一概念的界定是以公共财政理论为基础的,"基金主体"这一概念的提出是公民与政府之间"委托—代理"关系的必然产物。此后,王留银(2011)也对此进行过论述。

路军伟(2010)认为我国在政府财务会计主体的构造上应因政府的级次和规模的不同而有所区别。对于规模极小的乡、镇政府,直接以整个乡、镇"政府"作为一个独立的会计主体。对于规模较小的市(地市)、县级地方政府,以"基金"构造政府财务会计主体。对于中央政府和省级政府,采用"基金"+"机构"的方式构造政府财务会计主体。撤销总预算会计。将预算会计主体分为"政府"预算会计主体和"机构"预算会计主体。

张琦(2011)将政府财务会计主体划分成三个层次:(1)政府机构主体,具体表现为某一级政府下属的部门或事业单位;政府机构主体既是核算主体又是报告主体;(2)某级政府主体,为报告主体,合并披露本级政府下辖的各部门、事业单位,以及下级政府的财务会计信息;(3)国家主体,为报告主体,一方面,合并前两个层次主体的整体财务状况与营运绩效;另一方面,将不属于任何级次政府或政府机构的自然资源、历史遗迹等资产也包括在该层次的财务会计系统中。

现有文献中对政府会计主体模式的不足在于:(1)对基金会计主体的含义界定不清楚,原因是对会计主体的含义理解不透彻,没有区分会计主体的不同类型与核算主体和报告主体的关系;(2)在对基金会计主体及基金会计模式的含义界定不清的情况下,笼统地讨论我国应引入美国的基金会计模式;(3)没有区分预算会计主体与政府财务会计主体;(4)对我国现行预算会计体系中会计主体的设置情况没有做出详细论述。

(三)关于预算与政府会计的结合模式

政府会计改革的核心是权责发生制的引入,对于国外政府会计改革的做法,刘光忠提到了预算会计体系和政府会计准则体系。预算会计体系核算政府预算收支活动,预算基础绝大多数采用收付实现制,以此为基础形成预算报告,向议会和公众报告年度预算执行情况。预算会计规范体系一般由预算管理部门制定。如美国联邦政府的预算系统与预算会计系统高度整合,预算基础与预算会计的核算基础完全一致。预算会计系统记录预算编制、调整、实施与撤销的全过程,并最终以"总统预算报告"的形式对外披露。政府会计准则体系通常采用企业会计中采用的权责发生制的会计基础,核算政府各组成部门及政府整体所有的经济业务活动。通过编制合并会计报表的技术方法编制出包括资产负债表、运营表、净资产变动表、现金流量表及相关附注的政府年度财务报告，向政府财务信息的使用人报告反映政府财务状况情况的政府拥有的公共资源、政府承担的支出责任信息及反映政府运营业绩的公共服务成本等信息。在对我国政府会计的目标定位时，刘光忠提出了政府会计改革应实现的两大目标：财务管理和预算管理目标。提出要对我国现有的预算会计进行保留和优化，同时另外设置政府会计系统。预算会计系统实现预算管理目标，政府会计系统实现财务管理目标。[①]

持相似观点的还有张琦。张琦对预算会计及政府会计的含义进行了区分，认为预算会计是政府会计的一个组成部分，政府会计除了反映预算编制、调整与执行过程中的预算信息外，还需要全面反映政府的财务状况、营运业绩等财务信息。认为政府会计系统由预算会计子系统与政府财务会计子系统构成，其中预算会计系统反映政府预算信息，政府财务会计系统反映政府财务信息。所有预算单位采用统一的会计标准与账户体系，由各级财政部门代表本级政府预算会计主体，核算本级预算资金的取得、分配与实际使用等资金流转过程。认为我国目前还不适合将企业会计准则引入政府会计准则中，但应逐步向企业会计趋同。[②] 政府预算会计由财政部门统一核算，各预算单位为辅，采用报账制。[③] 政府财务会计则先由各预算单位分别核算，会计期末时财政部门根据各单位汇总的财务信息，合并编制一级政府整体层面的财务会计报表。[④]

路军伟（2010）将政府会计模式分为"控制取向""管理取向"和"报告取向"。政府会计改革的历史发展轨迹是："控制取向"→"控制取向+管理取向"或"控制取向+管理取向"→"控制取向+管理取向+报告取向"或"控制取向+管理取向+报告取向"。结合我国的政府会计环境，路军伟提出，我国政府会计改革的主要任务就是要设计一个以"控制取向+管理取向"政府会计模式为重点的政府会计体系，同时能够兼顾"报告取向"模式。最好的方法就是建立一个包括财务会计和预算会计在内的双轨制政府会计模式。政府会计系统在政府预算会计与政府财务会计的

---

① 刘光忠：《关于推进我国政府会计改革的若干建议》，《会计研究》2010 年第 12 期。

② 张琦：《政府会计改革：系统重构与路径设计》，东北财经大学出版社 2011 年版，第 170—174 页。

③ 提出了预算会计以财政部门核算为主，预算单位为辅，但没有对核算做出具体设计。

④ 本质上讲，张琦认为预算单位既是核算主体也是报告主体，财政部门代行了政府整体财务报告主体。虽然没有明确说明，但也暗含了政府财务会计系统以预算单位为主。

相互融合下，达到目标。而政府财务会计更偏重"管理取向"和"报告取向"；政府预算会计更偏重于"控制取向"。

从以上的文献可以看出，共同点在于都认为政府会计应具备预算管理和政府财务管理的功能，政府会计系统应由实现这两个功能的不同的会计系统构成。不同点在于对这两个会计系统的设置的具体构想上。笔者认为差异的关键在于对这两个会计系统概念的理解，各自提供什么样的会计信息，核心在于如何摆正财政总预算会计与预算单位会计的位置。现有的文献对此没有做出深刻的论述。

（四）关于权责发生制的运用

由于此次政府会计改革浪潮的核心为将权责发生制引入政府会计，所以，政府会计改革的文献中大部分都是关于权责发生制运用的。

刘光忠（2010）提出预算会计系统应采用单纯的收付实现制基础，政府会计系统应借鉴企业会计的做法，采用权责发生制。

王雍君（2004）对会计基础、预算基础和财务报告基础的概念做出了区分。指出我国面临转向应计制会计基础的压力，但同时也存在诸多限制条件，还不具备实行完全的收付实现制的条件。我国的应计制政府会计改革应是"渐进式的转变"，"先修正应计基础后全面应计基础"，"先报告系统后预算系统"，"先支出后收入"，"先支出机构后政府整体"，"先地方政府后中央政府"。

王银梅也认为建立权责发生制目标模式要分阶段进行。我国应选择分步实施的措施，先建立权责发生制政府会计，再建立权责发生制政府财务报告，最后建立权责发生制政府预算。[①]

路军伟提出："在预算会计中使用承诺制基础是其有效发挥功能的前提。除此之外，政府预算会计基础应与政府财务会计基础大体上保持一致。"[②]

常丽认为政府会计基础并不必然与预算编制基础一一对应，政府会计确认基础改革应早于预算编制基础改革。我国的政府会计基础改革应从低度的应计制（修正的应计制）逐步向中度应计制及完全应计制的方向发展。针对我国对政府会计信息的需求紧迫程度，认为政府债务是应计制改革的切入点，应首先考虑在政府债务的核算中引入权责发生制，并且先从

---

① 王银梅：《权责发生制政府预算与会计改革问题研究》，中国社会科学出版社 2009 年版，第 179—196 页。

② 路军伟：《双轨制政府会计模式研究》，厦门大学出版社 2010 年版，第 207 页。

政府直接债务入手，再反映或有债务及隐性债务。政府资产的核算中先从金融资产入手，再考虑政府的一般固定资产，最后再考虑价值较难进行估计及公共物品属性最强的公共基础设施、国防资产、自然资源和无形资产等。认为我国政府会计应计制改革应首先从地方政府会计核算入手，逐步向中央政府层面拓展①。

王瑶（2009）认为：政府会计应计制改革比政府预算应计制改革先行一步，我国的政府会计基础不应也不会与政府预算基础出现较大差距。

三　财政风险管理中政府会计问题的文献综述

从财政风险管理的角度研究我国的政府会计改革，主要是从财政风险及管理与政府会计的关系入手，论述什么样的政府会计有助于财政风险管理。结合我国政府会计的现状，阐明我国政府会计改革的方向。因为政府资产和政府债务状况决定着财政风险的状况，所以，文献主要是关注政府资产和政府债务的核算。其中，大多是政府债务的核算。专著方面包括陈均平的《地方政府债务的确认、计量、记录和报告》（2010）、邢俊英的《基于政府负债风险控制的中国政府会计改革研究》（2007）、王瑶的《公共债务会计问题研究》（2009）等，相关期刊论文也有若干篇。

邢俊英（2007）将政府负债风险定义为：“是伴随政府负债而产生的一种风险，表现为政府无力支付未来应承担的所有债务的可能性，这种可能性将会有损于财政的可持续性，甚至是整个社会经济的稳定发展。政府负债风险是广义的财政风险”，“政府会计是政府负债风险控制最基础的技术”，“政府负债风险控制对政府财务报告和政府会计基础的选择产生深刻的影响”，“政府会计改革的具体目标体现为：要有利于政府负债风险识别，要有利于政府负债风险评价方法的选择”，政府负债确认基础应改为权责发生制。对政府债务的定义、确认、计量和报告进行了论述，并分别对不同的债务类型进行了具体的核算设计。

陈均平（2010）指出：“地方政府债务决定政府会计中负债的核算内容”，“政府会计为地方政府债务管理提供信息”，“政府会计职能的发挥就是地方政府债务管理的重要内容”，“明确权责发生制为地方政府债务核算的基础”，对地方直接显性债务、地方政府直接隐性债务、地方政府或有债务的确认、计量、记录和报告进行了论述。

---

① 　常丽：《我国政府会计确认基础改进的路径选择及实施环节》，《财政研究》2009 年第10 期。

张海星（2007）认为对政府或有债务进行管理，应"建立包含或有债务的政府综合财务报告制度"，"政府预算实行以权责发生制为基础的资产负债管理模式"。

刘光忠（2010）认为"金融危机对政府会计改革产生了新的推动力。政府在金融危机中陷入困境的根本原因在于公共支出过度膨胀，财政赤字严重，但政府会计信息的披露质量较低却加剧了政府受金融危机影响的程度，放大了债务风险带来的危害"。王银梅（2009）认为，引入权责发生制基础是"管理和防范财政风险的需要"。张琦（2011）认为"防范政府债务风险，加强财务管理与控制的需求"是我国政府会计改革的驱动因素之一。

马海涛（2005）、王瑶（2009）、陈璐璐（2010）、孙芳城（2006）等对政府负债的会计处理做出了论述，马乃云（2008）贾璐（2012）对地方政府或有债务的核算也进行了专门的论述。主要围绕的是权责发生制的运用。

依据上述资料，笔者做出以下总结和评价：

第一，财政风险及管理与政府会计之间存在密切的关联。财政风险管理离不开政府会计提供的财务信息，政府会计改革时要充分考虑进行财政风险管理的需要。

第二，财政风险管理是对政府负债和政府资产的管理，而关于政府负债的确认、计量、记录和报告的文献较多，关于政府资产的论述较少。

第三，对一些基本概念的界定还不统一，如什么叫"双主体"的政府会计主体模式？基金会计模式与基金会计主体之间的区别和联系？预算会计的会计基础与预算基础之间的关系？

第四，对政府债务核算设计时比较笼统，不够细化，缺少针对性。对于我国财政风险的主要形成因素的地方政府或有债务、养老金隐性债务等很少做出详细论述。

第三节　研究方法及写作框架

一　研究方法

第一，归纳法。对国内外文献研究根据论文的写作思路进行了归纳，总结出了现有研究的不足，从而为论文的写作指明了方向。

　　第二，演绎法。以财政风险及政府会计的相关基本理论为逻辑起点，对二者的关系进行了详细的论述；在此基础上，指出我国政府会计的缺陷；通过对我国现行的政府会计缺陷的剖析，推演出我国有效的政府会计体系的设计。

　　第三，比较分析法。本书对政府会计与企业会计进行了比较分析，对国外不同的政府会计模式进行了介绍，并通过与我国情况的比较，找出适合我国的政府会计模式。

　　第四，实证分析法。本书对我国现行的预算会计体系做出了介绍，介绍了最新的关于政府会计改革的情况，如最新发布的《政府会计准则——基本准则》等。

二　写作框架

　　本书除第一章"导论"外，主要由三部分构成。第一部分为基本理论，包括第二章"政府会计模式的基本理论阐释"，第三章"财政风险管理与政府会计的关联性分析"；第二部分是对我国现行预算会计体系的介绍，为第四章"我国现行政府会计的财政风险管理功能缺失分析"；第三部分为我国政府会计的体系设计，包括第五章"我国政府会计改革的总体思路与模式选择"，第六章"我国政府会计要素的设置与核算"，第七章"我国政府财务报告体系的构建及其在财政风险管理中的运用"。具体内容如下：

　　第一章"导论"。本章首先对选题背景及选题意义进行了介绍，对国内外关于财政风险及政府会计改革及从财政风险的角度研究政府会计改革的文献进行了梳理，在现有文献的基础上，找到文章可以借鉴的地方及需要改进的不足之处。之后，对文章的研究方法及写作思路以及本文的创新与不足进行了归纳。

　　第二章"政府会计模式的基本理论阐释"。本章首先通过对政府会计概念框架的介绍，引出政府会计模式的概念；并选取了政府会计主体模式、预算会计与政府财务会计的结合模式、会计基础的运用模式，分别对其基本理论进行了详细阐述和辨析。

　　第三章"财政风险管理与政府会计的关联性分析"。本章首先对财政风险的概念进行了界定，指出了财政风险管理的两个基本面——政府债务和政府资产，对财政风险矩阵和财政风险对冲矩阵进行了介绍和评价，随后介绍了财政风险的资产负债表管理法。分别从预算会计与政府财务会计两个方面论述了政府会计功能在财政风险管理中的体现，收付实现制政府会计给财政机会主义及政府或有债务提供了实现的可能。并借助权变模型，从财政压力及资本市场两个激励因素论述了财政风险管理是政府会计改革的重要驱动因素。

第四章"我国现行政府会计的财政风险管理功能缺失分析"。本章在对我国现行的预算会计进行介绍的基础上，具体阐述了现行的预算会计体系提供的政府资产和政府债务信息的失真。

第五章"我国政府会计改革的总体思路与模式选择"。本章对我国应选择哪种政府会计主体模式、预算会计与政府财务会计的结合模式、会计基础的选择模式进行了论述，并尝试设计出具体的方案。

第六章"我国政府会计要素的设置与核算"。本章对预算会计及政府财务会计的会计要素的确认、计量和记录进行了具体的设计。

第七章"我国政府财务报告体系的构建及其在财政风险管理中的运用"。本章设计了政府财务报告的内容，结合财政风险的资产负债表管理，尝试设计出运用于财政风险管理的分析指标及指标的运用方法体系。

第四节　可能的创新点及不足

一　可能的创新点

第一，将财政风险与政府会计联系起来。将财政风险分为狭义的财政风险和广义的财政风险两个层次。国家资产负债表对应广义的财政风险（公共风险），公共部门资产负债表对应狭义的财政风险。

第二，对预算基础、预算会计基础做出了详细的区分。认为权责发生制预算会计为对支付周期的拨款、承诺、核实及付款阶段全部核算的预算会计，而不仅仅记录付款阶段的信息。预算会计服务于预算。政府预算是否是权责发生制不影响预算会计是否采用权责发生制。

第三，对"双主体"政府会计主体做出了界定。"双主体"政府会计主体指以下三种情况：

（1）核算主体为基金主体，报告主体为组织主体；

（2）核算主体为基金主体，报告主体为基金主体和组织主体；

（3）核算主体为基金主体和组织主体，报告主体为基金主体和组织主体；

第四，将"双主体"政府会计主体、"双轨制"政府会计模式、权责发生制的政府会计融合，提出了我国政府会计模式的选择；

第五，在对政府财务报告的设计提出了自己观点的基础上，设计出了用于分析财政风险的财务指标体系。

二 存在的不足

第一，在对我国现行预算会计体系存在的缺陷论述时，有些地方还有待细化。如现行基建会计、社保基金会计及国有资本会计的实际操作，由于资料所限，未能进行细致论述。

第二，在设计我国政府会计模式改革的方向时，方案的设计不够细致。

第三，对指标的运用还不成熟，有待进一步研究。

第二章　政府会计模式的基本理论阐释

本部分从政府会计概念框架的定义入手，通过比较政府会计概念框架与政府会计模式，对政府会计模式的概念进行了界定。之后，选取了政府会计主体模式、预算会计与政府财务会计的结合模式及会计基础的运用模式进行了论述，为以后各章的论述奠定理论依据。

第一节　对政府会计模式的界定

政府会计模式的概念与政府会计概念框架紧密联系，而政府会计概念框架的概念又从属于会计概念框架。对企业会计概念框架的研究要领先于政府会计概念框架，而企业会计概念框架主要是指企业财务会计概念框架。

一　政府会计概念框架

财务会计概念框架（conceptual framework for financial accounting，简称 CF）是会计理论的重要组成部分之一。美国财务会计准则委员会（FASB）最早提出了 CF 的定义，FASB 将 CF 定义为："是由目标和相互联系的基本概念组成的连贯的理论体系。这些目标和基本概念导致前后一致的准则。通过制定财务会计和报告的结构和方向，促进公正的财务会计信息和有关信息的提供，以便有助于协助资本市场和其他市场的有效运行。确定目标和识别基本概念并不是为了直接解决财务会计和报告中的各项问题，而不过是要求目标指出方向，用概念作为解决问题的工具。"可见，财务会计概念框架是由一系列相互关联的财务会计概念组成的理论体系，目的是为了指导会计准则的制定，是会计准则制定的基础。在具体的称谓上，各个国家对财务会计概念框架有所不同，如英国称为"财务报告原则公告"，国际会计准则委员会称为"编报财务报表的框架"，澳大利亚称为"财务会计概念公告",加拿大称为"财务报表概念"。名称虽然不同,但实质上是相同的。

上述的财务会计概念框架都是关于企业会计的,对政府会计概念框架①的研究较晚。美国从 20 世纪 80 年代开始建立政府会计概念框架;一些国际组织如国际公共部门会计准则委员会近年来也开始了对政府会计概念框架的研究。不同国家或组织所制定的政府会计概念框架如表 2-1 所示。

表 2-1　　　　　不同国家或组织所制定的政府会计概念框架

国家或组织	相关准则	包括的内容
美国 FASAB	联邦财务报告目标 实体和列示 管理讨论与分析 美国政府合并财务报告计划目标 审计和质量特征 应计制财务报表要素定义和确认	财务报告目标 财务报告信息质量特征 成本和收益衡量 财务报告主体 会计要素及其确认计量 管理层的讨论与分析
GASB	财务报告目标 关于政府服务绩效报告概念 通用目的对外报告沟通方法 财务报告要素	财务报告目标及信息特征 绩效报告的目标、要素、绩效报告的信息特征 补充信息的披露方法 财务报告要素
IPSASB		财务报告目标 财务报告范围 信息质量特征 报告主体
英国中央政府	政府财务报告手册	
英国地方政府	推荐实务公告	
澳大利亚	同企业会计概念公告	

---

① 政府会计概念框架与政府会计准则之间的关系?政府会计概念框架与政府会计基本准则的关系?会计准则包括基本准则和具体准则,具体准则在制定时要遵循基本准则。基本准则和具体准则都是法规,有执行上的强制性。而政府会计概念框架是会计理论,理论同样有权威性,但没有强制性。会计理论是对会计准则进行评估和发展的一种参考框架。所以说,从性质上讲,会计概念框架与会计基本准则是不同的,前者是会计理论,没有强制性,后者是法规,有强制性。从内容上讲,二者包括的内容基本上是一致的。

国家或组织	相关准则	包括的内容
法国中央政府		财务报告目标 财务报告构成 会计原则 会计基础 信息质量特征 财务报告主体 核算对象 会计要素及确认和计量

资料来源：由相关资料总结。

总体来讲，政府会计概念框架包括：政府会计目标（政府会计是干什么的）、政府会计主体（核算谁的经济活动）、政府会计信息质量特征（衡量会计信息的质量标准）、政府会计要素（信息使用者需要哪些政府会计信息）、政府会计要素确认及计量（如何得到所需的政府会计信息）、政府财务会计报告（政府会计信息的提供方式）。

二 政府会计模式与政府会计概念框架

如前所述，政府会计概念框架由政府会计的相关基本概念构成，具体到每一部分，又有若干种不同的选择。某种选择对应的就是某种政府会计模式。所以，政府会计模式可以指总体的政府会计制度的选择，也可以指政府会计某一方面的选择方式。

政府会计改革的关键在于如何界定政府会计主体、如何处理政府会计与预算之间的关系、权责发生制能否运用于政府会计等。本部分将对这三方面的理论基础做出阐述，此后的论述也以此为主线。

第二节 政府会计主体模式

政府会计主体是政府会计理论框架构建中的一个重要的部分。理论研究的目的是为了更好地指导实践，政府会计主体的设计关系着政府会计实践中的一系列操作。从现有的关于我国政府会计主体选择的文献中看出，理论界和实务界对政府会计主体的理解还不完全一致。

一 会计主体的界定

会计主体概念根源于会计假设。会计假设对于会计理论来讲意义重大。在自然科学和社会科学领域都存在各种假设，但存在的目的不同，意义也不一样。自然科学领域中的假说是对未知领域的假定，有可能是对的也可能是错的。而社会科学领域中的各种假设往往是为了研究方便，为了揭示出事物的本质而做出的假定。假定可能与事物的某些运行状况不完全相符，但不影响分析事物的本质属性，不但不影响反而会使得分析更简单有效。

公认的会计假设包括会计主体、会计分期、持续经营与货币计量。其中，会计主体假设排在四大会计假设之首。会计核算需要在会计假设的前提下核算。一般认为，会计主体规定的是会计核算的空间范围。为了更好地理解会计主体，这里需要区分几个概念。第一，"为谁核算"中的"谁"指会计为之服务的对象，指会计信息使用人，具体包括会计信息的内部和外部信息使用人。内部使用人更多的是如何解除受托责任，外部信息使用人更多的是如何对决策有用。第二，"核算什么"中的"什么"指会计核算对象，又称会计对象，指会计主体的资金运动，具体表现为会计主体的与资金运动有关的经济活动。第三，"核算谁的经济活动"中的"谁"指会计主体。会计主体假设能将主体的经济活动与其他经济主体的活动区别开来，这也是"空间范围"的含义。第四，"谁在核算"中的"谁"指会计工作的具体执行者。

会计主体从理论上看是一个较抽象的概念。具体来看，会计主体的直观表现是，每一个会计主体都独立"拥有"一套以货币的形式记录会计主体经济活动的完整的会计资料，包括会计凭证、会计账簿及会计报告。"拥有"不是指会计资料所有权上的归属，而是会计资料所记录的信息的主体。

关于会计主体还有两个相关的概念：记账（核算）主体①和报告主体。记账主体和报告主体是会计主体的内部分类。② 这里是从会计信息的加工处理过程对会计主体做出的细分。会计报表是会计工作的最终成果，之前要经过从原始凭证到记账凭证阶段，从记账凭证到账簿阶段，最后才能从各个账簿汇总到报表。不能将记账主体理解成具体核算的单位，也不能将报告主体理解为提供财务报告的单位。还是要看会计主体的性质。

---

① 为行文方便，下文全部称为记账主体。

② 贝洪俊：《新公共管理与政府会计改革》，浙江大学出版社 2004 年版，第 45—46 页。

二 会计主体确定的理论依据

会计主体确定的形式有两种,一种是以"组织"为会计主体;另一种是以"基金"为会计主体。

(一) 以"组织"为会计主体的理论依据

以"组织"为会计主体主要依据权益理论中的"主体理论"。企业会计中以"组织"为会计主体。① 以"组织"为会计主体的特征:每一个作为会计主体的组织都有一套账簿,在这个账簿中包括了会计核算的全部:确认、计量、记录和报告。包括了所有的会计要素。并且这套账簿的"拥有者"为此"组织"——会计主体的体现,核算这个"组织"的经济活动。

(二) 以"基金"为会计主体的理论依据

以"基金"为会计主体依据的是权益理论中的"基金理论"。"基金理论"强调专款专用,每一笔款项都是一笔基金,专门核算,专门管理。以"基金"为会计主体的特征表现在:每个基金都有一套账,核算这个基金的收支及结余情况。具体的核算工作由各个单位进行,核算的内容为基金的收支及结余。

在企业会计中,一个企业通过借款或者所有者投入的形式取得资金,然后将其用于生产经营的循环和周转。在现代所有权与经营权相分离的情况下,无论是债权人还是所有者都无权干涉资金的用途(企业生产经营),当然有对资金安全性的监督,但也仅限于合法合规性。也就是说,债权人和所有者投入到企业的资金一般不会存在专款专用的限制。所以"基金理论"没有在企业会计中运用,企业会计中的会计主体多为"组织"②。

三 政府会计主体的类型

政府会计主体是会计主体理论在公共部门中的运用,同样存在以"组织"构造会计主体和以"基金"构造会计主体两种选择。但与企业相比,政府会计主体选择有很大的不同。根源在于企业与政府存在的目的不

---

① 企业会计中也存在以基金为会计主体的情况,如企业年金。但基本上完全是以"组织"为会计主体。

② 我国《企业会计准则——基本准则》第五条规定,企业应当对其本身发生的交易或事项进行会计确认、计量和报告。

同，进而资金的来源及资金的运用都不相同。

（一）以"组织"构造政府会计主体

社会中存在企业组织、民间非营利组织及"政府"三个经济组织。"政府"的存在是因为市场失灵，是要提供经济运行中必不可少但私人部门又提供不了的公共产品和服务的。"政府"与其他经济组织的区别之一就是"政府"组织中存在若干层级，每一级次"政府"在辖区内提供公共产品和服务。具体通过政府的各组成部门和下属单位履行。所以，以"组织"构造政府会计主体要分两个层次，一个是总的"政府"的概念，一个是"政府"的组成部门和单位。为行文方便，前者称为"政府"会计主体，后者称为"机构"会计主体。

1."机构"会计主体①

这里的机构可以理解为各预算单位。各预算单位分别有各自的财务收入和支出。获得预算收入为获得的拨款额，支出为预算单位为履行职能的各项支出。将每个预算单位作为一个政府会计主体，意味着每个预算单位既是核算主体也是报告主体，都拥有一套相对独立的会计账户和报表体系，核算内容为与本预算单位有关的所有的交易和事项。

新公共管理运动强调将企业管理的理念引入公共部门领域，特点是放权、竞争以及绩效考核。以"机构"作为政府会计主体，符合新公共管理运动的理念。政府会计提供的是关于此"机构"的财务状况、财务业绩信息，有利于对各"机构"进行绩效和成本的考核。本质意义上是对各支出机构进行分散的财务管理，提高了各机构财务管理的积极性。

但是，以"机构"作为政府会计主体也存在一定的弊端。仅以支出机构构造会计主体，难以覆盖整体政府层面上的财务状况，当需要以政府整体的名义进行对外财务报告时，核算主体与报告主体不一致，需要大量的合并、汇总和抵消工作。

2."政府"会计主体

这里的"政府"会计主体指政府整体，以"政府"为会计主体的优点在于：

首先，核算主体与报告主体一致，在提供政府整体财务报告时，可以减少合并的工作量。其次，对于不属于预算单位核算内容的公共资源，诸

---

① 这里的机构指预算单位，机构的收入来自于拨款，支出用于提供公共产品和服务的支出。但即使所有的机构合并也不能得出政府整体的合并报表。差别在，政府核心部门的国库存款和国债余额。

如历史文化遗产、社会政策承诺等，可纳入政府财务会计系统的核算范围，以"政府"为报告主体，在政府财务报告中体现，从而扩展了政府会计的核算范围。

以"政府"为独立的会计主体（核算主体和报告主体），意味着以政府核心部门（如财政部门）为政府会计核算的中心，各"机构"没有自主权，但核心部门核算的信息最终还是来自于各支出机构。若政府规模比较大，政府职能较多，对应的单位也较多，尤其是在国库分散支付模式下，提供的会计信息质量不能保证。同时，因为不用提供各机构的财务状况及绩效信息，所以就降低了支出机构的财务管理积极性。[①]

无论是以"机构"还是"政府"为会计主体，都是以"组织"为会计主体，会计核算的空间范围为"组织"，核算与"组织"有关的经济业务活动。就会计主体内部来讲，核算主体和报告主体都为"组织"。

（二）以"基金"构造政府会计主体

在政府组织中，资源的提供者通常会对资源的用途加以限定，这是企业组织一般不具备的。政府应当承担的受托责任的核心就是按照委托人的指定用途使用资源，这也是以"基金"为会计主体的动机所在。

GASB的第1号概念公告中指出了采用基金会计模式[②]的动机：（1）立法机关通过法律设立基金，以便限制行政机关在资源的取得、使用和管理上的自由裁量权过大；（2）政府的其他利益相关者，如债券持有者、捐赠人以及工会组织等，要求建立基金以保护他们在经济上或财务

---

① 这里虽然一直在用"政府"的概念，但并没有对"政府"的范围做出界定。分两个层次看，首先，这里的以"组织"为会计主体是与以"基金"为会计主体相对应的。其次，在讲到优缺点时隐含着一个前提：单独以其中的一个为主体，如单独以"机构"为主体或单独以"政府"为主体。单独以"机构"为主体也可能需要编制政府整体层面的财务报告，单独以"政府"为主体，代表各"机构"在财务上不独立，但即使是以"政府"为主体，会计信息还是来源于各"机构"。单独以"政府"为主体时，各"机构"不用进行会计核算，所有的业务由政府核心部门来进行。这些区分是为了分析问题时逻辑的完整，实践中是两个同时存在：各"机构"为会计主体（核算主体和报告主体），同时，在各机构提供的财务信息的基础上，以"政府"为会计主体，编制政府整体财务报告。

② 严格来讲，基金会计模式与以基金为政府会计主体并不是完全等同的两个概念。基金会计模式的特点是以基金为政府会计主体，但基金会计模式是一种制度安排。会计主体包括记账主体和报告主体。在基金会计模式下，并不代表不存在单位报告主体。如在基金会计模式最典型的美国，预算单位同样要提供与单位有关的所有的基金情况，在这种情况下，报告主体为单位。同时，美国也要求以单位为会计主体，提供反映政府整体资产负债情况的财务报表。即基金会计模式下，可以是"双主体"形式。

上的利益，基金会计模式最符合专款专用的原则；（3）政府通常也可能愿意设立基金，以便促进分散的财务管理。从前两个动机来看，基金会计主体模式能够有效克服代理人——行政机关随意挪用专用资金的道德风险；从第三个动机看，基金会计模式能够满足政府分散财务管理对信息的需求，帮助政府更好地履行所承担的受托责任。①

"基金"会计主体的缺点表现在：

首先，不符合新公共管理强调分权的理念。以"基金"为会计主体意味着核算主体和报告主体为"基金"，不能反映"组织"的财务状况和经营业绩，不利于激励"组织"进行财务管理的积极性。

其次，从政府会计改革的方向看，政府会计准则在逐渐与企业会计准则融合，有些国家已经开始使用共同的准则。而企业会计是典型的以"组织"为会计主体。

最后，以"基金"为会计主体，需要将政府所有的收支划分成不同的"基金"，会计核算工作繁重，基金之间也会有交叉。如果要求编制政府整体财务报告，需要进行大量复杂的合并、汇总、抵消工作。

（三）"双主体"政府会计主体模式

"双主体"的政府会计模式指在政府会计中同时存在"基金"主体和"组织"主体。从最终提供的信息来看，若是完全以基金为会计主体，提供的信息只是单个基金的收支及结余情况，每个单位的活动与若干种基金相关。若是完全以"组织"为会计主体，提供的信息为发生的与本"组织"相关的所有信息，不提供单独的基金形式的信息。"双主体"的政府会计模式是介于二者之间的一种模式。如前文所述，记账主体和报告主体是政府会计主体的内部分类。"双主体"政府会计模式可以这样理解：除了核算主体和报告主体全是"基金"及核算主体和报告主体全是"组织"之外的任何一种组合。考虑到实务中核算主体为"组织"报告主体为"基金"的情况不存在可操作性。可将"双主体"界定为，核算主体为"基金"而报告主体为"组织"或者"基金"和"组织"并存的模式。

如前所述，每种模式各有优缺点。一个国家在选择政府会计主体模式时，要充分考虑本国的政府会计环境，选择最适合自己的政府会计主体模式。

---

① 路军伟：《双轨制政府会计模式研究》，厦门大学出版社 2010 年版，第 149 页。

第三节 "双轨制"政府会计模式

"双轨制"政府会计模式指预算会计与政府财务会计并存的政府会计体系。预算会计运用会计核算方法对政府预算执行的全过程进行反映，提供政府预算收支的完成情况信息，达到对政府预算执行的监督和控制。政府财务会计提供政府资产、负债、净资产、收入和费用信息。这些信息能满足公共部门进行财务管理的需要，但无法反映政府预算执行的全过程；而预算会计虽然能提供反映政府预算执行全过程的信息，但无法提供公共部门财务管理所需的相关财务信息。[①] 以下分别详细介绍预算会计和政府财务会计。

一 预算会计

(一) 对预算会计的不同理解

预算会计和政府会计的概念是有区别的。预算会计的核算内容是政府预算资金的收支活动，政府会计的范围比预算会计更为广泛，还包括了并不反映为预算收支的政府资金活动。[②] 学者们对预算会计的定义并不一致。王雍君（2004）认为，预算会计是追踪拨款和拨款使用的政府会计。赵建勇（2005）认为，在美国，预算会计是指记录和报告政府预算的会计；从程序上看，预算会计记录预算的批准、执行过程，并报告预算执行结果的会计；从内容上看，预算会计记录预算收入、预算支出并报告预算结余，政府实施预算会计的目的，是为了加强对预算的控制。欧洲的政府会计专家 Klaus Lüder 和 Rowan Jones（2005）认为，除了记录财务交易，政府会计的基本用途在于服务于预算编制和预算控制，该用途有时被称为"预算会计"（财政部会计司，2005）。路军伟（2010）认为，政府预算会计是指能对政府预算的执行进行反映和控制的政府会计，它能够对政府预

[①] 路军伟：《双轨制政府会计模式研究》，厦门大学出版社 2010 年版，第 113 页。另外有两点需要说明：第一，双轨制政府会计模式与双轨制政府会计体系指的是同一个对象；第二，预算会计是指追踪拨款使用的会计（王雍君），政府财务会计没有强调其会计基础，预算会计也没有强调会计基础。

[②] 楼继伟：《政府预算与会计的未来——权责发生制改革纵览与探索》，中国财政经济出版社 2002 年版，第 69—81 页。

算的总量、结构、专用性以及进度等方面加以反映和控制。笔者认为，在我国存在三种意义上的"预算会计"。

第一种是从政府会计发展历程理解的"预算会计"。由于预算在政府活动中占据重要地位，政府预算被作为政府分配社会资源的重要手段，也是纳税人监督政府行为的首要工具。传统的政府会计系统的功能定位主要是为了跟踪年度预算的执行，反映预算收支的整个执行过程，并在预算年度末报告预算执行情况。所以，传统的政府会计一般被称为预算会计。传统的政府会计（预算会计）以收付实现制为基础。在收付实现制的会计基础下，对政府资产、政府负债和净资产基本上没有反映。随着对政府会计财务管理功能需求的增加，政府会计的会计基础从收付实现制转变到了权责发生制。政府会计系统提供的信息也有了本质上的改变，从主要关注收付实现制下政府年度预算执行的流量信息，转向权责发生制下反映政府整体财务状况和运营业绩的存量和流量信息。为了与传统的"预算会计"相区别，将新的政府会计称之为"政府财务会计"。所以，这个角度的"预算会计"是对传统收付实现制下政府会计的称谓。

第二种是仅将"预算会计"作为跟踪监督预算执行的工具，如美国的预算会计。在美国的政府会计体系中，预算会计是政府会计的组成部分之一。美国的预算会计有特定的含义。从核算内容上看，分为预算收入和预算支出两个部分，其中预算支出较复杂。预算支出与支付周期（expenditure cycle）紧密联系。支付周期是一个流程，包括拨款（appropriation）、承诺（commitment）、核实（verification）、付款（payment）四个环节，年度政府预算就是完成这个流程，之后进入下一个财政年度，也就是进入下一个循环。

预算会计的具体做法是：有专门的一套会计账户和方法，反映预算资金在这四个环节中的流转情况，并同时记录预算数和实际执行数。到财政年度末，预算会计系统——各预算会计账户的明细和余额提供这样的信息：预算收入的计划金额和实际入库金额、分别处于支出周期四个阶段的支出金额及与计划支出金额的比较。并以此编制政府预算报告。财政年度结束后，预算会计的账户余额为零。

第三种是我国对政府会计的习惯称谓——"预算会计"。我国政府一直以来都非常重视借助会计手段实现对预算资金的监督和控制。1950年12月12日财政部颁布的《各级人民政府暂行总预算会计制度》和《各级人民政府暂行单位预算会计制度》标志着我国"预算会计"即政府会计制度的诞生。所以，在之后的理论和实践中，对我国的政府会计习惯称之为"预算会计"。之后预算会计制度经历过多次的改革，但"预算会计"的称谓一直没有改变，原因在于，我国的预算会计制度的功能定位是对政府年度预算收支的监督。

所以，在对预算会计界定及将预算会计、政府财务会计和政府会计三个概念比较时，首先要先分清是哪个角度的"预算会计"。

（二）预算会计的不同模式

各国预算会计模式的差异大体上可从四个维度加以区别：支出周期、交易记录的组织层次、是否记录预算数据以及会计基础。

1. 按支出周期构成阶段划分

根据会计记录所追踪的支出周期的阶段不同，预算会计有不同的术语，其含义也各不相同，其中比较常见的有三种模式：侧重承诺阶段的预算会计模式——"义务会计"；侧重核实阶段的预算会计模式——"支出会计"，以及侧重付款阶段的预算会计模式——"付款支出会计"。

（1）侧重承诺阶段的预算会计模式——义务会计

年度政府预算的通过等于是取得了预算授权，包括预算收入授权和预算支出授权。就支出授权来讲，预算授权通过拨款行为得以实现，拨款代表授权的支出。支出授权或拨款是引发公共支出的源头，但从支出机构的角度看，在授权和拨款行为完成，实际的公共支出行为是从做出支出承诺开始的。支出承诺意味着支出机构已经做出一项引发未来支出义务的决定。支出承诺的常见内容见表2-2。

表2-2	支出承诺的常见内容
1	向供应商发出采购订单或签署采购合同
2	批准贷款申请和税收减免要求
3	雇佣人员
4	正式通知某人符合领取失业救济、医疗保障等权益金的资格

在承诺阶段，支出机构购买商品与服务的合同已经签署，表示已经做出了支出承诺，但尚未支出现金。承诺可以是资本性支出方面的承诺，例如投资项目、厂房等固定资产购置方面的承诺；也可以是经常性支出方面的承诺，包括商品与服务合同、支付租金等。做出承诺意味着发生了一笔支出义务，如果没有特殊的原因，这笔支出义务将在支出周期的下游阶段导致发生现金流出的实际支出。做出承诺还意味着支出机构可用拨款额度的减少。记录承诺阶段发生财政交易的会计称为"义务会计"。只要支出

义务发生，就应在预算执行系统中予以确认和记录。

承诺阶段信息需要加以记录的原因在于：首先，支出义务是在承诺阶段产生的，而支出义务既是引发负债进而引发实际支出的原因，也是评估公共组织财务状况的一个参考指标。如果没有对承诺阶段支出义务的记录，有效地控制公共支出和管理财政风险就会变得十分困难。各支出部门及其下属单位如果不记录承诺，财政部（和国库）就无法得到各部门与机构承诺支出的资金、剩余资金以及未来现金流量方面的信息。其次，制定和实施那些导致拨款变动的决策也必须考虑到已经做出的承诺。最后，从内部管理的角度讲，支出机构应切实按照已经签署的合同和发出的订单行事。

基于记录承诺的重要性，多数国家（即使是那些采用现金基础政府会计的国家）在记录付款交易的同时，仍然保持对承诺的账户记录。

义务会计以"义务基础"作为确认交易的基本标准，这也正是义务会计模式的最大优势所在——最早提供"可能发生支出"的信息。这类信息对于管理财政风险尤其重要。义务会计的另一个优势在于能够与预算保留制度密切配合。由于这个原因，义务基础又称为预算保留基础：只要签发订单或签订采购合同即确认支出义务，并不要等到实际收到商品与服务（负债发生）。义务会计的缺点在于：未发生负债或未支出现金时便记录支出，与应计基础及现金基础背离。换言之，义务会计将原本属于财务报告附注揭露的事项提升为正式的分录。

义务会计也记录付款阶段的现金交易。美国是实行义务会计最典型的国家。联邦政府和州政府都在应用。每笔交易设置三组分录：一组记录承诺，另外两组分别记录承诺的取消和现金的支付。

（2）侧重记录核实阶段交易的支出会计

此种类型的预算会计在根据合同取得商品与服务并进行核实时进行会计记录。核实阶段的支出对应的是"负债"意义上的支出概念。与承诺阶段的"支出义务"不同，"负债"意义上的支出概念已经具备法律约束力——公共组织在任何情况下都必须偿付。支出会计也不同于成本会计。支出会计记录交易或事项的时间早于成本会计。

一个机构在对其负债实施进行规划时需要进行成本评估，而评估成本需要关于核实阶段的相关信息，包括由支出会计提供的应计支出信息，以及折旧、存货等方面的信息。不仅如此，支出会计记录的核实阶段的支出，也能很好地反映所实施的规划和方案在这一阶段的进展情况，这对于在此阶段编制和报送投资性支出方面的报告是必不可少的。此外，对于管理应付款和合同而言，取得核实阶段记录支出也是很必要的。记录应计支出是任何确认负债的会计系统所必不可少的。所以，侧重记录核实阶段交易的支出会计对于政府负债的规划管理和机构管理而言非常重要。

（3）侧重记录付款交易的付现支出会计

付款支出会计在付款阶段定义"支出"。付款支出预算会计的优缺点如表2-3所示。

表2-3　　　　　　　　　付现支出预算会计的优缺点

优点	1. 付款阶段的支出概念更容易计量，更具有客观性，也可更好地测量政府财政活动的经济影响； 2. 能够与公共支出的合规性控制结合起来； 3. 会计工作量相对较小，运行成本较低； 4. 现金支出信息容易被理解
缺点	1. 付款时间易被操纵（多为推迟），导致公共部门的债务被隐藏起来，加剧财政风险； 2. 记录交易的时间最晚，这意味着到了付款阶段时，事情（坏结果）已经不可逆转——采取任何行动都为时已晚； 3. 对承诺交易和核实阶段交易缺乏记录，不能完整追踪公共资金的流动

2. 按记录具体交易的组织层次划分

依据不同的标准，政府组织层次有若干种不同的分类。从预算资金的流向上，政府组织分为政府核心部门和支出机构。政府核心部门是预算资金的管理部门，经由征收部门征收，纳税人资金转变成税款流入政府部门，政府核心部门代管；预算支出方面，从支付周期上看，核心部门首先掌握的是拨款环节的支出。而预算支出的执行，表现为支付周期的完成，是由各支出机构进行的。按照记录财政交易的组织层次，预算会计模式分为三大类。

（1）分散式记录模式

在分散记录模式下，财政交易仅在分散的支出机构层面记录，代表政府整体的核心部门（例如财政部门）并不进行会计记录。由于核心部门不记录"机构层交易"，该模式下的核心部门就无法实时得到来自支出机构的会计信息。

（2）集中式记录模式

在此模式下，财政交易仅由核心部门记录，具体负责执行的支出机构反而不进行会计记录，支出机构不是相对独立的政府会计主体，仅相当于一个报账单位，向负责记录财政交易的核心部门报告支出的实际执行情况，向核心部门报销本机构实际发生的支出款项。

（3）平行式记录模式

在此模式下，财政交易由核心部门和支出机构同时记录，在核心部门和支出机构两个层次上遵循统一的会计准则，同时记录财政交易。由于具体的支出执行是由各支出机构完成的，所以，在此模式下支出信息应由支出机构将支出机构层次上的会计记录及时传输到核心部门。

在分散式记录模式下，核心部门不能掌握来自支出机构的会计信息，在集中式记录模式下，支出机构不提供系统化的交易信息，所以，二者都不利于对预算执行过程的有效监控。平行式模式与分散式记录模式相比，核心部门能够掌握来自支出机构的信息，即能够掌握财政资金整个的支付周期信息，也有利于核心部门预算资金管理这一职能的发挥，更有利于对预算执行过程的事前控制。与集中式记录模式相比，支出机构提供的信息更具有用性，进而有利于各支出机构进行财务管理的需要。

不同模式下负责记录预算会计的机构情况如表 2-4 所示。

表 2-4　　　　　　　不同模式下负责记录预算会计的机构情况

	分散式		集中式		平行式	
	核心层	机构层	核心层	机构层	核心层	机构层
拨款						
承诺						
核实						
付款						

3. 按是否记录预算数据划分

（1）只记录实际数据不记录预算数据

包括中国在内的许多发展中国家都采用这种模式。在这种模式下，只是实际发生的支出（对应于支出周期的特定阶段）才在会计上进行记录，预算或相关法律中规定的开支数额并不进行记录。

这种模式的缺点是，无论是核心部门还是支出机构，都无法从会计系统中得到可进行类比的预算数据和实际数据。

（2）既记录实际数据也记录预算数据

"预算会计"的本意就应该将预算数据一并加以记录。记录预算数据之所以特别重要，主要是源于如下事实：

公共开支行为必须受到有效的控制与约束（受预算授权的约束），预算超支（或没有完成）本质上是违反预算法律和政策的，因而需要通过会计系统来追踪预算的执行，以防止此类现象的发生。对"支出控制"目标的高度关注和重视，客观上要求核心部门和支出机构均可从预算会计系统中得到关于预算数据与实际数据的信息，以使追踪实际支出与预算支出之间的相互关系成为可能，这是支出控制的前提。

美国的政府会计系统中设立有专门的"预算账户"，用于记录包括预算决定在内的预算执行信息，例如预计的收入和预算拨款数。

为确保对公共支出的有效控制，除记录预算数据外，发达国家在构造其预算会计时，还十分强调预算会计科目同预算（政府）支出分类之间保持高度的一致性。预算会计科目总账和明细账的设置以预算支出的分类为基础，与预算支出分类有相同的详细程度，一般情况下，二者的分类完全一致。

以上对预算会计模式依据不同的标准进行了不同的分类，这里需要解释的是：预算会计模式可以理解成预算会计具体操作方式的不同类别，三种标准（支出周期、记录交易的组织层次、是否记录预算数据）为三个不同的维度。所以，从理论上讲，任何一种预算会计模式都是 $C_3^1 \times C_3^1 \times C_2^1 = 18$ 种类型中的一种。如美国的预算会计模式如表 2-5 所示。

表 2-5　　　　　　　　　　美国的预算会计模式

按支出周期构成阶段划分	侧重记录承诺交易的义务会计
按记录交易的组织层次划分	平行式记录的会计模式
按是否记录预算数据划分	既记录实际数据也记录预算数据

（三）本书对"预算会计"的界定

在上述对"预算会计"的三种理解中，第一种和第三种理解是对政府会计的习惯称谓，第二种理解最接近预算会计的本质含义。虽然学者们对"预算会计"的定义表述有所不同，但对预算会计的理解大致相同。包括以下要点：

（1）从字面上理解，是记录和报告政府预算的会计；

（2）实质上是追踪拨款和拨款使用的整个过程，包括预算的批准、执行过程的政府会计；

（3）运用会计的专业方法和语言记录预算收入、预算支出并报告预算结余；

（4）政府实施预算会计的目的，是为了加强对预算执行的控制。

结合上述对预算会计模式的论述，本书中所指的预算会计具备以下特征：

（1）从支出周期看，记录整个支出周期。

（2）既记录预算数，又记录实际执行数。

（3）按记录交易的组织层次划分，为平行式记录模式。

从本书对预算会计的界定看，我国的"预算会计"并非真正意义上的预算会计，即我国不存在记录整个支出周期、既记录预算数又记录实际执行数、核心部门与支出机构同时记录财政交易的预算会计。

二　政府财务会计

（一）对政府财务会计的不同理解

财务会计是在企业会计中常见的一个概念，但是查阅各种文献，鲜有对政府财务会计定义的确切描述。路军伟在对财务会计定义分析比较基础上尝试着对政府财务会计做出定义。他指出，财务会计不是专指企业的会计，不是专为外部信息使用人服务的会计，不是遵守公认会计准则的会计。认为财务会计的特征表现为财务性（即货币计量属性）和历史性（记录的是已经发生的交易）。前者与其他信息系统（如统计）相区别，统计用到的计量属性有多种；后者与会计体系中其他类型会计（如管理会计）相区别，管理会计更多的是面向未来。确认、计量、记录和报告等会计程序是财务会计的核心，也是财务会计的重要特征。政府财务会计是以货币为计量单位，对政府组织已经发生的交易和事项，通过确认、计量、记录和报告等基本会计程序进行历史性描述的人造信息系统。笔者认为可以从两方面理解政府财务会计。

第一是从政府会计的发展历程，即政府会计目标的发展变化角度。如前所述，政府会计起初的目标仅仅是为了监督和控制预算的执行，之后为了满足政府财务管理和政府绩效评价，政府会计从技术上发生了质变，为了与之前"预算会计"相区分，将新的政府会计习惯称之为"政府财务会计"。当今各国的政府会计改革大多是政府财务会计改革的同义语。正是由于这个原因，政府财务会计往往与权责发生制的会计基础相联系。在会计基础的运用上，政府财务会计侧重的是权责发生制，有可能是完全的权责发生制，也可能是修正的权责发生制。只有在权责发生制下，资产负债的信息才是最真实和客观的。一个科学的预算会计系统能做到，在财政年度末，对已经付款的资金、已核实但还未付款的资金、已承诺但还未核实的资金、已拨款但还未承诺的资金做出准确反映。收付实现制预算会计可以理解成仅提供已经付款的资金信息，而权责发生制预算会计提供全部的四个环节的信息。区分这些概念的意义在于更加深刻的理解双轨制政府会计模式。

第二是从会计对象上理解。政府财务会计核算对象是政府组织所有的已经发生的能以货币计量的经济交易和事项。这些事项中有些是财政年度的预算收支活动，有些与当年的预算收支没有关系。如有些收支没有纳入到政府预算中，再如政府以前年度形成的资产和负债存量的变动，不影响当年的预算收支，但对政府财务状况会产生影响。从这个角度理解，即使是权责发生制的预算会计提供的流量信息与权责发生制财务会计提供的流量信息还是存在一定的差别。

政府存在的目的就是为了提供公共产品，表现为财政支出。对于一个民主国家而言，政府所有的活动都应是围绕预算来进行的。那么，政府日常的活动除了预算收支（如组织财政收入、按发生的各种支出）之外，还有哪些活动与预算收支无关并且这些活动是可以通过会计语言来描述的？预算会计与政府财务会计核算范围差异如表 2-6 所示。

表 2-6　　　　　　　预算会计与政府财务会计核算范围差异表

项目		举例	预算会计 是否核算	政府财务会计是 否核算和报告
预算外资金收支			否	是
存量资产的处置	由预算资金 支出形成	政府出资建设 的基础设施	否	是
	与预算资金 支出无关的	国有的矿山 等自然资源	否	是

从表 2-6 可以看出，对于存量资产持有期间及处置，预算会计不核算，但政府财务会计核算。

（二）本书对政府财务会计的界定

综上所述，政府会计是会计在政府（公共）部门运用的总称，对应的是企业会计。政府会计①包括预算会计和政府财务会计。预算会计的功能在于用会计的手段描述预算的执行过程；政府财务会计的功能在于反映

---

①　企业会计至少包括财务会计、成本会计、管理会计。一个完整的政府会计体系同样也应该包括政府财务会计、政府成本会计、政府管理会计。但政府会计与企业会计又存在很大的不同，政府会计的改革的难度要远远大于企业会计。就我国目前情况来看，企业管理会计的建立还处于初级阶段。所以，我国政府会计改革首先从政府财务会计改革开始。预算会计是政府管理会计的一部分。

政府整体的财务状况和运营成果①。

三 本书对"双轨制"政府会计模式的界定

"双轨制"政府会计模式是预算会计和政府财务会计并存的政府会计模式。

1. 双轨制政府会计模式表示政府会计系统中同时存在预算会计与政府财务会计。

2. 预算会计只核算财政年度的预算收支的计划数与执行数。预算收入方面，反映预算额及实际入库额。预算支出方面，反映预算资金在支付周期各阶段的分布情况：拨款、承诺、核实、付款。预算会计的成果是政府预算报告，反映政府预算收支的预算金额及实际执行情况。

3. 政府财务会计核算所有的能以货币计量的政府的经济活动或交易，并且在会计期末编制政府财务报告，反映政府总体的财务状况、经营业绩与现金流量。只有在权责发生制的会计基础情况下，政府资产、政府负债及政府成本信息才能得以准确反映，政府财务会计提供的财务信息才更具有用性。

第四节 政府会计的会计基础模式

本部分主要尝试研究以下问题：什么是会计基础？什么是预算基础？什么是预算会计基础与政府财务会计基础？

一 会计基础及其种类

（一）会计基础的概念

会计上确认一个会计期间的收入与费用从而确定其损益所依据的标

----

① 本书对预算会计的定义，主要是美国预算会计的做法，而从预算与会计结合的三种模式：德法模式、美国模式、英国模式来看，并不是所有的国家都采用这种做法。如德法模式，从现有的文献来看，德法模式的政府会计就是预算会计，而德法模式的政府会计称作预算会计的原因在于政府会计的目标定位是为了监督预算的执行，而不是公共受托责任。但是，从现有文献看，德法模式的政府会计并没有采用美国预算会计的形式：即记录预算数又记录实际执行数，仅是工具，到期末预算会计的账户是没有余额的。德法模式的政府会计更多地倾向于收付实现制下的政府财务会计。而英国模式中，政府会计系统已经完全摆脱了预算系统，从文献中看，改革之后的法国的政府会计是典型的双轨制政府会计模式。从具体做法上看，采取了美国预算会计的核心理念。

准，称之为会计基础。① 政府财务报告是政府会计核算确认、计量及记录的最终成果，会计基础用以决定什么样的交易或事项应予确认及何时确认的标准或依据，会计基础与财务报告基础密切相关，可以理解成为编报政府财务报告而决定在何时确认交易或事项对政府财务会计要素的影响。② 不同会计基础的区别在于交易或事项确认的标准，表现为确认的时间和范围不同，根源在于确认交易或事项的时间标准不同。会计基础对于政府会计、政府预算和政府财务报告特别重要，采用不同的会计基础在很大程度上影响到政府会计及政府预算的特征和功能，具体表现为政府预算与政府会计提供的政府预算及政府财务信息的及时性和有用性，进而对政府进行政府预算管理及政府财务管理产生重要影响。③ 会计基础是指导会计人员及预算记录员处理某个实体交易或事件的影响的计量原则。会计人员通常以交易或事件登记的时间来界定收益。④

从以上分析可以看出，对会计基础的定义虽然有多种，但大都从以下两方面来理解会计基础。

1. 会计分期假设是会计基础概念存在的基础。

会计假设是为了会计核算的方便做出的人为规定，一般来说有四大会计假设：会计主体、会计分期、持续经营和货币计量。会计分期将持续不断的运营时间划分成等长连续的时间段，目的是及时提供会计信息。会计分期的划分要考虑成本收益原则，既要满足提供会计信息的需要——不能太长，又不能增加太多的成本——不能太短。一般来讲，有年度和中期之分，其中，短于年度的会计年度都称作中期，有季度、月度和半年度。存在会计分期的情况下，势必要确定各个会计期间的收益和费用。会计基础就是确认会计期间的收入与费用从而确定其损益的标准。

2. 会计基础有财务会计基础和预算基础之分

政府预算系统和政府会计系统是两个不同的系统。预算系统关注的是预算周期内预算收支的决定，是否有赤字及赤字额的大小。在预算执行过程中，关注随着预算的执行，预算单位可用的拨款额度及预算收入完成的进度。而财务

---

① 《政府预算与会计的未来——权责发生制改革纵览与探索》，中国财政经济出版社 2002 年版，第 3 页。

② 常丽：《论我国政府财务报告的改进》，东北财经大学出版社 2007 年版，第 162—181 页。

③ 王雍君：《政府预算会计问题研究》，经济科学出版社 2004 年版，第 22 页。

④ Roy T. Meyers：《公共预算经典（第一卷）——面向绩效的新发展》，苟燕楠、董静译，上海财经大学出版社 2005 年版，第 296 页。

会计系统虽然同样也关注这一类的业务，但更多的是考虑在某一时点上的资产负债表所反映出来的资产负债的存量信息。预算基础又可分为确认预算收支的基础和预算会计基础，前者是后者存在的基础，后者是对前者的反映。

财务会计基础又可分为财务会计核算基础与财务会计报告基础。财务会计核算基础是财务会计在对会计要素进行确认、计量、记录时遵循的标准，对会计要素的确认分为初始确认和最终确认。初始确认指对交易和事项进行编制会计分录阶段的确认，最终确认指将交易和事项列入会计报表的报表项目中。有初始确认就必定有最终确认，即会计报表中的项目全部来源于凭证和账簿。所以，财务会计报表基础基本上与财务会计的核算基础是一致的。但在财务会计报表体系中，也有与会计核算基础不一致的报表。而且财务会计报告与财务会计报表是两个不同的概念，在财务会计报告中除包含对财务会计报表某些项目的详细解释外，还包括一些没有进行初始确认但比较重大的项目。所以，会计基础运用在财务会计系统要区分财务会计核算基础、财务会计报表的编制基础及财务会计报告基础。

（二）会计基础的种类

1. 国际会计师联合会（IFAC）对会计基础的分类

一般将会计基础分为收付实现制和权责发生制，前者又称为现金制，后者又称为应计制。在纯粹的现金制与纯粹的应计制之间有许多种变体。国际会计师联合会（IFAC）在 1998 年发布了《政府财务报告指南》，其中提供了四种可用于公共部门的会计基础，为（完全）现金制、修正的现金制、修正的应计制以及（完全）应计制，实质上是一个区间，完全的收付实现制和完全的权责发生制是区间的两个极点，而修正的收付实现制和修正的权责发生制为这两个极点之间的一点，前者更偏向现金制，后者更偏向应计制。①

---

① 有两点需要说明。第一，关于核算存量的会计要素：资产、负债、净资产与核算流量的会计要素：收入、费用之间的关系。前者是时点信息，后者是流量信息。做个比喻的话流量好比一个动态的录像，而存量好比是录像中的一张截图。也就是说存量和流量的会计要素是同时发生的，在复式记账的情况下更能体现出来。如实现了一笔收入，会计分录为借：资产 贷：收入，即同时增加了一笔资产和一笔收入。这就是我们说的，收入的增加伴随着资产的增加或负债的减少，而费用的增加伴随着资产的减少或负债的增加。净资产＝资产−负债。第二，在第一点中并没有和具体的会计基础相联系，即任何一种会计基础下都存在这些会计要素，只是在不同的会计基础下，这些会计要素的内容不同。现金制下同样存在资产和负债的会计要素，如实现了一笔收入，同时收到了现金，借：现金 贷：收入，现金本身就是资产类账户。以现金购置一台设备，借：固定资产 贷：现金。另外，复式记账与单式记账只是纯粹的记账方法，与会计基础没有必然的联系。不能认为现金制下实行的就是单式记账。

（1）（完全）现金制

现金制是指以是否实际收到或支付现金作为确认和记录交易的标准。在现金制下，只确认和记录有现金收付的交易和事项，对于不涉及现金收付的交易和事项不予确认和记录。因为只记录与现金收支有关的交易，（完全）的现金制核算内容简单，但不能合理反映各会计期间的收益和费用，进而不能反映真实的资产和负债信息。

（2）修正的现金制

修正的现金制更接近收付现金制，是指政府会计要素的确认和计量以现金制为主，原则上只记录与现金收支有关的交易和事项，但对某些特殊业务采用应计制。较常见的操作方式有两种：一是"附加期"模式；二是附加披露模式。"附加期"模式在会计年度结束之后，即资产负债表日后的某一时期内（通常为 30 天），账簿保持未结账的状态，以记录这一时期发生的重大经济事项，并非记录这一时期的所有事项。附加披露形式平时在对交易和事项确认、计量和记录时采用收付实现制，在编制政府财务报告时，对某些只在权责发生制会计基础下才予以确认、计量和记录的特殊项目提供附加披露信息。[1]

（3）（完全）应计制

应计制会计基础下确认、计量和记录交易或事项的标准是关于交易或事项的权利和义务是否实际发生。在应计制下，现金的收付与收入、费用的确认并不存在必然联系。对于收入，不论款项是否实际收到，以权利是否形成确定其应归属的会计期间。凡是本期已经"发生"的收入，无论款项是否收到，应作为本期的收入。对于费用，不论款项是否实际支付，以支付责任是否发生确定其应归属的会计期间。凡是本期"发生"的费用，不论款项是否在本期支付，都作为本期的费用。应计基础强调的是合约义务。应计制的优点在于对资产负债的反映比较客观，缺点是核算比较复杂，其中夹杂着许多会计人员的主观判断。现金制与应计制的比较如表 2-7 所示。

表 2-7 现金制与应计制的比较

	优点	缺点
收付实现制	简单	不能客观地表达经营成果（收益费用水平反映不合理）资产负债的信息反映不准确

---

[1] 楼继伟、张弘力、李萍：《政府预算与会计的未来——权责发生制改革纵览与探索》，中国财政经济出版社 2002 年版，第 8 页。

	优点	缺点
权责发生制	能正确反映收益水平、盈利情况、资产负债信息	复杂

(4) 修正的应计制

修正的应计制更偏向（完全）的应计制，具体的操作是在对财政交易或事项进行核算时以应计制为主，即以权利和义务的实际发生为主，但对某些特殊资产和负债的确认范围做出特殊限制。具体原因有两种，第一种原因是技术上无法对这些资产和负债进行确认，或者即使能够确认，但计量成本高；第二种原因是即使满足会计要素的确认条件，但这些资产和负债的信息对政府进行预算管理和财务管理影响不大[①]。如在资产的确认方法，对所有非财务资产在取得时确认为费用，不确认资产；对于部分非财务资产，如国防与文化资产，在取得或建造时确认为费用，不确认资产；在负债的确认方面，不确认养老金负债等。采用修正的应计制与现金制相比可以提高政府会计信息的质量及有用性，与（完全）的应计制相比，降低了改革的难度，而且，由于政府组织的特殊性，修正的应计制提供的信息比（完全）的应计制提供的信息或许更具有用性。

修正的应计制与（完全）应计制的区别还体现在应计收入的确认。由于公共收入不可预计而且很难衡量，所以修正权责发生制会计要求只有在当前会计期间收入既可计量又可支配时，才可记录为公共组织的收入。[②]

修正的应计制与修正的现金制都是处在现金制与应计制之间的变体，不同点在于：第一，趋向的程度不同，修正的现金制更趋向于现金制，而修正的应计制更趋向于应计制。第二，调整时所站角度不同，修正的现金制首先是站在现金制的基础上，对某些事项做出应计制的调整；而修正的应计制则是站在应计制的基础上，对某些特殊事项做出现金制的调整。从现金制到应计制，计量重点逐渐扩展，会计要素也越来越复杂。不同会计基础下对政府债务的确认和计量如表 2-8 所示。

---

① 也有学者认为，只有在能对会计要素进行确认，但人为选择不确认的情况下才是修正的应计制。

② B. J. 理德、约翰·W. 斯韦恩：《公共财政管理》，中国财政经济出版社 2002 年版，第 40 页。

表 2-8　　　　　　　　　不同会计基础下对政府债务的确认和计量

会计基础	政府债务的确认和计量情况
收付实现制	1. 由于举债行为而导致现金增加时，按照实际收到的现金确认和计量为现金收入； 2. 实际偿债现金支出时，按照实际偿债金额确认和计量为现金支出； 3. 只确认和计量本期实际用于偿还债务的现金支出； 4. 不反映本期应付而未付的偿债支出和其他应付款； 5. 不确认或有负债和隐性负债
修正的收付实现制①	1. 收付实现制下确认的债务； 2. 因在附加期内发生的以下债务现金收支事项形成的"约当现金余额"：一是应在上一报告期内收到的财政收入；二是应在上一报告期末到期偿还的贷款；三是在上一报告期末前贷款协议已签订的借入款项
权责发生制	1. 由于举债行为而导致债务义务发生时，按照债务义务金额同时确认为资产和负债的增加； 2. 对于本期发生但未支付的利息，确认费用和债务的增加； 3. 按照本期实际支付的债务本金和利息同时确认为资产和负债的减少； 4. 满足负债确认标准的或有负债和隐性负债应确认为一项债务及相关费用的增加
修正的权责发生制	对某些符合应计制下负债的定义和确认标准的负债出于某些考虑②不予确认

2. 会计基础的补充形式

除上述的现金制、修正的现金制、修正的应计制及应计制外，还有两种会计基础的补充形式：承诺制和成本制。因为仅用于支出类或成本类账户，所以称之为会计基础的补充形式。

（1）承诺制

承诺制是指当做出承诺时，记录经济交易。承诺制仅用于支出类账户。承诺的标志如填写订单或做出开支决定。通过为开支决定记账，就要留置已经承诺的资金，因此就有了关于支出的可能发生的最早信息。

（2）成本制

成本制依赖于使用或消耗资源的概念来确认一项会计事项。成本会计的目的是记录提供商品和劳务的成本。成本会计是会计系统的附加内容，不是收集信息的基本方法。举例来讲，用一箱纸来印刷税单。不同会计基础下会计事项的确认时间差异如表 2-9 所示。

---

① 这里所讲的修正的现金制指附加期形式。本质上是人为地延长了现金收付的会计期间，仍然不存在应收应付。

② 这些考虑可能包括：第一，出于实务的考虑，如计量的成本较大；第二，政策特别规定；第三，对政策管理与政策的影响不大等。

表 2-9　　　　　　　不同会计基础下会计事项的确认时间差异①

会计基础	交易记录时间	说明
承诺基础	承诺阶段（最早）	发出订单
应计或修正应计基础	责任	收到纸张/单据
现金基础	现金流动	付款
成本基础	使用（最晚）	消耗纸张

现金制操作比较简单直观，较易理解，但记录交易的时间最晚，并且现金交易容易被操纵，如通过人为延迟付款导致债务隐藏。承诺制提供了最早的支出记录。承诺的信息是意向，而应计或修正应计的基础是正式的法定责任。在应计制下通常包括其他会计基础下没有的会计科目，如折旧、应收应付款以及存货。通过这些账户，可以更准确地了解一个组织的财务状况。从涉及的工作量上看，现金制工作量最少，只记录与现金收支有关的会计分录。应计制会计需要的工作量最多，任何一笔权责发生制的交易需要两组分录。一笔记录义务的发生，一笔记录现金支付和义务的消除。承诺制每笔交易设置三组分录。一组记录承诺，一组记录承诺的取消，一组记录现金支付。

二　会计基础在预算、政府会计中的运用

不同的会计基础运用在政府预算中形成不同的预算基础，运用在政府财务会计中形成不同的政府财务会计基础，运用在政府财务报告中形成不同的政府财务报告基础。

（一）会计基础在预算中的运用

不同的会计基础运用在预算中，形成不同的预算基础的预算，如现金制预算、修正的现金制预算、修正的应计制预算和应计制预算。②

1. 什么是权责发生制预算？

现有对会计基础在预算中的运用的研究大多都在讨论我国适不适合采用权责发生制的预算，但在对究竟什么是权责发生制预算的理解上比较模糊。对这个问题的研究具有代表性的有《政府预算与会计的未来》

---

① B. J. 理德、约翰·W. 斯韦恩：《公共财政管理》，中国财政经济出版社 2002 年版，第 41 页。

② 因为承诺基础与成本基础都不是完整的会计基础，需要与其他会计基础配合使用。所以，这里不考虑承诺基础和成本基础。

（2002）、《政府预算会计问题研究》（王雍君 2004）、《权责发生制政府预算与会计改革问题研究》（王银梅 2009）。《政府预算与会计的未来》是较早的文献，此后关于会计基础在预算中的运用的研究基本上都引用了这里的观点。王雍君的论述借用了《公共支出管理》第 57 页的观点。而王银梅则是在前人的基础上引用了《公共预算经典——面向绩效的新发展》"第四篇 预算的信息基础 第十四章 预算和财务报表中的会计基础"。

楼继伟（2002）将现金制预算描述为在收到和付出现金的同时记录收入和开支，而不考虑政府行为何时实现收入、耗费资源或增加负债。而应计制预算在政府行为实现收入、耗费资源和增加负债的期间记录交易，而不考虑与之相关的现金是否已经收到或已付出。应计制预算，通常按照应计制的财务会计基础记录预算成本。两种预算的不同表现在计量政府服务预算成本计的技术差异，实际上反映了对政府预算作用和功能的不同选择。① 权责发生制拨款反映了一个财政年度内所发生的成本，一般与私立单位运营表中的费用很相似。②

陈小悦（2005）认为："现金制预算，授权政府在一定时期内进行现金支出，这一时期通常对应于财政年度。权责发生制预算，为政府部门运作的全部成本和其他负债的增加或资产的减少提供资金。完全成本指在一定时期内消费的商品和服务（而不是购买的商品和服务）。因此，实物资产折旧、存货的变动以及负债的变化均应计入权责发生制支出中，以计算某个项目的完全成本。"③

结合以上的研究成果，笔者认为，不同会计基础的预算的本质区别在于确定年度预算收支的标准不同，特别是确定支出的标准。收付实现制预算是指在确定预算年度收支时以是否收取和支付现金为准，而权责发生制预算是指在确定预算收支时以权利和义务是否实际发生为准。楼继伟所讲的"预算成本"及陈小悦提到的"完全成本"中"成本"的含义更接近确定的本期的预算支出，这个支出可以是现金支出，也可以不是现金支出。称作"预算成本"原因在于：将预算收入（如本期征收的税款）作为对享受到的本期的公共服务成本的补偿。最典型的如政府公务人员的退

---

① 楼继伟、张弘力、李萍：《政府预算与会计的未来——权责发生制改革纵览与探索》，中国财政经济出版社 2002 年版，第 6—7 页。
② 同上书，第 69 页。
③ 财政部会计准则委员会：《政府绩效评价与政府会计》，大连出版社 2005 年版，第 358 页。

休金，从收付实现制的角度，公务人员退休金在公务人员退休之后才支出，应属于实际支付退休金的预算支出；而按照权责发生制的标准，当期的纳税人享受到了公务人员在当期提供的服务，其成本也应由当期的纳税人承担，故这笔支出应包括在本财政年度的预算支出中。收付实现制预算与权责发生制预算对比见表2-10。

表2-10　　　　　　　　收付实现制预算与权责发生制预算对比

类别	收付实现制预算	权责发生制预算	说明
经常支出			
个人报酬及相关津贴	预算估计数以当年可能支出的现金金额为依据	估计数将反映全部负债	多数情况下，二者差异极少。在有些情况下，实际现金支出可能比权责发生制估计数小，例如，通过了一项新的支出变动，但支出可能没有完全实现并且要延续到下一个财政年度
购买商品和劳务	同上，估计数以当年可能的实际支出为依据	估计数将依据发出的订单而不管其交付、支付是否完成或商品和服务是否实际使用	两者在下述情况下产生差异：（1）当商品和服务交付存在相当长的时滞时，收付实现制估计数将小于；（2）当支付可能作为"负债管理"政策一部分而延期时，收付实现制估计数将较小；（3）当从以前年度结转来的大量欠款打算被全部偿清时，收付实现制支出数可能将高一些
债务还本付息	原则上，收付实现制的估计数依据的是权责发生制预算方法，因为对到期应付款和债务应付利息都加以了考虑	估计数依据的是未偿还债务及相关应付款和利息成本水平。未来债务估计数依据的是预测数	当一部分债务资本化并向前结转时，实际现金支出应较少，但是总的来说两者间的差异很小
养老金和收益权	估计数以可能的支付数额为依据	估计数以相关法律规定的负债为依据。负债可能是无限的，但年度估计数将限于估计在本年中将清偿的负债	在下面情况下产生差异：（1）当养老金以不同于常规预算的方式组织时，从预算中转入的可能少于实际需要的；（2）在极度紧缩情况下，一些支付可能留下结转到下一年
对公共企业的补贴和拨款	估计数以相关的法律及价格预测为依据	基数和收付实现制估计数相同	只有当决定实际支付额少于法律和价格预测所指定的负债时，才可能产生差异
资本支出			

续表

类别	收付实现制预算	权责发生制预算	说明
有形资产	以支付估计额为依据，不论其实际负债如何	以合同债务估计额和有形工作的实际进展为依据	差异可能相当大，并且很多差异将依赖于不考虑实物方面而制定的现金支付计划。在赠予资助的设备方面，差异是很大的，另外，年终资产负债表可能反映市场价值而不是获得价值
金融投资	依据获取金融资产和进行其他投资的政策决策	和现金制估计数相同	差异产生于资产负债表的行文中，因为投资将以市场价值而非获得价值显示
贷款	同上	同上	当贷款组合被评估且不良贷款被核销时，就会产生差异

资料来源：A. 普雷姆詹德：《有效的政府会计（1996）》，中国金融出版社，第 59 页。

2. 权责发生制预算的优缺点

传统的预算收支的确定采用的是收付实现制，主要的原因在于政府收支范围比较窄，而且大都采用现金的形式。但随着政府对经济干预程度的加深，政府预算收支的范围越来越宽，更有甚者，在预算的硬约束下，政府通过各种手段去规避预算的约束。这时候，在企业会计中已广泛应用的权责发生制就逐渐被引入到了政府领域。

（1）权责发生制预算的优势

相对于现金制预算而言，应计制预算的优势主要有如下几点：

第一，权责发生制预算在确定本期的预算收支及预算赤字额时，依据的标准是预算收支是否真实发生，而非是否收到或支出现金。对于在本期已经发生，但现金支出发生在以后预算年度的支出，作为当期的预算支出。从这个角度讲，应计制预算会比现金制预算更谨慎，会显示出更大的财政赤字。权责发生制预算将适用于企业会计的资产/负债观引入公共领域，实质为在确定拨款金额时，将与单位的资产和负债变动有关的费用包括其中。另外，采用应计制预算的国家通常要求预算报告中包括资产负债表、运营表和现金流量表等基本财务报表。应计制预算的拨款额反映了某一财政年度内发生的政府服务成本，从内容上看提供与运营表相近的信息。运营表确认了某一时期的收入和费用，反映了资产负债表的变动。例如，折旧减低了资产负债表中资产的价值，构成了拨款额的组成部分，同时也是运营表中的一项费用。鉴于资产、负债、净资产与收入、费用之间的内在联系，权责发生制预算也反映了政府资产负债表的变动，如折旧或养老金负债的变动等。因此，应计制预算更有利于对政府的财务管理状况进行评价，从而更有利于判断政府长期的财务健康状况。

第二，应计制预算将对资产计提的折旧和将社保义务计入拨款额的做法更符合代际公平（intergenerational equity）的原则。所谓代际公平是指本财政年度纳税人负担的税款弥补本财政年度纳税人享受到的公共产品和服务。如果没有资本性支出，政府支出全部为经常性支出，全部通过经常性的税收来弥补，实现了代际公平。如果政府有一项资本性支出，如建设一座大桥，假设为一项纯公共产品，支出 5000 万元，建设期为 5 年，每年支出 1000 万元，大桥的使用期为 50 年。完全的代际公平应该这样处理：在大桥的 50 年使用期内，由在这 50 年中的纳税人在 50 年的使用期纳税。这 50 年之前和之后的纳税人都不应承担税款。在 5 年的建设期里，政府每年应支出 1000 万元，如前文分析，1000 万元应通过借债取得，并且合同中应规定债务期限和利率。关键是怎样规定债务期限和利率才能实现代际公平？鉴于本书对代际公平的解释：应由大桥 50 年使用期内的纳税人承担。那么，合同应该这样规定：从大桥开始使用的那一年起支付本金和利息，支付 50 年。债券合同应这样规定：债券期限为 5+50 年，利息的支付方式为从第 6 年开始支付。在不考虑货币时间价值情况下，大桥的成本为借款的本金和利息之和。站在债券购买人的角度，债权人应得到与将资金投资到其他渠道相同的收益率。

权责发生制预算在确定预算支出额（拨款额）时，不考虑现金的支付，而考虑与预算成本有关的支出是否实际发生。对于资本性支出，以折旧的形式影响预算成本，所以，建设期的支出不影响建设期的拨款额。以折旧的形式，影响大桥使用年度的拨款额。所以符合代际公平的要求。

第三，权责发生制预算有利于政府绩效管理。权责发生制预算首先以权责发生制为基础确认本期提供的公共产品和服务的成本，以此来确定本期的拨款额。这样就会出现如下情况：本期没有发生现金支出但包括在了拨款额里，本期发生了现金支出但没有包括在拨款额里。前者如对固定资产计提的折旧和公务人员的养老金，后者如本期发生的资本性支出。因此，权责发生制预算能更真实地反映政府行为所实际耗费的资源。应计制预算将预算拨款额与政府提供公共服务的资源耗费联系起来，有利于取得反映政府绩效成本的信息。

第四，在现金制预算下，政府能够通过某些不影响当期预算收支的手段来操作预算。如出售资产来增加收入但不影响当期的预算收入，通过对应支付的支出延期支付来减少当期的预算支出，实际上提高了可用拨款额度。而这种操纵的方法在应计制预算中是无法实现的。

第五，应计制预算更能体现与企业会计与政府会计的一致性。首先，在企业会计领域广泛采用权责发生制，公众对于私营部门的会计准则比较熟悉，采用相同会计基础的预算更容易理解，从而提高了预算信息的透明度。另外，政府会计中采用权责发生制是大势所趋，如果政府预算中也采用应计制，将也有助于减少预算与政府会计之间的差异，从而减少了二者不一致带来的成本和麻烦，也提高了政府预算信息的相关性和有用性。

（2）权责发生制预算的缺点

从以上分析可以看出，权责发生制有很多优点：客观地评价财务状况、符合代际公平的要求、评价政府绩效、减少操纵预算行为、推行成本较低（权责发生制在企业会计中运用广泛）。但是，为什么不是所有的国家都采用权责发生制预算？要全面看待问题，事物往往是相生相克，互斥互补中存在的。权责发生制预算的优点是收付实现制的缺点，而权责发生制预算的缺点是收付实现制预算的优点。权责发生制预算的缺点主要表现如下：

第一，不利于政府对资本性项目进行正确决策。权责发生制预算与收付实现制预算对经常性支出的认定差异不大，两者的计算结果基本相同。但是，在资本性项目的处理上，二者存在较大的差异。在权责发生制基础下，预算收支的确认是以权利和义务是否实际发生为标准，资本性支出以折旧的形式，列入未来各实际使用年度的预算支出；收付实现制预算收支的确认以现金是否实际收支为准，资本性支出列入现金支出当期的预算支出。由此可以看出，在应计制预算下，资本性支出通过将支出分期计入资产实际使用年限中，可以减少现金支出当期的财政约束。

第二，（完全）权责发生制预算无法达到对预算支出合规性监管的需要。政府取得的财政（税收）收入是以现金形式实现的，对各预算单位进行预算拨款也是现金，故在对政府合规性的监管上，以现金的收支为标准的收付实现制预算更有效。权责发生制预算下的预算结余（赤字）与现金流不一致，增加了对政府预算收支监管的难度。从实践中看，即使是已经采用了权责发生制预算的国家，仍然需要提供现金制的预算拨款信息。

第三，实施成本较高。首先，权责发生制中存在大量的会计政策与会计估计，在具体适用的会计政策与会计估计的选择上，需要会计人员的主观判断，如政府投资核算方法的选择、固定资产折旧方法的选择、固定资产使用年限的确定、资产公允价值的取得等。在提高会计信息质量的同时也使得信息的提供更容易受到人为操纵。在会计人员业务水平有限的情况下，对应选择的会计政策与会计估计会出现判断有误，反而使得提供的会计信息质量大打折扣，加大了权责发生制实施的成本。其次，在一个习惯采用收付实现制预算的国家，并且会计人员素质达不到要求的情况下，权责发生制的推行会存在诸多障碍。最后，收付实现制预算的实施需要进行大量的培训，也需要在信息系统中投入大量的资源。

权责发生制预算与收付实现制预算的优缺点比较如表 2-11 所示。

表 2-11 　　　　　权责发生制预算与收付实现制预算的优缺点比较

	优点	缺点
收付实现制预算	1. 现金指标用得较广，习惯； 2. 现金易于跟踪，适应公共部门预算强调控制和确保不超支的传统管理办法； 3. 对大部分的政府行为来说，形成政府债务的交易发生的时间和为清偿债务而支付现金的时间之间间隔很短； 4. 对评价政府短期财务状况有效	1. 不能预警某些决策的长期影响，难以全面地反映政府的财务状况和提供关于政府行为的长期持续能力的信息； 2. 不能将政府服务的成本与绩效配比，难以满足更加注重成果的公共预算管理制度改革的需要
权责发生制预算	1. 提高了决策用预算信息的完整性和有用性； 2. 应计制预算使成本的确认时间提前，有利于评估财政政策的可持续性。应计制预算的计量原则更加谨慎和保守，因此会产生比现金制预算更大的赤字； 3. 应计制预算确认折旧、社保义务的做法更符合代际公平； 4. 能够更好地将成本与绩效进行配比； 5. 提高了预算报告与财务报告的一致性（财务报告普遍采用权责发生制）； 6. 减少了现金制下对预算的操控，提高了可靠性	1. 复杂，运行成本高； 2. 会计人员更多的主观判断会带来新的规避预算约束的手段； 3. 应计制下的预算结余和赤字与现金流会出现偏差。不直观

总之，会计基础在预算中的运用形成的是各种会计基础下的预算形式，区别在于预算收支的确定标准。收付实现制预算与权责发生制预算相比，各有千秋。各个国家运行的模式也不同，与一个国家的发达程度没有必然的联系。在完全的权责发生制预算下，政府预算与政府会计有很多的重合，但预算报告反映的仍然是预算收支流量的完成情况，不同之处在于，此时流量的确认标准为权责发生制。但即使是实行完全的权责发生制预算的国家，同样不会放弃监控现金流的情况。如同企业会计中要求提供现金流量表一样，政府会计体系中同样要求提供政府的现金流量表，也要求提供以现金流表示的预算收支情况作为补充信息。

（二）会计基础在政府会计中的运用

沿用本文对双轨制政府会计模式的界定，会计基础在政府会计中的运用分为在预算会计中的运用和在政府财务会计中的运用。

1. 在预算会计中的运用

王雍君（2004）依据采用的会计基础不同，将政府会计模式分为现金基础、修正现金基础、修正应计基础及应计基础的预算会计①，但没有对其分别做出解释。王雍君（2007）强烈建议以支付周期重新构造我国的预算会计体系，认为这是政府财务会计改革的基础和前提。王雍君认为应借鉴在发达国家中广泛采用的"双重方法"。"双重方法"指预算会计采用何种形式与政府会计采用的会计基础采用两种方法，而且两种方法的选择没有必然联系。无论政府会计采用何种会计基础，预算会计应以支出周期为核心构造，以会计核算的手段提供对监控预算执行最具前瞻性的信息。②

沿用本研究对预算会计的定义，笔者认为，预算会计存在的目的首先是为了通过追踪预算收支执行过程，达到监督预算的目的。同时又采用了会计核算的方法，所以，预算会计与政府会计及政府财务会计又有着天然的联系。从本质上讲，预算会计还是为预算服务。

权责发生制的预算会计与权责发生制的预算相联系，单独区分权责发生制或收付实现制的预算会计没有意义。而且，对二者的理解都与支付周期的四个环节有关。收付实现制的预算会计可定义为仅对收到现金（实现预算收入）和支付现金（执行预算支出）时记录，而权责发生制的预算会计对四个环节全都记录。从更广泛的意义上讲，完整意义上的预算会计对支付周期的各个阶段都记录，无论是在收付实现制预算下还是权责发生制预算下，都是如此。所以，对预算会计的讨论，可仅将其当作一种中性的方法，不必去关注权责发生制、收付实现制或是责任制的称谓。

2. 在政府财务会计中的运用

会计基础在政府财务会计中的运用最为大家所熟知，绝大部分关于政府会计改革的文献大都关注的是政府财务会计的改革。

---

① 王雍君：《政府预算会计问题研究》，经济科学出版社 2004 年版，第 121 页。

② 王雍君：《支出周期：构造政府预算会计框架的逻辑起点——兼论我国政府会计改革的核心命题与战略次序》，《会计研究》2007 年第 5 期。

（1）收付实现制政府财务会计

以现金的实际收付作为确认、计量、记录和报告的基础。只记录与现金收付有关的业务，对于非付现业务不予记录。在强调控制现金支出的预算管理系统中，现金制会计比较合适。随着政府活动的日益复杂，非付现的业务逐渐增多，收付实现制下的政府财务会计提供的信息越来越不能满足信息使用者的需要。

现金制政府财务会计的弱点表现在如下方面：

①信息滞后。现金基础会计在现金收付行为发生后才在会计系统中确认和计量，而信息的及时性至关重要。

②信息覆盖面窄。只提供与现金收支有关的信息。对于非现金交易信息、绩效信息、财务状况信息及承诺、核实阶段信息不予记录和反映。现金制政府财务报告不予记录和反映的内容如表2-12所示。

表2-12　　　　　　现金制政府财务报告不予记录和反映的内容

非现金交易信息	1. 拖欠 2. 实务交易 3. 税收支出
绩效信息	1. 服务成本信息 2. 评价服务成本的基础
财务状况信息	1. 长期投资 2. 贷款担保 3. 公务员养老金 4. 长期债务
承诺、核实阶段信息	

（2）修正现金基础会计

在现金制会计基础上，有附加期和附加披露两种形式。

（3）修正权责发生制会计

修正应计基础除了用于处理现金交易外，还可处理负债和财务资产（能够直接用来清偿政府债务的资产），它为记录负债和支出提供了一个完整的框架，因此，比现金制适应范围更加广泛。

（4）完全应计基础会计

完全应计基础会计与企业会计中的权责发生制类似。实际上，IPSASB制定的IPSASBs基本上都是参考财务会计准则委员会制定的适用于企业的财务会计准则。

权责发生制政府财务会计的特征是在交易和事项"发生"时，对交易和事项进行确认、计量、记录和报告。会计要素的确认、计量、记录和报告不以现金的收付为标准。收付实现制与权责发生制—会计要素的确认与计量如表2-13所示。

表 2-13　　收付实现制与权责发生制——会计要素的确认与计量

序号	项目	收付实现制	权责发生制
1	社会保障支出	对本期支付的款项予以确认	确认本期应承担的未来应付的款项，不论其是否实际支付
2	对资产计提折旧	不计提折旧	对固定资产在其使用期限内计提折旧
3	长期负债利息	确认本期支付利息	对长期负债按期计提利息
4	税收收入	确认本期实际收到的税收	按收入可靠估税确认为应收税收或应计税收
5	划分经常性支出和资本性支出	不划分，全部记入当期支出	经常性支出计入当期费用，资本性支出计入相关资产，以折旧方式计入费用
6	投资收益	确认本期实际收到的收益	按投资方应分得的收益确认
7	政府担保支出	不核算	符合负债定义的确认为负债，不能确认的，在会计报表附注中予以披露
8	资产减值	不核算	有确凿证据证明资产减值，计提相应的资产准备（如坏账准备）

3. 会计基础在财务报告中的应用

在论述这个问题之前，笔者认为首先应该界定好财务报告的概念及财务报告与财务会计的关系。从形式上看，政府财务报告由政府财务报表与附注构成。附注的内容分为两部分，一部分是对某些财务报表项目的详细解释，一部分是对某些不符合会计要素的确认条件，但符合披露要求的重大事项进行表外披露。从会计工作的业务流程上看，会计报表是一系列会计核算工作的最终环节。会计要素构成了会计报表的组成部分，所以会计要素又称为会计报表要素，会计要素又可分为具体的会计报表项目，会计报表项目或者根据账户直接填列，或者根据账户分析计算填列，或者由若干个账户分析计算填列。一般来讲，会计报表是"产品"。所以，财务会计报表的会计基础与财务会计核算基础是一致的。但也有特殊情况，如企业会计财务会计中，所有的业务核算都是完的权责发生制，财务会计报表中资产负债表和利润表项目都直接来自于账户，而账户的数据是由记账凭证而来。所以，这两个报表的会计基础与会计核算基础是一致的。但同时会计准则要求编制收付实现制基础下的现金流量表。在这个角度讲，财务会计报告基础与会计核算基础有可能不同。

会计基础在财务会计报告中的运用同样会存在收付实现制财务报告和

权责发生制财务报告。权责发生制财务报告种类较多，反映信息更全面。满足不同信息使用者需求的能力也更强。收付实现与权责发生制及各自满足的政府财务报告目标如表 2-14 所示。

表 2-14　收付实现制与权责发生制及各自满足的政府财务报告目标

目标	收付实现制	权责发生制
与法定预算的符合性	是	是
与法律、合同要求的开支限制的符合性	现金需求和限制	现金和经济资源需求和限制
资源、分配和财务资源的使用	现金资源	现金和财务资源
提供基金和现金需求	现金资源	现金和其他财务要求
为活动提供基金和偿付负债与责任的能力	来自于现金	来自于经济资源
财务状况及其变化	现金状况	财务和经济资源
根据服务成本确定的财务业绩	未报告信息	提供评价业绩的必要信息

三　权责发生制实施需要的条件

笼统来讲，收付实现制简单直观，但提供的信息不真实；权责发生制提供的信息量大，更真实，但权责发生制较难理解，操作时对会计人员的要求较高。因为核算的业务比较全面，所以，权责发生制的会计系统的运行成本比收付实现制要高。具体运用到预算和会计领域，情况又有所不同。其中，权责发生制在预算领域中的运用难度更大。实施权责发生制应主要具备以下几方面的条件。

（一）资产登记与评估制度

依据收付实现制会计基础记录的资产信息非常不全面，并且对各项固定资产不计提折旧。政府会计从收付实现制转换成权责发生制，首先需要对政府现有的资产的资产存量进行价值评估，前提首先要完善对资产的全面登记，其次是价值评估方法的选择。其次，还要对不属于任何政府部门政府会计核算范围的资产，如公共资源、文化遗产等进行价值评估。目的是真实反映政府部门拥有的各种公共资源的状况。

（二）成本计量系统

合规性和绩效要求是公共组织管理的两大目标。其中，合规性目标是基础目标，绩效目标是更高层次的目标，基础的含义可以理解为绩效目标实现应在合规性目标实现的基础之上。合规性目标要求政府行为"不违规"，政府收支应依据相关法律规定进行，而绩效目标不仅要"不违规"，还要"更好的结果"。由于政府产出的公共物品和服务的特殊性，使得政府成本信息对于政府绩效的评估显得非常重要。与企业管理中成本计量相似，成本包括流动成本和固定成本，固定成本为固定资产计提的折旧。政府成本计量系统提供相关的成本信息。

（三）观念的转变

权责发生制改革是观念的巨大转变。从已经采用权责发生制的国家看，权责发生制改革是随着新公共管理运动的产生而不断发展变化的，是政府再造系统中的一部分，其中包括下放地方政府或部门的管理自主权。同时，新公共管理运动对政府公共受托责任认识的深入，也使得公共部门的角色定位发生变化。这意味着政府组织文化的变革，但文化是长期形成的，具备很大的惯性，对其变革面临很大的阻力，需要一个长期的过程。其中，人的因素是最关键的，包括全部组织成员观念的转变及高素质人才对系统运作的支撑。

第三章 财政风险管理与政府 会计的关联性分析

本部分从风险理论入手对财政风险及财政风险管理进行了界定，在此基础上，提出财政风险管理应从政府资产和政府债务两方面入手，并详细介绍了财政风险矩阵与财政风险对冲矩阵。由权变模型可以看出，财政风险管理是政府会计促使政府会计改革的重要因素之一。政府会计是财政风险管理的有力工具，一方面，预算会计可以监督预算资金的执行情况，另一方面，政府财务会计提供财政风险管理所需的政府资产和政府负债信息。财政机会主义以政府或有债务的形式得以体现，政府或有债务是财政风险的重要来源，而收付实现制的预算与政府会计为政府或有债务的存在提供了技术条件。

第一节 财政风险及财政风险管理

一 财政风险的内涵

在论述财政风险管理之前，应先界定财政风险管理的对象——财政风险。财政风险概念根源于风险，所以，应从风险的概念入手。

（一）关于风险

1. 风险的定义

对风险（risk）的基本理解有两种，一种是将"风险"作为中性词，代表发生危险的可能性或是进行有可能成功的行为。[1] 这种对风险的理解可以等同于不确定性，即风险意味着不确定性。另一种是将"风险"作

---

[1]　V. T. 阿雷莫夫、X. P. 塔拉索娃：《风险评价与管理》，邢涛译，对外经济贸易大学出版社 2012 年版，第 1 页。

为贬义词，认为风险是不确定性产生不利后果的可能性。可见，无论哪种对风险的理解，都与不确定性相联系。不确定性表示有两种或者两种以上情况发生的可能性。现代科学的发展认为，应该辩证地看待确性和不确定性。确定性只是众多不确定性中的一种特殊情况，不确定性才是世界的基本性质。

依据有无概率分布，可将不确定性分为有概率分布的不确定性和没有概率分布的不确定性。前一种类型的不确定性，运用一定的科学方法可以判断其发生的可能性。现代风险管理理论认为，只有有概率分布的不确定性才是风险的来源。对于没有概率分布的不确定性，因为无法预测，所以被排除在现代风险管理之外。这也是现代风险管理理论的局限性之一。从不确定性产生的可能结果来看，有两种性质的不确定性：一种是既可能带来损失，也可能带来收益的不确定性。现代风险理论认为，不确定性既是风险的来源，也是收益的来源，由这类不确定性产生的风险通常称为财务性风险。如投资时考虑的风险和收益对称。另一种是只存在不利后果的不确定性，这种不确定性带来的只是风险。这种不确定性产生的风险叫作纯风险。

本书对风险的理解是发生损失的不确定性，不确定性和损失是风险的两大特征。

2. 风险的分类

依据不同的标准，风险可以划分成不同的种类。如依据产生风险的原因，可将风险分为社会风险、自然风险、政治风险和经济风险。依据风险产生的环境，风险分为静态风险和动态风险。按照风险的损失范围，风险分为基本风险和特定风险。按照风险的分担方式，可以分为可分散风险和不可分散风险。①

（二）财政风险的含义及分类

1. 财政风险的含义②

国内对财政风险的研究最具代表性的是刘尚希的观点，本文的论述以

---

① 刘钧：《风险管理概论》，中国金融出版社 2005 年版，第 15—17 页。

② 国内对财政风险进行研究的学者有很多，财政风险的定义也有很多种，定义的方法可以分为三种：第一，从"风险"的含义入手，推导财政风险的含义；第二，利用"财政困难"和"财政危机"解释财政风险；第三，将财政风险分为广义的财政风险和狭义的财政风险，其中普遍认为广义的财政风险为公共风险，但不同的学者对狭义的财政风险的界定有所不同。鉴于本书的重点不在于对财政风险内涵的讨论，这里不再对财政风险的含义做出详细论述。

刘尚希的观点为基础。刘尚希（2004）认为财政风险是指"政府未来拥有的公共资源不足以履行其未来应承担的支出责任和义务，以至于经济、社会的稳定与发展受到损害的一种可能性"①。

财政风险是指向未来的，是不确定的事件，是未来有可能发生也可能不发生的事件，未来是否发生取决于某些特定的事件是否发生。所以当前已经存在的财政困难或财政盈余和财政风险从性质上是不一样的，也不存在必然的联系。暂时的财政困难不代表财政风险大，同样暂时的财政盈余也不代表不存在财政风险。

不确定性包括有概率分布的不确定性和没有概率分布的不确定性，财政风险的不确定性包括了全部的不确定性。所以，对财政风险很难进行定量的评估和预测。

依据上文对风险的界定，财政风险是产生不利结果的不确定性。而且财政风险的不利结果具有外部性，带来的最终结果是国家的经济、社会的稳定与发展受到损害，最终承担者是社会公众。

2. 财政风险的分类

（1）不可控财政风险和可控财政风险

依据产生财政风险的原因是否可控，可将财政风险分为不可控的财政风险和可控的财政风险。财政风险最终的表现是财政不可持续，进而整个社会的经济运行和社会稳定受到影响的可能性。造成这种不确定性的因素，有些是不可控的，如大的自然灾害，全球的经济危机等。对于不可控的财政风险，政府不能提前预测，属于现代风险管理理论中的没有概率分布的不确定性。

产生财政风险的原因中有些是可控的，如政府干预经济政策的选择是否正确，经济体制的设置是否科学合理等。市场失灵的客观存在为政府干预经济提供了理由，由此得出了政府的经济职能即财政的职能，而财政职能通过收入和支出手段来实现。无论是从理论上还是实践中看，政府收支规模都在不断地扩大，政府支配的经济资源在经济总量中所占的比重也越来越大。由此带来两方面的不确定性：首先是政府的干预是否正确，如果不正确，违反了经济规律，会阻碍正常的经济运行。其次是政府支出的增加往往伴随着政府债务的积累，所以政府要面临政府债务带来的财务风险。这些是可控的财政风险，受政府行为的影响。

---

① 刘尚希：《财政风险及其防范问题研究》，经济科学出版社 2004 年版，第 14 页。

（2）外部财政风险和内部财政风险

对于不可控的财政风险，不在本书的研究范围之内。对于可控的财政风险，又可分为外部财政风险和内部财政风险。如果把政府看作是一个组织，依据影响的对象，财政风险可以分为外部风险和内部风险。外部风险是指政府的行为对经济发展造成直接损害的可能性。计划和市场是调节资源配置的两种不可或缺的方式，一个完善的市场经济体制是二者有机结合的整体。政府的干预如果是不恰当的，如存在"越位"和"缺位"，经济发展就是不健康的。这种风险可以看作是财政行为的对外风险。内部风险是政府组织自身财务状况不可持续的一种可能性。政策干预不恰当，如果是"越位"，首先表现为短期内支出增加，长期看有可能引起未来支出的增加；如果是"缺位"，短期内支出的减少往往会引起未来支出大幅度的增加；同时，对经济的不当干预势必会造成未来财政收入的减少。

财政风险最初主要反映在外部的影响上，内部财政风险还未显现出来。其次是反馈到政府的内部财务风险，最终还是表现为外部风险，即由社会公众承担最终风险。

（3）广义的财政风险和狭义的财政风险

广义的财政风险指所有的造成不利结果的不确定性的财政风险，包括可控和不可控财政风险、内部财政风险和外部财政风险，广义的财政风险为公共风险。本书对狭义的财政风险为政府组织内部的财务风险，指政府不能偿还到期债务的不确定性。

与营利性企业财务上的不可持续相同点在于，都表现为不能偿还到期债务，即债务不可持续。但二者之间差别还是主要的。企业筹资的途径有两种，负债形式和所有者投入的形式。前者需要企业偿还本金和利息，后者企业不需要偿还，但要向所有者分红。所有者投入企业的资金，不能要求企业偿还，即退股，但可以通过资本市场转让股权。企业通过销售产品和服务回收资金，弥补成本费用后产生利润，实现资金的收益，达到所有者权益最大化的企业财务管理目标。而政府存在的目的是为了提供公共产品，资金来源为纳税人的纳税。公共产品的特殊性决定了提供公共产品无法以营利为目的。所以政府的财政风险和企业的财务风险都表现为不能偿还到期债务的结果的可能性，但过程是不同的。从过程上看企业的财务风险和经营风险密切相关，企业如果经营出现问题，资金回收困难，不能偿还债务，企业破产。在评价一个企业财务风险大小时，要分析企业的资产和负债的总量及结构。一般来说，资产负债率不能超过50%，负债总额更不能超过资产总额。对于政府来说情况就不一样了。首先，政府的资产负债率可以出现比较高的数据。政府出于宏观调控的需要，会采用扩张性的财政政策，表现为预算年度的预算支出大于预算收入，即出现赤字。对于赤字的这部分资金，如果以前年度没有盈余，或者不打算动用以前年度盈余，就只能通过负债的方式取得。政府拥有征税权，如果出现财政困难，可以开征新税。政府的财务风险，首先是政府不能偿还到期债务，其次是不能通过开征新税增加收入，带来的结果是债务不可持续。另外，政府资产和政府负债的数据的客观性不如企业资产和负债，政府资产和政府债务的公允价值很难取得。这也使企业财务风险分析的方法在公共领域运用有很大的局限性。

另外，有些学者都将政府债务风险与财政风险等同，因为二者表现的结果是一样的，都是不能偿还到期债务的可能性。笔者认为，二者还是有区别的。政府债务风险及政府债务风险管理的重点在政府债务，如政府债务的总量及期限结构；而财政风险及财政风险管理要同时关注政府资产和政府债务两个方面。另外，政府债务与财政风险之间并不存在直接的联系，政府债务是财政风险的集中体现，但仅政府债务本身并不能表明财政风险的状况，要结合政府资产才能做出判断。而且不存在政府债务并不代表就不存在政府财政风险。政府债务有其存在的合理性，有些政府支出适合采用债务的形式筹集资金。对于此类支出如果没有支出或者没有采用债务的形式支出，均会不利于经济增长，长远来看，反而加大了政府的财政风险。

二 财政风险管理

对财政风险管理的论述，离不开风险管理的基本理论。这部分主要从风险管理的基本理论入手，阐述财政风险管理的含义和手段。

（一）风险管理及运用

通过一定的方式组织业务活动，控制资源利用以达到预定目标的活动就是"管理"。不确定性是风险产生的根源，现代风险管理只研究有概率分布的不确定性。运用一系列技术手段，通过计划、安排和控制主体的各种活动及资源，以达到减少不确定性事件的影响，就是"风险管理"。广义的风险管理是指为了建构与反映风险所采用的各类监控方法与过程的统称。狭义的风险管理指各类经济体如何整合有限资源，通过风险的辨识与评估，使损失对各类组织的不利冲击降至最低的管理过程。① 现代风险管

---

① 卓志：《风险管理理论研究》，中国金融出版社 2006 年版，第 34—35 页。

理理论更多地运用在企业风险管理领域，如商业银行风险管理和保险公司的风险管理等。

（二）财政风险管理的内涵

财政风险管理就是运用一系列技术手段，通过对政府行为和对政府收支的管理，来管理政府的资产和负债的结构和比例，使财政风险控制在可接受的范围内。

财政风险管理与财政风险防范的差别表现在：首先，对财政风险管理是基于这样一个前提，认为财政风险是一种客观存在，只能是对其管理。政府债务是财政风险的集中表现，因为有了债务，就会有债务到期不能偿还的可能性。无论是从理论上还是从实践中看，政府债务是一种必然。其次，从风险管理包括的内容看，风险管理包括风险识别、风险评估、风险防范等若干个环节，风险防范是风险管理的环节之一。财政风险管理的内涵要比财政风险防范广泛得多。

（三）财政风险管理的步骤

财政风险管理首先要做的是怎样识别财政风险，进而是对财政风险的评估和防范。

第一步，风险识别。风险识别是风险管理的第一步，也是最关键的过程，只有识别出了财政风险，知道了财政风险所在，才能对其分析并防范。财政风险识别是一个明确政府所面对的财政风险的性质及各项财政风险程度大小的过程。一般来讲，产生风险的因素有以下几种：自然环境因素、社会因素、政治及法律因素等。财政风险的识别和确认也应考虑到这些基本因素，但更重要的是考虑公共领域的特殊性及本国政治经济社会环境的特殊性。公共领域与私人领域的环境因素存在本质上的不同；其次，不同的国家有不同的环境因素，同一国家的不同地区差异有可能也比较大。

第二步，风险评估。风险评估是对所存在的风险识别后做分析，主要是对风险进行计量，为进一步的管理打下基础。财政风险评估包括对风险类别的定位和风险造成损失的判定。从分析方法上看有定量分析方法和定性分析方法。

第三步，风险控制。风险控制是财政风险管理的目的。风险控制首先要对政府财政能承受的风险程度进行判断，其次根据风险识别与风险评估的结果，制定出政府防范风险（risk avoidance）、避免风险损失（loss prevention）、减少风险损失程度的具体措施。

（四）财政风险管理的预算手段

如上文所述，现代的风险管理理论主要运用在企业的风险管理领域。而企业与政府存在很大的不同，风险管理在公共部门中运用时要考虑政府的特殊性。对财政风险的管理首先是对政府行为的管理，而政府预算在政府活动中处于核心的地位。预算手段对财政风险的管理，主要是通过将风险融入政府预算的形式，通过编制财政风险预算实现的。财政风险预算不是在现有的政府预算之外另外编制预算，而是在现有的预算中体现出财政风险的影响，是一种管理财政风险的财政计划。具体来讲，有四种途径。

第一种是将财政风险的状况在政府预算报告或政府财务报告系统中进行披露，但风险因素不影响预算年度的预算收支。这种形式主要是指财政风险信息的公开，预算是其公开的手段。政府预算是政府信息公开的基础手段，主要是通过政府预算报告的形式实现的。政府财务报告与政府预算是两个有区别但又相互联系的两个概念，可以有不同的会计基础，并且二者的功能定位存在差异，政府预算的功能主要是监督预算的执行，而政府财务报告的功能主要是反映政府的财务状况，包括预算单位的财务状况和政府整体的财务状况。财政风险信息包括很多方面，如政府担保行为的风险、社会保险支出带来的风险等。这些风险可能会影响到预算收支，也可能会影响到政府的财务状况。这种财政风险管理的形式强调的是，在政府预算或者政府财务报告中披露这些风险信息，但不影响预算年度预算收支的确定。

第二种是在编制政府预算时考虑财政风险因素，这种形式是将财政风险可能引起的财政收支的变动编入预算，通过影响预算年度的预算收支，将财政风险因素融入政府预算中。比如说政府雇员的养老金支出是政府未来的一项支出，本质上讲是政府的一项债务。不考虑风险因素，在确定本期的预算支出时，不包括这部分支出；如果考虑到风险因素，应将这部分未来的支出作为当期（雇员还未退休期间）的预算支出，将风险因素体现出来。实质上是要编制权责发生制预算。

第三种是通过预算手段实现对财政风险的事前控制。具体做法是政府预算只为政府可以承受的财政风险范围之内的预算支出提供资金，实质上是将政府预算的收支作为政府可承受的财政风险程度的一个标准，根据这个标准确定预算年度的预算收支，对于超过标准的财政风险等级的支出，政府拒绝支出。在这种形式下，政府预先确定一个可承受的风险标准，在这个标准下确定政府预算收支，政府只对能承受的部分支出。从而使财政风险总体可控。

第四种则是市场化的管理方式，即在预算编制过程中，对财政风险的各项内容作出评估，对于可以转嫁出去的风险，可以依靠市场机制转嫁给私人单位。

以上四种财政风险管理方式都与政府预算手段相关，具体操作虽各有不同，但并不是互相排斥的，政府可以结合使用。如在政府预算编制之前对政府可承受的财政风险状况做出评估，对于预算收支事先确定一个标准；同时要识别哪些风险可以转嫁给私人部门，由市场消化，目的是在事前能最大限度地减少财政风险；在预算编制时引入权责发生制的方法，以权责发生制为基础确定政府预算收支，将财政风险尽早通过预算体现；在预算报告中对财政风险信息披露，将符合财务会计要素确认标准的风险因素在政府财务报告中列示并披露。

第二节　财政风险管理中的政府资产与负债

政府债务是财政风险的主要来源，但政府债务风险不同于财政风险。财政风险管理应从政府资产和政府债务两方面入手。

一　政府资产

（一）政府资产的来源

资产是一个存量概念，可以从实物形态和价值形态两方面理解。资产首先表现为一个主体拥有的经济资源。从实物形态看，有各种形态的资产，如设备、房屋、原材料、银行存款等；同时，这些资产又有价值，可以是购置时的历史成本，也可以是目前的公允价值。对于企业来讲，资产是企业以负债和所有者投入形式取得的资金的具体运用。从资金的价值流转看，所有的支出最终都要转化为费用，与收入配比后形成利润，净利润属于所有者权益，而所有者权益是资产的来源之一。有些支出在支出的当期形成费用，有些支出虽然已经支出但要分期形成费用或者进一步加工之后计入费用。对于后一种的支出，形成了资产，如固定资产和存货。

政府资产也是一个存量概念，即在某一时点上政府拥有或者拥有支配权的公共资源。政府拥有的公共资源与其他经济主体拥有的资源有很大的不同。如果把全社会的资源分成三部分，一部分由具备法人身份的企业拥有，一部分由自然人拥有，剩下的则全部由政府拥有。① 前两部分为私人部门，政府部门为公共部门。政府拥有的公共资源从性质上看同样包括存量资源和流量资源两个部分，但与私人部门相比，这两类资源表现出很大的特殊性。政府存量资源规模巨大，而且许多资源在价值评估上存在困难，或者对其评估意义不大，不易变现。流量资源的取得与社会整体的经济运行状况密切相关，如税收收入。在经济运行良好时税收收入产生的流量资源比较可观，但遭遇经济危机时税收收入将会受到影响。

假如回到一个刚成立的政府的原点，假设此时政府没有任何资产。第一年的预算收入为 2000 万元，预算支出为 2000 万元。预算支出如果全部为经常性支出，如用于政府公务人员发放工资、购买办公用品、支付水电费等，2000 万元的支出不形成任何资产。如果预算支出中存在资本性支出，包括非生产性资本性支出（政府楼堂馆所）和生产性资本性支出（基础设施），则这部分支出形成了政府的一项资产。

除了政府拥有的资源，还应当考虑表面上政府不拥有，但实际上政府可以支配的资源。这类资源的动用会减少政府的预算约束，会产生财政机会主义行为，既逃避了政府预算的硬约束，又达到了政策目标，但结果往往会导致未来财政支出的扩大。

从以上分析可以看出，政府资产的形成有些与预算有关，包括预算收入和预算支出，有些与预算收支没有关系。预算收支是流量，而政府资产及政府债务是存量。是两个不同的分析问题的角度。

（二）政府资产与国有资产概念的区分

1. 国有资产的概念和范围

国有资产，是国家所有的资产，包括财产和财产权益。国有资产有广义和狭义之分。广义的国有资产是指政府以各种形式投资及其收益、拨款、接受馈赠、凭借国家权力取得或者依据法律认定的各种类型的财产或财产权利。广义的国有资产包括：经营性资产、非经营性资产、资源性资产。狭义的国有资产是指经营性国有资产，指政府作为出资者身份，依法拥有的资本及权益。经营性国有资产包括：企业国有资产、行政事业单位占有使用为获取利润而转作经营用途的资产、已投入生产经营过程的国有资源性资产。②

---

① 或者说政府接受纳税人委托保管。

② 李松森：《国有资产管理》，中国财政经济出版社 2004 年版，第 2 页。

2. 二者的区分

虽然资产的概念更多地运用在会计学中，但政府资产概念更多地偏向于从会计角度对政府拥有的公共资源的定义，而国有资产则倾向于经济学上的概念。政府资产更多的理解是将政府作为一个主体，由这个主体拥有或控制的经济资源。原则上讲，政府资产与国有资产不同。国有和私有是相对的，可以等同公有。由此可见，国有资产的含义比政府资产的含义要广。两者定义的相同点是由政府或国家拥有或控制。从本质上讲，接受纳税人委托管理国家资产是政府的公共受托责任之一。因此，笔者认为，国有资产的概念可与政府资产的概念等同，即两者包括的范围应该是一致的。

本书的理解为，政府资产与国有资产是对政府拥有的公共资源的不同角度的定义，本文中所指的政府资产为政府会计中的政府资产。政府会计中的政府资产指符合政府会计准则中资产定义的资产。并不是所有的国有资产都符合政府资产的定义，而且对于符合政府资产定义的资产也并不一定必然满足政府资产的确认条件。① 以下分别就国有资产所包括的各类资产是否同时也属于政府资产的范围进行讨论。

（1）经营性国有资产

政府拥有的对国有企业的股权是经营性国有资产的主要内容。这项资产对政府来讲是一项股权性质的投资，政府为企业的出资人（之一）；对于收到投资的被投资企业来讲，在其会计报表中表现为一项资产和所有者权益。这笔资产对政府来讲是一项金融资产，与政府用于直接提供公共产品的资产，如行政事业单位资产有着本质的区别。

另外，作为政府对外投资的经营性国有资产与国有企业的资产是不同的，后者的主体是国有企业。国有企业的资产是否属于政府资产？解决问题的关键在于，国有企业算不算作"政府"？如果国有企业是政府，国有企业的资产就是政府资产；如果国有企业不属于政府，政府与国有企业之间只是投资者与被投资者的关系，国有企业的资产和政府资产没有关系。笔者认为，是否属于"政府"的判断标准是从资金的控制关系上看的，并没有考虑国有企业的性质。对于竞争性的国有企业，肯定不属于"政府"的范畴；而对于非竞争性的国有企业，如从事自然垄断行业的国有

---

① 本书将政府资产定义为政府会计中的资产的含义。从核算及披露的方式看，政府资产是政府财务报告中反映的政府资产，包括会计报表中体现的政府资产和会计报表附注中披露的政府资产，前者满足资产的确认条件，后者不满足资产的确认条件但满足资产的披露要求。

企业等，大多数国家是将这些企业作为政府主体的，如美国。

对于我国来讲，笔者认为，在对经营性国有资产界定时应明确为政府持有的竞争性国有企业的股权。原因在于：①实行政企分开后的国有企业已成为独立经营、自负盈亏的法人主体，政府仅是企业的投资者（之一），不再直接干预企业的日常经营活动。②政府与国有企业之间是投资者与被投资者的关系，国有资本金站在企业的角度是企业资产负债表中的所有者权益，站在投资者的角度是一项权益性投资，能给政府带来资本利得，是政府资产，应纳入政府资产的范围，即政府对国有企业的一种投资性资产。

（2）行政事业单位资产

一般将行政事业单位资产称为非经营性国有资产。行政事业单位国有资产（非经营性国有资产）是指国家为保证正常履行其职能，由预算单位占有、使用，在法律上归国家所有的，能以货币计量的各种经济资源的总称。行政事业性国有资产主要来源于以下渠道：第一，国家拨补给行政事业单位的资产，即预算拨款形成；第二，行政事业单位按国家政策规定接受馈赠形成的资产；第三，行政事业单位根据有关政策，运用国有资产组织收入形成的资产；第四，依照法律确认为国家所有的其他资产。

行政单位资产无疑是非经营性的，而事业单位资产要分情况来看。在对事业单位资产界定之前，应该先对事业单位进行界定。事业单位是我国特有的，有其存在的历史原因。有些是企业化的事业单位，以企业化的管理方式来运作，但工作人员仍然是事业编制。如今，我国正在进行事业单位改革。事业单位改革的目的是为了通过减少财政供养人口来减少未来的财政负担。判定是否是事业单位可以依据是否是预算单位，如果是预算单位，其收支纳入政府预算，此事业单位资产为政府资产。

（3）资源性国有资产

资源性国有资产是指在人们现有的知识、科技水平条件下，对某种资源的开发，能带来一定经济价值的国有资源。资源性国有资产的概念是随着科学技术的不断发展和一定的经济价值的变化而不断变化的。对于一种资源，在科技水平较低或人类对它尚未认识时，这种资源是一种环境而不是资产，当其开发尚不能给我们带来一定的经济效益时，也不能称其为资产。也就是说并不是所有的国有资源都是资源性国有资产，关键要看这些资源在现有的技术条件下能否带来经济利益。

资源性国有资产符合资产的定义，但并不是所有的资源性国有资产都符合资产的确认条件，如成本不能可靠取得。

二　政府债务

（一）政府债务的含义

所谓债，简单来讲就是一方欠另一方的钱或物。从经济学和法学的角度看，债是按照合同的约定或法律的规定，在当事人之间所形成的特定的权利和义务关系，由主体、客体和内容三个要素构成。债的主体指发生债权、债务关系的当事人，即债权人和债务人。债的内容指债的主体所享有的权利和所承担的义务，即债权和债务。债权人所享有的要求债务人履行义务的权利，就是债权；债务人按照合同的约定或法律的规定应该满足该项要求的义务，是债务。债的客体是指债权和债务共同指向的对象，如借款合同、契约、债券等。

政府债务是政府作为债务人应承担的公共支出的责任与义务，政府债务又称为公债。是政府为了满足实现其职能对资金的需要，按照合同的约定或法律的规定，从国内外筹集资金所形成的特定的权利和义务关系。政府债务不同于其他经济主体的债务。最大的区别在于债务主体的不同与借债担保的不同。政府债务的债务人为政府，而政府具有特殊的地位。支撑政府债务的是政府信用。政府信用是国家的主权和资源，政府可在不提供任何担保品的条件下举债。

（二）关于政府是否应该借债的不同观点

在此问题上存在不同的观点，每一种观点的提出都有合理的经济背景。按照时间顺序来讲，首先是反对政府借债，然后是赞成，现在普遍的观点是客观的看待政府债务，有利有弊，政府债务有存在的客观原因，但要用好债务。

1. 不赞成政府举债的观点

在财政学发展的初期阶段，研究的重点在财政收入上，基本上是关于税收的研究。自由资本主义时期古典经济学派的创始人，亚当·斯密主张自由竞争的市场经济，认为市场是"看不见的手"，可以支配经济的顺利运行，他反对政府对经济运行的干预。政府预算应该实现收支平衡，政府应该花最少的纳税人的钱办好事，要使纳税人的税收负担最小，尽量少的减少纳税人的效率损失。亚当·斯密反对政府预算出现赤字，因为政府职能只是提供纯公共产品，政府支出仅是基本的经常性支出，所以亚当·斯密认为赤字意味着政府借债弥补经常性支出。

大卫·李嘉图在其《政治经济学及赋税原理》一书中提出了著名的

李嘉图等价定理，即在某些限制条件下，政府通过公债或税收筹资，效果都是相同的。虽然从表面上看，税收筹资和公债筹资无论是从性质上还是形式上都不相同，但带来的影响结果是相同的。因为政府目前的债务收入意味着未来的偿还义务，包括债务的本金和利息，而未来偿还债务的资金来源于偿还年度的税收，这意味着偿还时会导致更高的税收。大卫·李嘉图虽然认为税收和举债等价，但他反对政府举借债务，借债会使债务人不知道节俭，债务对经济没有贡献，而累积巨额债务的政府存在较高风险。

供给学派代表马丁·费尔德斯坦认为政府债务存在"挤出效应"，会减少私人部门可用资源，进而引起供给不足。同时认为政府债务资金使用效益会低于私人资本，无益于增加供给和促进经济增长。

2. 赞成政府举债的观点

凯恩斯（1936）认为出现经济衰退的原因是有效需求不足导致的，由此提出了有效需求理论，核心观点是主张政府采取扩张性的经济政策，通过扩大有效需求达到促进经济增长的效果。政府支出是有效需求的一部分，经济萧条时期主要通过增加政府支出，而在经济萧条时政府收入状况往往不佳。支出增加和收入减少的同时发生意味着政府预算出现赤字，财政赤字只能通过借债来弥补，所以，通过政府支出扩大有效需求往往使得政府累积起来巨额债务。但凯恩斯认为政府债务对经济的正面效应超过其带来的风险，主张政府举债。

20 世纪 30 年代中期以后，美国经济学家 A. P. 勒纳认为，政府债务的增加会带来民间债权人消费支出增加的效应，因为债权人感觉富裕程度增加，有可能增加消费支出。持相似观点的还有美国经济学家阿尔文·汉森，在《财政政策与经济周期》中，认为政府债务的持续增长有利于经济发展和实现充分就业。

3. 政府债务两重说

持这种观点的学者认为，公债既有利也有弊。在一定的限制条件下，公债具有合理性，这些条件包括债务资金的运用应被严格限制资本性支出，不能用于消费性支出。[①] 其合理性大小取决于支出带来的预期生产力和预期收益。

从不同观点发展的历程上看，每种观点都有不同的时代背景。随着社会经济的发展，关于政府债务的认识由单纯的有害、有利说，发展到了政

---

① 　这里假定资本性支出为生产性支出，经常性支出为消费性支出。

府债务的两重说。由简单的对政府是否可以举债的争论，发展到如何管理好政府债务，对政府债务如何进行有效利用。

（三）政府债务和财政赤字之间的关系

政府债务是一个存量的概念，而财政赤字是流量的概念。从理论上看，政府债务是财政赤字流量的加总。债务指在某一个时点上一个经济主体应该承担的支出责任和义务。这个时点可以是财政年度年末的点，如实行公历财政年度的每年的 12 月 31 日，也可以是财政年度中的任何一个时点。在任何一个时点的债务形成有很多原因，本质上是政府应该支出并且已经到了支出的时间但还没有支出，如应该发放的公务人员的工资、采购了一批办公用品还没有支付货款等。

假如政府预算规定政府财政年度的财政收入（全部通过税收的方式取得）为 2000 万元，财政支出 2000 万元。在财政年度中，2000 万元的财政收入陆续入库，2000 万元的财政支出也陆续支出。支出是存在支出周期的，即拨款、承诺、核实、付款。在其中的任何一个时点，如果存在已经承诺或核实但还没有付款的支出，那么就存在了债务，意味着政府多了一项支出责任和义务。在财政年度末，如果 2000 万元的财政收入全部实现，2000 万元的财政支出都实现了付款。政府国库中的余额为零（假设期初国库没有余额）。所以在预算年度末，政府不存在债务。

假如政府预算规定政府财政年度的财政收入（全部通过税收的方式取得）为 2000 万元，财政支出为 3000 万元，其中 2000 万元为经常性支出，1000 万元为政府投资的资本性支出。分析过程与前边相同：2000 万元的财政收入陆续入库，3000 万元的财政支出也需要陆续支出。在财政年度中的任何一个时点的情况与前边相同，不同的是债务的金额不同。假设此基础设施项目共花费 5000 万元，每年付款 1000 万元。这个例子初步解释了财政赤字与政府债务之间的关系。政府预算中支出大于收入称为赤字，有预算赤字和决算赤字，本例假设预算赤字和决算赤字相同。税收是经常性的收入，经常性的收入 2000 万元通常用来弥补经常性的支出 2000 万元。1000 万元的资本性支出应该付款（如应该支付给建筑公司的人工费和材料费等），但没有收入与其对应，1000 万元的缺口怎样处理？只有通过借债的形式弥补，通常通过发行政府债券的方式，这就是所谓政府债务是政府弥补财政赤字的形式，也是国债的功能之一——弥补财政赤字。

预算通过之后，开始预算执行。陆续组织 2000 万元的税收收入，

3000万元的财政支出陆续支出，同时政府通过发行债券的形式，从非政府部门取得了1000万元的负债收入，这部分收入并没有改变整个社会的货币供应量，只是这部分货币从非政府部门转移到了政府手中，政府通过支付利息的形式取得了这部分资金的使用权。财政年度末12月31日，财政收入3000万元，其中有2000万元的税收收入和1000万元的发行债券收入。

第一年发行1000万元，期限为5年；第二年发行1000万元，期限为4年；第三年发行1000万元，期限为3年；第四年发行1000万元，期限为2年；第五年发行1000万元，期限为1年。利息每年支付，到期还本。各预算年度的收入、支出、赤字及债务余额如表3-1所示。

表 3-1 赤字与债务余额分析 万元

	财政收入		财政支出	赤字	债务余额
	税收	新发行债券			
1	2000	1000	3000（2000+1000）	1000	1000
2	2020	1000	3000+20	1000	2000
3	2040	1000	3000+40	1000	3000
4	2060	1000	3000+60	1000	4000
5	2080	1000	3000+80	1000	5000
6	2100		2000+5000+100	5000	

债券期限为5、4、3、2、1年，利息每年支付。

利息总额：$1000 \times 2\% \times 5 = 100$

$1000 \times 2\% \times 4 = 80$

$1000 \times 2\% \times 3 = 60$

$1000 \times 2\% \times 2 = 40$

$1000 \times 2\% \times 1 = 20$

合计：300

大桥于第5年年末完工。在5年的建设期中，还没有使用到大桥的纳税人承担了税款。因大桥总的造价是5000万元，如果不考虑货币的时间价值，每年支付1000万元。政府如果在第一年就发行总额为5000万元的债券，年利率2%，期限为5年。那么在5年的建设期中，纳税人每年承担的税款为100万元，整个大桥的成本为5000万元+500万元＝5500万元。从代际公平的角度看，尽量少的短期债券更符合代际公平。到第 5 年年末，债务总额的存量等于这 5 年每年赤字流量的总额。

从以上分析可以看出，政府债务与预算赤字有密切联系。由于政府要扩大支出范围，尤其是用于基础设施的资本性支出，出现了预算年度的财政赤字，赤字通过发行债券来弥补，于是有了政府债务。这里的政府债务仅定义为通过公开市场发行的债券。当然负债的形式有多种，可以发行债券，也可以是借款。

政府发行债券的债务人是政府，具体由财政部门执行，债权人为债券的具体购买者。1000 万的债券发行成功后，政府的资产负债表中资产（国库存款）和负债（应付债券）同时增加了 1000 万。保管国库存款的中央银行的资产负债表也是资产和负债同时增加了 1000 万。这样财政部门就弥补了财政赤字。

以上对政府债务的界定——政府为了弥补财政赤字而发行的国债，仅是政府债务中的一部分，政府应承担的支出责任与义务还有很多，其中有债务人明确为政府部门的，也有债务人不是政府部门，但政府有可能成为债务人的，也可能是虽然没有明确的法律规定政府部门为债务人，但这部分支出日后也会由政府支出的。这些都形成了政府的支出责任和义务。例如，政府预算收入 2000 万，预算支出 3000 万，其中 2000 万为经常性支出，1000 万为预计的资本性支出。1000 万的赤字通过发行债券来弥补。在预算年度末，收入 3000 万，其中有 2000 万的税收和 1000 万的债券收入，支出 3500 万。多出的 500 万没有相应的债券与之对应，表现为是政府的一项债务，债权人是建筑商。这是第一种情况。

另外，在预算执行过程中，政府面对预算约束，可能会采用变通的方式。如设立一个具有融资条件的公司，或注入资金或划拨土地。建设桥梁的任务完全由这个公司来进行。由这个公司融资，之后投资建桥。公司融资的形式也是以负债的形式，要向债权人借，或发行债券，或向银行借款。这里先假定向银行借款。银行在考虑要不要将资金贷给公司时，要考虑风险和收益，能否按期收取利息和本金。如果仅是建设大桥（纯公共物品），公司的钱是无法回收的，因为只有政府才具有征税权。如果只靠经营这座大桥（虽然也谈不上经营），公司肯定无法偿还本息。这时候就由政府出面担保，债务到期公司若不能偿还本息，由政府来偿还，政府偿还的资金来源最终只能是税收。这是第二种情况。

第三种也和当期的预算赤字没有关系，最典型的如社会保险基金问题。社会保险由基本养老保险、基本医疗保险、工伤保险、失业保险、生育保险构成，最具典型意义的就是基本养老保险。养老保险基金的管理模式有现收现付式和基金积累制，若是完全的基金积累制，政府没有养老金的支出责任。若是现收现付制或是现收现付制与基金积累制的结合，政府就有了养老金的支出责任。① 如果把养老保险基金看作一个资金池，资金池里的余额是在不断变化的，不停地流进流出，流入为个人缴纳养老金，流出是对个人的养老金支付。如果流进大于流出，即工作的人多退休的人少，政府没有支出压力。政府的支出压力来自于缴费的人少而领取养老金的人多，即人口老龄化的影响。养老保险基金缺口是指政府未来的养老金支出多于未来的养老金缴费的差额。政府养老保险基金缺口是政府的一项债务。这种债务与国债的区别在于没有确定的金额，与政府担保的债务的区别在于是肯定存在的债务。

三　财政风险矩阵及财政风险对冲矩阵

对财政风险研究最具代表性的是世界银行的经济学家白汉娜，她在1998 年提出了财政风险矩阵，为研究财政风险提供了有力的工具。白汉娜在 2002 年又提出了财政风险对冲矩阵，是对财政风险矩阵的补充和完善。

（一）财政风险矩阵

1. 财政风险矩阵的含义及内容

白汉娜（1998）最初提出的财政风险矩阵，从具体内容上看其实是政府债务矩阵。在文中，白汉娜把财政风险基本上定义为债务风险。财政风险矩阵把政府债务按照是否有法律依据分为显性债务和隐性债务，有明确的法律依据规定应由政府承担的债务为显性债务，反之为隐性债务；按

---

① 现收现付制是一种以横向平衡原则为依据，以同一时期正在工作的所有人的缴费来支付现在保险受益人的开支的制度。主要特点有：①代际转移，在职职工为上一代人支付养老金，自己的养老金由下一代支付。②以支定收，需要多少养老金就征收多少。③收入均等化，一般根据统一的退休条件决定退休待遇，人人平等，能够实现代际之间和同一代人之间收入的再分配。④管理简单，不存在基金的营运和保值增值问题。由此看来，如果能完全地以支定收，也不存在政府债务。但随着人口老龄化，领取养老金的人数较之缴付养老金的人数越来越多，如果完全以支定收，在领取标准不变的情况下，意味着缴费的提高。如果缴费提高的程度能补偿支付的增加，也不会存在政府债务。如果补偿不了，差额只能由政府承担，就出现了政府债务。而完全的基金积累制是国家强制实施的个人养老储蓄制度，通过建立个人账户，企业和个人缴费全部进入个人账户，退休待遇水平完全取决于账户基金的积累额，自己给自己养老。在这个情况下，单就养老保险而言不存在政府债务。

照债务发生的可能性分为直接债务和或有债务，肯定发生的债务为直接债务，是否发生依据某些特定事件是否发生而定的债务为或有债务。并且以矩阵的形式表现出来。显性、隐性和直接，或有这两种分类实际上是对政府债务的二维分类，同一种债务同时具备上述两组分类中的其中一种，即政府债务可以分为四类：直接显性债务、直接隐性债务或有显性债务，或有隐性债务。财政风险矩阵如表3-2所示。

表3-2 财政风险矩阵

政府债务	直接债务	或有债务
显性债务（由特定法律和合约确定的政府债务）	1. 外债和内债 2. 预算涵盖的开支（非随意性开支） 3. 法律规定的长期性支出（公务员的工资和养老金）	1. 国家对地方政府、公共部门和私人部门/实体（如发展银行）债务的担保 2. 国家对各种贷款（如抵押贷款、农业贷款、学生贷款、小企业贷款等）提供的担保 3. 国家对贸易、汇率、外债和私人投资提供的担保 4. 国家保险体系（存款保险、私人养老金最低收益、农作物保险、洪灾保险、战争风险保险等）
隐性债务（主要反映公众预期和利益集团压力而由政府承担的道义责任）	1. 公共项目的未来日常维护成本 2. 法律没有规定的未来公共养老金 3. 没有法定责任的社会保障计划 4. 没有法定责任的医疗保健计划	1. 地方政府或公共实体、私人实体对未担保负债的违约 2. 银行破产（超出政府保险以外的救助） 3. 实行私有化的实体责任的清偿 4. 非担保养老金、失业保险基金和其他社会保障基金的失败 5. 中央银行可能的负债净值或不能履行其所承担的义务（外汇合约、货币保护、国际收支差额） 6. 其他紧急财政援助（如在私人资本外逃的情况下） 7. 改善环境、灾害救济、军事拨款等

资料来源：Hana Polackova Brixi and Allen Schick（2002）。

2. 对财政风险矩阵的评价

财政风险矩阵无论是对于政府债务的研究还是对于财政风险的研究，意义都非常重大。

（1）首次提出"隐性债务"和"或有债务"，扩展了政府债务的内涵。

长期以来，不管是理论界还是实务界对政府债务的关注局限于直接显性债务中的国债，对财政风险的讨论也是局限在收付实现制下的预算赤字与国债规模的控制。而财政风险矩阵中的政府债务是广义的，凡是政府应该承担的支出责任和义务都是政府债务。包括虽然没有法律的明确规定，但出于社会压力政府应承担的债务，即隐性债务；也包括虽然不是以政府为债务人，但政府为担保人的债务。而且，随着政府活动的日益复杂，这两种形式的政府债务对财政风险的影响越来越大。在某些处于转型期的国家，财政风险的来源主要是或有债务。我国正处于从计划经济到社会主体市场经济的转轨期，同样存在大量的或有债务。

（2）提供了一种新的分析政府债务的工具

财政风险矩阵其实是对政府债务的二维分类，对于每一项债务，一定会位于这个矩阵中的某一个位置，同时具备两种性质。分类解决后，就可以分别对其管理。值得一提的是，政府债务是在不断发生变化的，条件不同，债务的类别也可能发生改变，即某项债务在政府矩阵中的位置不是固定的。

财政风险矩阵是工具，意味着对于不同的国家，同一国家的不同地区、不同的发展阶段，矩阵中的内容可以不同。即不同的国家有不同的直接和或有债务、显性和隐性债务。

财政风险矩阵的局限性在于，将财政风险等同于债务风险，没有考虑到政府资产。所以，财政风险矩阵实际上是政府债务矩阵。

（二）财政风险对冲矩阵

1. 财政风险对冲矩阵的含义和内容

政府债务本身并不能说明财政风险状况的好坏，对财政风险状况的评价还要关注政府拥有的公共资源的状况和结构。国内外很多学者都认识到了这个问题，包括白汉娜本人。白汉娜在其 2004 年的文章《新成员国的或有负债》中提出了财政风险对冲矩阵。财政风险对冲矩阵是对财政风险矩阵的补充，列举说明了可以用来抵偿政府债务的不同经济资源。这些资源同样可以被分为直接资源和或有资源、显性资源和隐性资源。直接和或有的区分标准在于取得的收益是否是依据现存的资源，显性和隐性的区分标准在于取得收益是否有法定的权力依据。直接显性资源是现存的实实在在的资产，并且政府具有从这些资源取得收益的法定权利。直接隐性资源同样是现存的实实在在的资源，但是这些资源不在政府的直接控制之下，所以，可能仅在一定程度上抵补财政风险。或有显性资源指政府在未来有可能从某些资产获得收益。最后，或有隐性资源指除非某个特定事件发生，否则不属于政府，即便某个特定事件发生了，政府对这些资源的使用也要做个别案例。白汉娜在文中用的是地方政府的概念，因为是工具，所以对于任何类型的政府都适用。地方政府财政风险对冲矩阵如表3-3所示。

表3-3　　　　　　　　　　地方政府财政风险对冲矩阵

财政安全性来源	直接来源 （建立在现有资产 存量的基础上）	或有来源 （依赖于未来事件，如未来 价值的创造）
显性（建立在政府的法定权力之上，即财产所有权和筹集收入权）	1. 资产恢复（不良资产的处置和出售，国有股份出售） 2. 国有企业和其他公共资源的私有化 3. 政府贷款资产的恢复（产生于较早的政府直接贷款）	1. 来源于资源开发和出售的政府收入 2. 税收收入 　减去税式支出 　减去对地方政府的收入承诺 　减去未来才实现销售的收入和用作抵押的收入 3. 政府从金融机构购买的对冲工具和（再）保险
隐性（建立在政府间接控制基础之上）	1. 稳定和或有事件基金 2. 中央银行正的净值	1. 国有企业利润 2. 从官方债权人获得的或有信贷额度和融资承诺 3. 以各种货币计价的经常账户盈余

资料来源：《公共财政研究报告——中国地方债务管理研究》课题组2011年。

2. 对财政风险对冲矩阵的评价

财政风险对冲矩阵中包含的内容为政府拥有的公共资源，意义在于从政府拥有的公共资源和政府债务两方面分析财政风险，是对财政风险矩阵的补充和完善。并且仍然以矩阵的形式将政府拥有的公共资源分为直接和或有、显性和隐性，便于和政府债务的结构形成对应，更有利于进行财政风险的分析。

与财政风险矩阵相同，这里的财政风险对冲矩阵也是一个工具，不同的国家及同一国家的不同地区，矩阵中的内容有可能不同。财政风险矩阵是政府债务矩阵，而财政风险对冲矩阵为政府资产矩阵。根据政府债务和政府资产的匹配状况可以对财政风险状况做出判断。但是，矩阵中对具有共性的政府拥有的公共资源的分类是否合适还有待讨论，如将税收列为直接或有资产。税收是直接资产，作者将其列为或有是出于金额不确定的考虑。另外，财政风险矩阵与财政风险对冲矩阵只是提供了一种分析财政风险的工具，但前提是要取得相关的数据。问题是，如何取得政府资产和政府债务的数据？

第三节　财政风险的资产负债管理

一　资产负债管理及在财政风险管理中的运用

（一）资产负债管理的概念

资产负债管理（Asset Liability Management，ALM）通过同时管理资产和负债，应用投资组合的基本理论，目的是减少净资产的波动。ALM过程的实质是选择一种资产组合，使其尽可能与负债现金流相匹配，通过这种资产负债组合来消除金融风险。

资产负债管理更多地运用在金融机构的风险管理中，要求金融机构根据其所管理的资金的不同性质、期限长短、成本高低、可能承受的风险大小等因素，根据对现金流的具体要求，制定相应的投资策略，使资产与负债在数额、期限、结构上对应和匹配，并根据情况不断调整资产负债结构，以保持动态相对平衡来有效降低风险。

（二）资产负债管理法在财政风险管理中的运用

1. 传统的政府债务管理及局限性

传统的政府债务管理主要通过对政府债务期限、利率结构等的设计，以达到降低政府债务成本，进而减少债务风险的目标。但是，随着各国经济发展，政府债务余额逐年增加。在这种情况下，政府的债务成本不能无限度减小，会随着债务规模的扩大不断增加，政府债务规模和政府债务成本降低是有困难的。但债务成本的增加却不一定反映政府债务危机的程度，还要结合用于偿债的资产的状况。

2. 运用资产负债管理法管理财政风险的理由

不仅考虑债务资金的不同用途及形成的不同期限，还将资产管理与相应的负债管理相联系，从而可以衡量一国政府的债务风险。即政府资产负债管理不仅注重于负债结构的管理，更注重资产管理。债务是取得资金的途径，是"来龙"之一；资产是取得资金运用的具体表现形式，是"去脉"。债务的偿还来源于资产及资产收益，所以将负债本身的管理与资产管理联系起来，可以对政府负债水平及政府资产管理的绩效做出评价，进而评价政府债务风险状况。

对净资产的准确核算，能反映出财政风险的真实状况。净资产为资产减去负债后的余额。单独的资产或单独的负债不能表示财政风险的大小。

如政府以债务的形式建造了一项固定资产。从预算的角度，表现为政府预算出现赤字。从政府会计的角度，表现为同时增加了一项资产和债务，对净资产没有影响。

二 公共部门资产负债表的提出

政府资产负债管理首先需要政府资产和政府负债信息。政府财务会计报表虽然不能反映全部的政府资产和政府债务，但其提供的信息是用于财政风险管理的基础信息。政府财务会计提供的报表包括资产负债表、运营表、现金流量表、成本报表等。

张春霖（2000）在《如何评估我国政府债务的可持续性？》一文中提出"决定投资者信心的一个基本面的因素就是政府的净值，或者资产负债率。因此，要评估政府的借债能力，有必要把财政、银行、企业三个部门作为一个整体，编制政府或公共部门的资产负债表"，并列示了"中国公共部门资产负债表示意图"。如表3-4所示。

表3-4 中国公共部门资产负债表示意

资产	负债和政府净值
1. 非债务收入的筹资能力（税收等未来收入流折现）	1. 非债务支出义务（包括未来年份为解决失业、环境等问题所需用的开支）
2. 国有企业的净值（国家在国有企业的所有者权益的市场价值）	2. 国有金融机构不良资产市场价值与面值的差额
3. 国有金融机构的净值（不良资产按账面价值计算）	3. 隐性养老金债务
4. 国有非生产性资产的市场价值	4. 国债余额
5. 国有土地使用权的市场价值	5. 外债余额
6. 国有部门对非国有部门的其他索取权	6. 非国有部门对国有部门的其他索取权
	7. 政府净值（资产—债务）

资料来源：张春霖：《如何评估我国政府债务的可持续性》，《经济研究》2000年第2期。

张春霖所提的"公共部门资产负债表"是在圭多提和库莫（1993）的基础上，结合我国的具体情况（财政、银行、企业三位一体）提出来的。从文中看，企业首先指的是国有企业，而且银行也是国有企业的一种，并且是国有企业中特殊的一种；其次，从表中列示的关于国有企业的资产并不是指以国有企业为主体的资产，而是政府拥有的国有企业的股权。已经摆正了国家与国有企业之间的关系，至少从股权上摆正。对于"国有金融机构不良资产市场价值与面值的差额"，笔者的理解为，并非是将银行作为政府主体的一个组成部分，而是将这部分作为政府的一项隐性债务。国有金融机构不良资产市场价值与面值的差额，说明在国有金融机构的账面上没有做减值处理，如果做减值处理的话，一方面会减少金融机构（企业）的资产价值，一方面会减少利润（费用增加），利润的减少意味着金融机构净资产的减少。净资产的减少意味着政府投资价值的减少。"国有金融机构的净值（不良资产按账面价值计算）"与"国有金融机构不良资产市场价值与面值的差额"共同构成了政府拥有的国有金融机构的净值的市场价值。

三　公共部门资产负债表与国家资产负债表

上述的公共部门资产负债表只是列示出了公共部门资产的若干项和公共部门负债的若干项，意义在于突出净资产对于评价政府债务可持续性中的作用。但没有指出数据的取得方式及与公共部门会计报告体系中资产负债表的关系。笔者认为，从资产和负债包括的范围及取得方式上，公共部门资产负债表应分为两个层次。

（一）公共部门（政府）资产负债表的两个层次

笔者将公共部门（政府）资产负债表分为广义和狭义两个层次。政府广义资产负债表包括三个部分：资产、负债和净资产。这里的资产和负债与财政风险对冲矩阵及财政风险矩阵紧密相连，即政府资产为财政风险对冲矩阵中的资产，为公共部门拥有的所有的资产；政府债务为财政风险矩阵中的政府债务，为政府所有的债务；政府净资产为政府资产减去政府负债后的余额。此处的资产和负债是经逐项统计估算得出的。

狭义的公共部门（政府）资产负债表与政府会计手段相联系。其同样包括三部分：政府资产、政府负债和政府净资产，政府净资产同样等于政府资产减去政府负债。政府财务报告包括政府财务报表和附注两部分。政府财务报表是依据政府会计准则的要求，经过一系列会计程序编制出来的，是对会计要素进行确认、计量、记录和报告的成果。即政府资产负债表中的政府资产和政府负债都是满足政府资产和政府负债确认条件的政府拥有的公共资源和政府债务，是表内资产负债，而表内数据来源的最终确认来自于会计凭证的初始确认。财务报告中的附注包括两大部分，一部分是对财务报表中某些项目的详细解释；另一部分是对重要事项的披露。对于不满足会计要素的确认条件，但满足财务报告的披露要求的事项要在附注中做出披露。在附注中会包括这样的政府资产和政府债务信息。所以，狭义的公共部门资产负债表由政府会计准则决定，从包括的政府资产和政府债务的内容上，包括两个层次，第一层次是表内的资产、负债和净资产；第二层次是财务报告包括的所有的资产、负债和由此产生的净资产。

张春霖（2000）所提的公共部门资产负债表既不是广义的资产负债表——包括公共部门所有的资产和负债，也不是狭义的政府资产负债表——基于政府会计准则编制。其公共部门资产和负债的范围应处于二者之间。

（二）国家资产负债表

国家资产负债表（national balance sheet）是将一个经济体视为与企业类似的实体，将其某一时点上的所有资产（生产性和非生产性、有形和无形、实物和金融）和负债进行分类，然后分别加总，得到反映该经济体总量（存量）的报表。

为揭示经济体中不同经济部门的资产负债构成，显示各部门在经济体总量中的份额，并描述部门间的借贷关系，通常还要编制各部门的资产负债表。一个完整的国家资产负债表体系是由国家、部门和子部门的报表构成，并保留了部门间和子部门间的金融借贷关系。自20世纪90年代起，随着联合国国民账户体系理论及方法的发展，加拿大、澳大利亚、英国、日本等国的官方统计部门开始定期公布其国家资产负债表。

（三）公共部门资产负债表与国家资产负债表的关系

国家资产负债表包括政府部门的资产负债表、金融部门资产负债表及居民资产负债表构成。2012年，三个课题组[1]发布了各自的我国的国家资产负债表。《中国国家资产负债表2013——理论、方法与风险评估》（李扬等著）中指出"利用现有的公开数据，并借助相关理论假设和估算方法，试编了2007—2011年中国国家资产负债表"。认为"国家资产负债表本质上属于国民账户统计体系中的一个部分，国民收入统计的流量指标最终形成国家资产负债表的存量指标，国民收入统计与国家资产负债表之间存在相互匹配的关系"。政府资产负债表同样是国家资产负债表的组成部分，分为中央政府资产负债表和地方政府资产负债表。

1. 中央政府资产负债表

对于中央政府资产负债表中资产和负债的基础数据，书中认为应来源于与中央政府经济活动有关的经济主体的资产负债表，通过合并各部门的资产负债表，得到中央政府的资产负债表。

---

[1]　博源基金会、中国银行、中国社会科学院。

并提出了三种口径的中央政府资产负债表：①窄口径：按照政企分开的原则，中央政府的资产负债表仅包括预算单位，国有企业（包括金融和非金融）都划归企业部门，其所有者权益被列入中央政府的权益性投资。这样符合国际惯例。②中口径：按照中央政府参与经济活动的范围划分中央政府资产负债表的涵盖范围，将中央政府的国有企业统统划入中央政府资产负债表的合并范围，这种做法不符合国际惯例，根据 SNA 的规则，这种口径相当于公共部门的资产负债表，而不是一般性政府的资产负债表。③宽口径：添加或有资产和或有负债，这样的做法有利于分析潜在的债务水平，但是不符合会计原理，或有资产和或有负债是未来可能发生的资产和负债，不应被列入当前的资产负债表。

由此可见，对于中央政府资产负债表：①基础数据应由政府会计提供。②窄口径和中口径都与政府会计相关。

2. 地方政府资产负债表

对于地方政府资产负债表，书中称为"估算"。

（1）地方政府资产估算

将地方政府资产分为地方国有经营性资产、地方国有非经营性资产、地方政府所拥有的资源性资产和地方政府在中央银行的存款。地方国有经营性资产包括非金融企业国有资产和金融企业国有资产。二者的基础数据皆来自于企业的主要财务指标统计。地方国有非经营性资产的数据来自于"地方部门决算资产负债简表，将行政单位和事业单位的净资产作了加总"。地方政府所拥有的资源性资产主要指地方政府所拥有的国土资源性资产。参考了世界银行（2006、2011）的基本研究思路，将资源的现时总价值理解为未来一定时期从该资源中获取的净产出的折现值之和。具体操作时，没有对耕地、草地、森林等不同类型资源收益进行详细的分类计算，而仅以笼统的"农林牧渔业总产值"代替。地方政府在中央银行的存款的数据来源于地方财政国库存款余额统计。

（2）地方政府负债估算

依据国际上普遍采用的财政风险矩阵法，将地方政府负债分为：直接显性、直接隐性、或有显性、或有隐性。直接显性负债包括地方政府债券和地方性政府主权外债。基本上都有现成的数据。对于直接隐性负债，主要考虑以隐性养老金债务为主的社会保障基金缺口。这个是测算出来的。或有显性负债主要根据审计署资料，再进一步测算出来的。或有隐性负债指地方金融机构不良资产和地方国有企业债务。前者的数据来自于银监会提供的各年份银行业金融机构五级分类不良贷款总额。后者的数据来源于国有非金融企业资产负债表。

从已有的文献中看，国家资产负债表中的数据是估算出来的。如"在中央政府资产负债表中，非金融资产包括非经营性资产、非上市企业权益两类，金融资产包括中央政府存款、股票、国外资产等，金融负债包括国债、国外负债、政府性金融债、铁道部债务。在估算中央政府资产负债表时，非经营性资产是在经营性资产估算的基础上按照一定比例关系进行估计"。

《政府资产负债表：国际标准与实践》（王毅、郭永强主编）介绍了几个典型国家政府资产负债表的编制。将政府资产负债表分为财政部门政府资产负债表（政府整体财务报告）和统计部门政府资产负债表（国民经济核算中的政府资产负债表）。二者至少在以下方面存在差异。

1. 理念与用途不同

前者用于政府预算的编制，财政政策制定的依据。后者是作为整个国民经济核算的组成部分，反映国民经济各部门的财务状况和资金流动。

2. 核算时间不同

前者是财政（预算）年度，后者是日历年度。

3. 数据来源不同

前者依据的是政府会计准则，后者的资料来源比较广泛，包括政府的各种管理信息系统、行政记录、统计调查、按照国民经济核算原则调整过的企业财务报表等。

由此可以得出，政府资产负债表包括各级政府资产负债表，从各国实践中看，分别由财政部门和统计部门编制。财政部门编制依据通常是政府会计准则，统计部门的编制依据是 SNA。前者应该是后者的重要组成部分，但政府会计准则的缺乏使得政府资产负债表的数据主要靠统计的方法取得，而非会计手段。（中央、地方）政府资产负债表是国家资产负债表的组成部分。

本书将公共部门资产负债表与政府资产负债表作为同一个称谓，并将其分为广义和狭义两个层次。广义公共部门资产负债表是国家资产负债表的组成部分，是在狭义的公共部门资产负债表的基础上得出的，狭义的公共部门（政府）资产负债表是依据会计准则编制的。

四　资产负债表与财政风险的关系

财政风险表现为债务不可持续的可能性，依据前文的论述，财政风险分为狭义的财政风险和广义的财政风险，前者为将政府作为一个主体（公共部门）的债务到期无法偿还的财务风险，后者为整个社会的公共风险。而衡量财政风险需要从政府资产和政府债务入手，财政风险的资产负债表管理法将二者联系起来，财政风险与资产负债表之间存在一定的对应关系。

首先，广义的财政风险与国家资产负债表对应。因为广义的财政风险为公共风险，涉及整个社会的安定；而国家资产负债表包括了整个社会经济体的资产负债表。

其次，狭义的财政风险与公共部门资产负债表对应。狭义的财政风险为政府组织内部的财务风险，是政府不能偿还到期债务的可能性。具体来讲，狭义的公共部门资产负债表与政府短期的财务风险对应，广义的公共部门资产负债表更能体现政府长期的财务风险状况。资产负债表与财政风险的关系如图 3-1 所示。

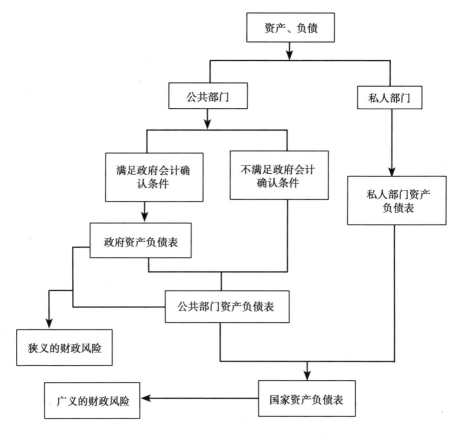

图 3-1　政府资产负债表与财政风险之间的关系

第四节　基于权变模型的财政风险管理与政府会计

从各个国家政府会计改革的实践看，日益严峻的政府财务状况促使了政府会计改革。以下从 Lüder 的权变模型入手，从理论上阐述财政风险管理对政府会计改革的激励作用；然后以美国为例，论述了政府会计改革中财政风险管理的激励作用；最后，阐述我国的财政风险管理是政府会计改革的重要驱动因素。

一　Lüder 权变模型

政府会计改革的结果从表面上看是会计技术的改变，本质上是政府治理的变革。政府会计改革的过程取决于诸如宪政、法律、经济、文化、预算与行政管理等诸多外部因素的影响。Lüder（1989、1992）将这些因素统称为环境（The environment），"环境"的本质为决定政府会计改革是否发生的各种因素。[①] Lüder 的政府会计权变模型（Contingency model of governmental accounting innovation）说明了这样一个道理，一国政府在面临合适环境条件和受到相应的刺激与诱导时可能会产生政府会计变革。

（一）模型的构成

权变模型由四个模块组成：激励、信息使用者的社会结构变量、政治管理系统的社会结构变量、实施的障碍。每个模块的内容，以及它们在政府会计改革过程中的关系，如图 3-2 所示。

激励指发生在改革过程初始阶段的事件，为会计信息使用者创造信息增长的需求和为信息供给者的信息供应做准备。结构变量包括信息供给者的结构变量和信息使用者的结构变量，指社会和政治管理系统的特征，该系统影响政府会计信息使用者和信息供给者对会计改革的基本态度。实施障碍指居于实施过程中的不利于改革的环境变量。这些障碍阻止建立一个更富有信息量的理想的会计系统。

---

① 权变模型是经验分析的结果。通过对一些工业化国家中央政府预算和政府会计系统的比较研究，发现各个国家的政府会计改革在改革实践均有所不同。通过实证研究，Lüder 观察到差异的存在至少是由于各个国家政治管理制度上的不同，因此 Lüder 试图用社会、政治和管理等因素来解释更多的政府会计改革，并详细分析一个国家政治管理环境对政府会计改革过程和结果的影响。

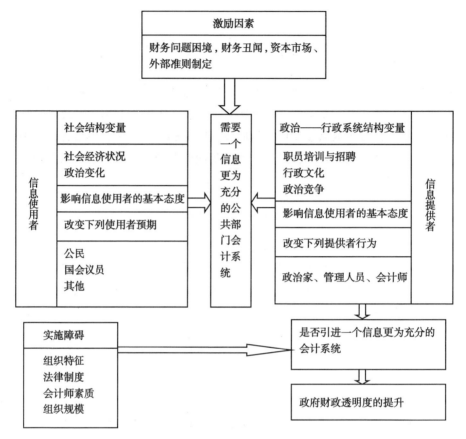

图 3-2　Lüder 权变模型

资料来源：王晨明：《政府会计环境与政府会计改革模式论》，经济科学出版社。

　　激励模块可以理解成"是什么原因迫使政府会计改革"，结构变量代表政府会计信息的供给方和需求方，可以理解成"什么原因影响政府会计信息供给方供给政府会计信息和什么原因影响政府会计信息需求方需求政府会计信息"，实施障碍可以理解成"政府会计改革可能遇到的实施上的困难条件"。模型是固定的，其中的因素也是固定的。每个国家的情况是不同的。① 四个模块中，对有些国家来讲是促使政府会计改革发生的，对有些国家来讲却是不促使政府会计改革发生的。

---

　　①　从这个模型的提出过程看，充分证明了理论和实践之间的关系：理论来源于实践，反过来再指导实践。他是研究了若干个国家的政府会计改革实践，在此基础上提出了试图运用与各个国家的模型。

（二）Lüder 权变模型的意义

Lüder 权变模型的意义在于明确一个国家为什么会发生政府会计改革？是什么因素导致了政府会计改革的发生？或者说，一个国家想要进行政府会计改革，改革能否进行，可以用模型来判断是否满足政府会计改革的条件。或者说，模型解决了政府会计改革的条件。

激励模块决定政府会计改革的动因，而行为模块和实施障碍模块决定政府会计改革能否顺利进行。

财政风险管理在权变模型中主要体现在激励模块中，财政压力、财务丑闻、资本市场都是财政风险管理需求的体现。

二　财务困境及财务丑闻对政府会计改革的激励作用

传统的收付实现制的政府（预算）会计无法反映政府整体的财务状况。在一个政府财政状况不是很充裕的情况下，如果政府支出比较大，政府会通过借债来筹资。当政府债务的利息负担达到一定程度，不能通过新增债务维持现有的政府财务收支时，就出现了财务困境。在这种背景下，信息需求方需要全面披露政府财务状况，同时对政府加强公共资金的财务管理的要求较高。然而传统的收付实现制的政府会计系统不提供反映政府整体财务状况的信息，不注重政府财务管理需求，由此促进了对政府会计进行改革的需求。

在出现财务困境的情况下，政府自身也存在政府会计进行改革的激励。因为政府财务状况的不断恶化往往与政府大规模的刺激经济增长的投资支出相关。这些支出，一般来讲额度较大。虽然加大了暂时的支出，但从长远看，一方面能带来经济效益，一方面可以通过以后的税收偿还，这样也符合代际公平。如果采用现代的权责发生制的预算和政府会计，财务状况看起来反而不会那么糟。所以，无论是从政府内部还是政府外部，在面临财政压力时，都存在对政府会计改革的需求。

"财务丑闻"是指政府部门在公共部门财务管理中的故意浪费，即没有正确履行受托人职责，对纳税人造成了严重的伤害，导致政府公信力的大幅度下降。无论是在政府财政运行良好还是出现财务困难时期，公众对"财务丑闻"都比较关注。相对来说，财政困难时期的"财务丑闻"更让纳税人不能忍受。如同私人部门的财务丑闻，公共部门的财务丑闻能引起纳税人关注现行政府会计的缺陷，寻找怎样的政府会计系统能提供更富有价值的会计信息，能有效实现对政府行为的监管。

纵观世界各国的政府会计改革历程，可以发现一个规律，越是财务状况不好的国家越有进行政府会计改革的动力，而财务状况较好的国家，政府会计改革的步伐比较慢。这里以美国为例，论述财政风险管理需求对美国政府会计①改革的推动作用。

从 20 世纪初开始，美国州和地方政府会计经历了三次政府会计改革的浪潮。

第一次政府会计改革浪潮发生于 20 世纪初到 30 年代，这一时期是美国历史上著名的"进步时代"。本次改革浪潮主要是受"财务丑闻"的影响，主要目标是防治腐败并提高政府效率。第二次政府会计改革浪潮发生于 20 世纪 30—70 年代中期，在这一时期美国陷入了严重的经济危机，出现了大萧条。美国联邦及地方政府采用了扩张性的财政政策，通过发行大量债券筹措资金，刺激经济复苏，由此带来了政府债务危机的不断出现，迫使对政府会计进行改革，目的是通过政府会计信息反映政府财务风险状况。第三次改革浪潮发生在 20 世纪 70 年代中期至今。美国由于奉行凯恩斯主义，存在巨额的财政赤字，政府债务危机加剧，再次暴露了政府会计的财务管理职能的缺失。在这种压力下，政府会计改革再次启动，此次改革目标更加重视会计信息对政府受托责任履行情况的反映。2008 年的金融危机，使美国政府赤字大幅度上升，国债纪录不断创造新高。2010 年 9 月 30 日，美国联邦政府债务余额为 13.58 万亿美元，2010 年年底突破 14 万亿美元。2011 年 5 月，美国国债达到了 14.29 万亿美元。在此背景下，政府会计信息的透明度及政府或有债务和隐性债务的反映等问题再次成为政府会计改革的焦点。

从美国政府会计改革的发展历程上看，财务困境及政府进行财务管理的需要是促使政府会计改革的重要因素。而财务状况较好的国家政府会计改革的步伐比较缓慢，如德国。由此可见，政府财务状况与政府会计改革之间存在密切联系。

三 资本市场要求对政府会计改革的激励作用

政府债券市场是资本市场重要的组成部分。资本市场能够影响政府会计改革需要具备两个前提条件：（1）政府发行债券以国际公认的评级机构的评级结果为条件；（2）发债的利息率的高低受评级结果的影响。债券评级机构主要利用财政年度财务报告和宏观经济数据，来进行政府债券

---

① 美国的联邦政府与地方政府适用不同的政府会计准则，这里主要讲述的是美国地方政府会计准则的发展历程。

的评级工作。

（一）政府财务报告在政府债券市场中的重要性

政府发行的债券中有中央政府发行的国债①和地方政府发行的地方政府债券。债券的购买者同时也是债券的投资人，关注的是能否到期收回本金和利息，需要对债务人的财务状况及信用情况进行判断。政府与企业的不同点在于，政府用于担保的资源比较特殊。有存量资源，也有流量资源。存量资源规模巨大，并且多数存量资源的公允价值不易取得。流量资源表现为在未来年度取得的税收，税收的取得情况取决于经济增长。在对中央政府和地方政府判断时有所不同。一般来讲，中央政府的资产负债表相对于某个地方来讲，更不容易取得。所以，政府财务报告对地方政府发行债券更具有借鉴价值。

依据财政学基本理论，政府债务有其存在的合理性。公共产品是分层次的，分为全国性公共产品和地方性公共产品。全国性公共产品由中央政府提供，地方性公共产品由地方政府提供。地方政府提供的公共产品中如果有资本性的投资，这笔支出通过债务形式筹资更符合代际公平。从原理上讲，地方政府可以发行债券。但能否发行债券还取决于一个国家集权和分权的程度及相关制度和法律的设置情况。地方政府在发债时，与其他发债主体从性质上讲是一致的，都是债务人。不同之处在于，债务的担保不同。债券的购买方是投资人，投资人在决定是否购买时，如同决定是否购买某个公司的债券时要分析一个公司的偿债能力一样，也要分析政府的偿债能力。对偿债能力的分析要通过政府财务报告完成。政府财务报告中的资产负债表反映了政府的财务状况，运营表反映了政府的运营业绩。

地方政府发行债券是我国财政风险管理的重要手段，发行地方政府债券需要政府提供真实可信的政府财务报告。通过法律的形式对地方政府的举债权和举债规模进行限制，是发达国家进行地方政府债务管理常用的手段。具体是通过一系列指标完成的，指标中的资料来源为政府会计。如美国在州宪法和法令规定允许发行一般责任债券的 47 个州中，有 37 个州对一般责任债券规定了限额。如债务率（政府债务余额/政府年度总收入）为 90%—120%，负债率（债务余额/GDP）在 13%—16% 之间。同时要

---

① 中央政府发行的国债与一个国家的主权债务不是同一概念。从资料中看，对什么是主权债务理解不同。英文是 sovereign debt。大概有两种理解：一种包括对内和对外以国家信用举借的债务；另一种是以国家信用对外的借债。国家资产负债表是抵销了内部债权债务的资产和负债。从理论上讲，国家资产负债表中的净资产如果为正，代表别的国家欠我们的钱。

求，州与地方政府必须遵循政府会计准则委员会（GASB）在《政府会计、审计和财务报告》中确立的政府债务报告基本准则，记录和报告政府债务。

同时，良好的市场监督制度是债券市场规范运行的前提条件。其中，信用评级机构等在地方债信用风险的监管中起着重要的作用。在美国，州和地方政府债券一般需要通过信用评级，为投资者提供可靠信息，降低其投资风险。州和地方政府公债的信用等级至少由两家主要的私人信用评级公司（穆迪投资者服务公司和标准普尔公司）中的一家来评定。地方政府的信用级别对政府债券的发行、筹资成本和流通性都会产生重大的影响。而政府会计信息是进行信用评级的重要数据来源。

（二）政府会计是我国地方政府发债的技术瓶颈

据审计署发布的 2011 年 35 号公告显示，截至 2010 年年底，全国地方政府性债务①余额为 10.72 万亿元，负债率达到 70.45%，借款来源有 79% 为银行贷款。这里的政府性债务不是政府会计账面上的数字，而是统计出来的数字，因为有很多债务并不以政府为债务人，如投融资平台公司债务。无论是理论界还是实务界对于我国地方政府是否应该发行地方政府债券有很多争论。建议发行地方债的理由是，第一，发行地方债是国外的普遍做法；第二，我国地方政府性债务管理混乱，发行地方债有助于地方政府债务的管理；第三，我国目前已经具备发行地方债的资本市场条件；从政府债务总规模看，仍有发行地方债的空间等。不赞成发行地方债的理由主要是认为我国现行对地方债的监管体系还不成熟。

笔者认为，从世界各国财政风险管理实践看，允许地方政府发债是必然的，也符合新公共管理强调放权的要求。如果有完善的监管体系和绩效考核体系，分散化的财务管理更有效率。在我国，虽然存在发行地方债的需求，但是，地方债的发行需要一系列的前提条件，这里撇开法律允不允许发行不谈，即使是允许发行，地方政府能否提供反映政府财务状况及经营业绩的财务报告？政府会计是我国地方政府发行债券的技术瓶颈，表现在：地方政府无法提供反映地方政府整体财务状况及经营业绩的财务报告，根本原因在于我国现行的预算会计制度不能提供这样的信息。我国现行的预算会计实质上是收付实现制为主的政府财务会计，虽然也提供政府

---

①　35 号公告中的"政府性债务"之所以要用"政府性债务"而不用"政府债务"是因为，政府性债务不但包括以政府为债务人的债务，还包括虽然不以政府为债务人但政府仍负有偿还责任的债务。

资产和政府债务信息，但是政府资产和政府债务信息并没有得到真实的反映。所以，投资者无法分析偿债风险，信用评级机构也无法进行信用评级。具体来讲存在两方面的困难：

（1）对政府资产和政府债务的真实反映需要采用权责发生制的会计基础，若采用权责发生制，必定设计到一个政府资产和政府债务存量的问题。对政府资产存量来讲，收付实现制的预算会计账面上只是部分资产的历史成本，对政府资产的估计会面临很多问题，如我国的资产评估制度还不健全，政府资产又比较特殊，政府资产的公允价值不易取得。地方政府性债务的种类繁多，如何对这些债务进行区分，进而确定会计中如何记录，现行的政府会计对此没有规定。

（2）在我国不可能实行地方和中央两套会计制度，美国的两套会计制度（州和地方政府及联邦政府）有其存在的历史背景，并且两套会计制度并存也带来了很多麻烦，并不见得是一种可借鉴的模式。我国地方政府债务的核算需要由统一的政府会计准则来规范，即地方政府债务的核算有赖于整个的政府会计制度的完善。

没有科学合理的政府会计提供政府会计信息，地方债发行和流通就缺少技术条件。

第五节　政府会计功能在财政风险管理中的体现

政府会计由预算会计和政府财务会计构成。预算会计服务于预算，描述预算从编制到执行的整个过程。预算会计主要从预算的执行上实现对财政风险的监控。政府拥有的公共资源和政府应承担的公共支出责任和义务是财政风险管理的两个基本面，所以，进行财政风险管理一方面需要了解政府拥有的公共资源，另一方面需要了解政府应承担的公共支出责任和义务。政府资产和政府债务信息由政府财务会计提供。

一　政府会计与财政风险管理

政府会计包括预算会计与政府财务会计，二者作用于财政风险管理的方式不同，预算会计主要通过对预算执行过程的记录达到对预算执行的监督控制，而政府财务会计提供财政风险管理所需的政府资产和政府债务信息。

预算会计是用会计的语言，描述预算的执行情况。预算会计有不同的模式，本书对预算会计的界定为即核算预算数也核算实际执行数；平行式的模式。预算会计的职能在于描述预算的执行情况，主要是支出情况。在任何一个时点上，通过预算会计的账户发生额及余额，能了解预算的执行情况。从支出来看，主要是和支出周期联系。在任何一个时点上，通过预算会计账户的发生额及余额，能了解处于拨款、承诺、核实、付款四个阶段上的情况。

预算会计与财政风险的关系表现在以下方面。第一，如上文中所述，预算本身就是进行财政风险管理的工具，而预算会计是随时了解预算执行情况的工具。第二，政府债务是财政风险的集中表现，而赤字是政府债务的主要来源。赤字分为预算赤字和决算赤字。预算赤字是预算制定时的赤字，一般是在财政的可承受范围内。形成政府债务的是决算赤字，预算会计对预算执行过程的控制实际上是为了使决算赤字与预算赤字一致。第三，从提供的信息上看，政府财务会计偏重权责发生制下的财务信息，而预算会计偏重收付实现制下的预算执行信息。反映收付实现制预算下，预算收支的执行情况。当然包括，收付实现制预算下，预算支出在拨款、承诺、核实、付款阶段的分布情况。在政府财务会计中如果提供现金流量表，同样包括现金流量信息。但是，并不是所有的国家都编制现金流量表，如美国。即使是编制现金流量表，预算会计提供的现金流量信息与现金流量表提供的现金流量信息也不一致。表现在，预算会计提供的信息只包括本期的现金收支流量信息，不包括存量信息。而现金流量表中的现金流量信息，即包括存量也包括流量信息。现金流量表的现金流量的存量与资产负债表中现金信息存在勾稽关系。

在评价财政风险状况时需要考虑政府资产和政府债务信息，这些属于存量信息。存量信息由政府财务会计提供。而且只有在权责发生制下，资产和负债信息才真实可靠。政府财务会计与预算会计在核算的内容及提供的会计信息等各个方面存在很大的不同。预算会计核算的是预算年度的预算收支，而政府财务会计核算与政府会计主体有关的所有的资金运动，其中包括本财政年度的预算收支，也包括与预算收支无关的资金运动。政府财务会计提供政府的资产和债务的存量信息，在权责发生制的核算基础下，政府资产和债务信息反映更加真实和完整。

二　财政机会主义、政府或有债务与政府会计

财政机会主义往往以政府或有债务的形式存在，政府或有债务是财政风险的重要来源，对于我国尤其如此，而收付实现制的政府会计给政府或

有债务提供了存在的可能。

（一）财政机会主义与政府或有债务

世界银行专家白汉娜（1998）认为，当政府在短期内面临来自内部和外部的财政约束时，政策制定者们往往更偏好一些预算外的政策。政府行为是围绕政府预算进行的，预算支出的过程也是政府提供公共产品和服务的过程，取得的预算收入是对预算支出的资金支持。预算约束对预算收入和预算支出的影响表现为，减少了政府可用的预算收入，或者因为存在赤字的限制对预算内支出的影响。财政约束包括内部财政能力弱化约束和外部财政刚性压力约束。内部财政能力弱化是指政府汲取财政收入的能力低，具体表现是财政收入占国内生产总值的比重较低。面对着内部财政能力的弱化，政府会减少公共物品的提供，而且资金来源由直接拨款变为贷款担保等间接投融资方式。间接投融资方式减轻了政府预算年度的支付压力，却使得未来的财政支付成本增加，形成了政府或有负债。

外部财政刚性压力约束指预算原则刚性压力。比如说把财政收支平衡作为预算目标，或者对赤字率做出规定。在这样的约束条件下，政府只能依靠隐性和或有负债来实现自己的政策目标。通过将显性债务隐性化和直接债务或有化，既达到短期内年度财政平衡的目标又实现了自己的政策目的。

政府所采取的机会主义的手段有多种，目的是将显性债务隐性化，将直接债务或有化。白汉娜（1999）以20世纪末一些争取加入欧盟的国家①为例，列举了财政机会主义的一些具体实施手段和表现形式。政府为满足赤字或债务规定可能采取的机会主义行为，见表3-5。

表3-5　　　政府为满足赤字或债务规定可能采取的机会主义行为

行为	增加政府未来应付项目和负债	减少政府未来应收项目	稀释资产价值
政府收入方式	1. 开征特定的未来需要偿还的税种； 2. 承诺未来提供救济金而收取的现金； 3. 记录总收入，而不是记录扣除未来需要支付金额后的净值； 4. 将一些现有的公共债务工具转换为溢价发行的指数债券； 5. 将担负债务的政府机构转为合法的独立实体，并由政府为其提供担保； 6. 签订公共债务的回购协议	1. 保留将在未来财政年度到期的收入； 2. 以豁免未来税金为条件收取现金	1. 记录财产出售的资本利得，可能随后附带租赁或回租合同； 2. 从中央银行黄金储备价值重估中收取股息； 3. 对公众持有的财产收取较高的股息； 4. 出售中央银行的黄金及国有资产

---

① 加入欧盟，面临指标约束：如当年赤字额不得超过GDP的3%，政府债务累积余额不得超过GDP的60%。这是一种外部的预算硬约束。

续表

行为	增加政府未来应付项目和负债	减少政府未来应收项目	稀释资产价值
政府支出方式	1. 推迟难以摆脱的支出，如基础设施投资和维护； 2. 采取与直接提供融资相对的预算外政府支持； 3. 推迟政府采购和转移支付的法定确认和融资； 4. 记录从公司和银行以面值购入的（不良）资产的补偿金； 5. 记录国家和地方机构的赤字，在政府数字之外提供非市场性的公共服务； 6. 忽略存在于政府范围之外，但是从政府担保中受益的公共企业和机构的负债净值； 7. 提供贸易信贷，将其作为一种支持形式； 8. 从债务报告中剔除或有负债		1. 削减运营和维护支出； 2. 减少对提供服务的资产的辅助性投入

资料来源：Fiscal Adjustment and Contingent Government Liabilities：Case Studies of the Czech Republic and Macedonia 1999。

　　面临内部或外部财政约束的国家较易出现财政机会主义行为，比如处于转型期的国家。处在转型期的国家一方面政府汲取收入的能力较差，另一方面又需要政府加大对基础设施的投资。我国地方政府的或有债务就是地方政府财政机会主义行为的表现，尤其是其中的投融资平台公司债务。[1] 我国地方政府融资平台的产生有其深刻的经济和制度背景，正是这些因素给地方政府造成了内部和外部的财政约束，促使地方政府采取了财政机会主义行为。

　　受 2009 年国际金融危机的影响，各国政府纷纷采取了扩张的经济刺激政策，带来的结果是财政赤字不断扩大，政府债务规模不断攀升。经济危机给我国带来的是外需的大幅下降，在此背景下，2009 年我国推出了 4 万亿元的投资计划以扩大内需，其中地方政府计划配套投资 2.82 万亿元，地方政府出台的投资计划总额超过 18 万亿元。但由于一直以来不完善的分税制和转移支付制度，使得地方政府财力并不能支持如此大规模的资金

---

[1] 国务院于 2010 年 6 月发布了《关于加强地方政府融资平台公司管理有关问题的通知》。《通知》中把地方政府融资平台公司定义为：指由地方政府及其部门和机构等通过财政拨款或注入土地、股权等资产设立，承担政府投资项目融资功能，并拥有独立法人资格的经济实体。

要求。在迫切的融资需求下，举债成为融资的主要形式。但我国《预算法》规定，地方政府预算不能出现赤字，除国务院另有规定外，地方政府不允许举债。在这种情况下，采用了由中央政府代发的形式。但中央政府代发的地方债一方面比较少，另一方面主要给予了经济不发达的省份。地方政府面临一系列的内部和外部预算约束，在这样的背景下，地方政府成立了地方融资平台公司。由政府注入资金或土地等资源，成立公司，使其达到对外融资的标准。然后以融资平台公司的名义对外借债，由政府给予变相担保。所筹资金，或者以"其他应收款"的方式直接转给政府使用，在这种情况下，政府账面上会记录"其他应付款"，是政府的一项负债；或者直接以投融资平台公司的名义修建本应由政府修建的基础设施，在这种情况下，从表面上看和政府没有任何关系。但在整个过程中，政府是作为投融资平台公司的出资人（投融资平台公司是国有企业，而且还不是一般的国有企业），也是投融资平台公司债务的隐性担保人。虽然不符合《担保法》的规定，但也没有其他办法可供选择。投融资平台公司的项目中，有很大部分是建设了公益性项目，即这部分借款是无法回收的。还款责任自然落在了作为担保人和出资人的政府身上。

综上所述，由于经济危机、不完善的分税制和转移支付制度造成地方政府财政收入有限，是地方政府面临的内部财政约束条件；《预算法》不允许地方政府发债的规定是其面临的外部财政约束条件。但同时地方政府又有强烈的支出需求，所以地方政府只能是将显性债务隐性化、直接债务或有化。融资平台公司、经费补贴事业单位和公用事业单位是国有或是受政府控制的机构，这些机构的融资一方面可以由政府支配，同时又可以排除在正式预算之外。可以说我国地方政府的各种或有债务是财政机会主义在我国的表现形式。

（二）财政机会主义与收付实现制政府预算与政府会计

财政机会主义造成了政府大量的政府或有债务，而或有债务是隐匿的财政风险，是财政风险管理的主要对象，对于转型期国家尤为重要。可以说，我国的财政风险与国外的不同点表现在，发达国家的财政风险主要在政府的直接债务，而我国主要是或有债务。我国地方政府的或有债务风险是我国财政风险的主要来源之一。

财政机会主义需要借助收付实现制的预算及政府会计制度才能实现。只有在收付实现制的预算及政府会计制度下，或有债务才会被隐匿。

会计是一种语言，是一个使用专门的方法描述会计主体经济行为的信息系统。如同企业会计是描述企业经济行为的信息系统一样，政府会计是描述政府经济行为的信息系统。政府会计和企业会计的不同源于二者存在的目的不同，预算是政府会计所独有的。在政府会计发展的早期阶段，对政府的关注只是关于当期预算的执行情况，随着政府的经济活动越来越复杂，政府掌握的经济资源也越来越庞大。对政府经济行为的关注逐渐从只关心预算年度的收支转移到了既关注年度预算收支又关注政府长期的财务状况及政府绩效上。

收付实现制的会计基础，包括收付实现制的预算基础和收付实现制的政府财务会计基础。收付实现制的预算只在实际收到或支付现金时才算作当期的预算收支，以或有负债形式的借款不会对预算年度的收支产生影响。

在收付实现制下的政府会计下，政府资产和政府负债只有在有实际的现金收付时才确认，不考虑收益和成本费用的匹配，所以收付实现制的资产和负债信息是不真实的。对于政府的或有负债信息，依据收付实现制，政府会计系统更是没有反映。在收付实现制的会计基础下，一项或有债务只有当已经成为现实义务，并且只有当这一债务形成了现金的实际流出的时候，才被反映到政府的预算收支平衡表中去。由于政府形成的或有债务并没有被即时反映到政府的预算收支平衡表中，政府对这部分或有债务就不会进行有效监控，实质上是将当前的财政风险向后推移。因为没有有效的监控，风险将会越积越大。所以，收付实现制的政府会计给财政机会主义的实现提供了条件。

我国现行的预算编制的基础是收付实现制，预算会计基础也是收付实现制为主。预算会计主要是服务于预算管理的需要，对反映政府真实财务状况的信息提供严重不足。对外公布的仅是反映预算收支流量的预算报告。预算报告只是对预算年度的预算收支情况做出了说明，不能用来衡量政府财务状况。衡量政府的财务状况要通过政府合并的资产负债表。我国现行的预算会计体系不提供政府合并的资产负债表。虽然《财政总预算会计》《行政单位会计》和《事业单位会计》各自都编制资产负债表，但由于缺乏合并基础，所以我国还没有合并的资产负债表。更何况，因为采用的是收付实现制，这三张资产负债表中的信息本来就不准确。在这种管理方式下，或有负债这一形成我国地方政府财政风险的重要源泉，一方面对预算报告中没有影响，另一方面政府财务报告中也没有反映，这已成为目前我国地方财政风险加剧的重要原因。

第四章 我国现行政府会计的财政风险管理功能缺失分析

我国一直以来都没有"政府会计"的提法，习惯的叫法是"预算会计"。为了行文方便，这里统一称为政府会计。本章从我国现行政府会计模式的选择入手，介绍了现行政府会计中政府会计主体、政府会计与预算的关系及会计基础选择，在此基础上对提供的政府资产和负债信息质量进行了评价，得出我国现行的预算会计体系对政府资产和负债没有真实反映。进而分析原因，提出我国政府会计改革的整体思路。

第一节 我国现行的政府（预算）会计模式

一 现行政府（预算）会计概述

（一）发展历程

我国的预算会计制度最初是在中华人民共和国建立初期从苏联引进的。1950—1965年是我国预算会计创立与初步形成时期。1950年12月12日财政部颁布了《各级人民政府暂行总预算会计制度》和《各级人民政府暂行单位预算会计制度》①，其中前者适用于各级财政机关，后者适用于各级行政事业单位，由此确立了总预算会计与单位预算会计分立的框架。

1966—1989年是预算会计的调整与变动时间。1965年8月，财政部将《单位预算机关会计制度》修改为《行政事业单位会计制度》。1984年开始执行新的《财政机关总预算会计制度》。1989年《财政机关总预算会计制度》再次修订，改称"财政总会计"，规定它是各级财政机关核

---

① 1954年取消了"暂行"二字。

算、反映、监督国家和地方各级总预算执行的会计。

1989 年颁布新的《事业行政单位预算会计制度》，改称《事业行政单位会计》，为核算、反映和监督中央和地方各级事业行政单位预算执行和其他经济活动的专业会计。并将行政事业单位的预算管理方式区分为全额预算单位、差额预算单位和自收自支单位三种类型，并提出"三过渡"。预算管理方式的变化对预算会计框架产生了极大的影响。

1997—1998 年的改革奠定了现行预算会计制度框架。财政部于 1997年和 1998 年制定，发布了《财政总预算会计制度》《行政单位会计制度》《事业单位会计准则（试行）》和《事业单位会计制度》，并于 1998 年 1月 1 日起实施，由此形成了现行预算会计体系的制度框架。

（二）现行的预算会计体系构成

如图所示，我国现行的预算会计体系由三大部分构成：财政总预算会计、单位预算会计、参与预算执行的会计。

1. 财政总预算会计是各级政府财政部门核算、反映和监督政府财政总预算执行情况和结果的一门专业会计。我国实行一级政府一级预算，共分五级政府五级预算。财政总预算会计核算的是各级政府的财政预算资金，实质上是"资金会计"，不核算政府的实物资产。政府的实物资产由单位预算会计核算。财政总预算会计核算的只是财政资金在某一阶段的活动及结果，不核算财政资金流转的整个过程。

从预算的支付周期来看，在没有实行国库集中支付的情况下，总预算会计只核算到拨款阶段，在实行国库集中支付的情况下，总预算会计在付款阶段做账。但无论是哪种情况，总预算会计都有一个特点：只核算"钱"的流动，不核算"物"的增减变动情况。如某预算单位在预算年度有一笔 100 万元的固定资产购置支出，总预算会计只反映 100 万元的预算支出，但在总预算会计账上并不反映这 100 万元的固定资产。总预算会计核算预算的执行情况：预算收入是多少，预算支出①是多少，预算赤字或结余是多少。但总预算会计不核算"钱花在了哪些地方"。"钱花在了哪些地方"由各预算单位核算。如同一个接力棒，总预算会计与单位预算会计一起反映了预算资金的全貌。

2. 单位预算会计

这里的单位指预算单位，预算单位是纳入预算管理的单位，预算管理也即预算的收支管理。依据单位收支与预算收支的关系可将预算单位分为

---

① 　预算支出指花了多少钱，依据对预算支出的界定标准，预算支出实现了多少。

全额预算管理单位和差额预算管理单位。行政单位是全额预算管理单位，而事业单位中有些是全额预算管理，有些是差额预算管理，还有些是自收自支的事业单位。①

（1）行政单位会计

行政单位会计是核算、反映和监督各级人民政府行政机关以及实行行政单位财务管理的其他机关、政党组织预算执行情况及其结果的专业会计。我国行政单位会计中的"行政单位"包括：行政机关、国家权力机关、审判机关和检察机关、政党组织。这些组织的特点共同表现为，都属于非物质生产部门，不能通过市场交换取得资金来源。

根据行政隶属和经费申报关系，行政单位会计组织系统分为主管会计单位、二级会计单位和基层会计单位三级。

主管会计单位和二级会计单位的主要区别在经费申报和预算管理方面。二级会计单位向主管会计单位申报经费并发生预算管理关系，主管会计单位向同级财政部门申报经费并发生预算管理关系。因此，二级会计单位的经费是通过主管会计单位向同级财政部门申报取得的。二级会计单位不能直接向财政部门申报预算经费。

基层会计单位是指有上级会计主管单位，但没有下级会计单位的行政单位。如果某行政单位没有上级会计单位，也没有下级会计单位，那么这个行政单位就既是主管会计单位，又是基层会计单位。一般来讲，基层会计单位不能直接向本级财政部门申报经费，对于没有下级会计单位的主管会计单位是唯一可以向本级财政部门申报经费的基层会计单位。

二级会计单位可能存在若干个层级上，基层会计单位也可能存在若干个层级上。

无论是主管会计单位、二级会计单位、基层会计单位，都是行政单位。三个单位都是独立核算的会计主体②，每个单位都独立编制单位的会计报表。

（2）事业单位会计

事业单位会计是核算、反映和监督各级各类事业单位预算执行情况及其结果的专业会计。事业单位与企业的区别在于前者不以营利为目的，与行政单位的区别在于不具备社会管理职能。事业单位会计具有的特征：

---

①　全额、差额、自收自支是表示日常收入与财政资金的关系，不代表净资产的性质。事业单位的净资产仍然是政府，是国有非营利组织。

②　对于不能独立核算的基层会计单位，实行单据报账制度，作为报销单位管理。

①收入来源多渠道。

②支出使用多用途。

③事业活动与经营活动区别核算。

从行政隶属关系看，事业单位一般从属于有关的行政主管部门或行业行政主管单位。事业单位会计组织系统也分为主管会计单位、二级会计单位和基层会计单位。与行政事业单位从形式看分类是一致的，但与行政单位的不同在于，事业单位很多属于二级会计单位，上级主管会计单位为行政单位。现行的预算会计体系如图 4-1 所示。

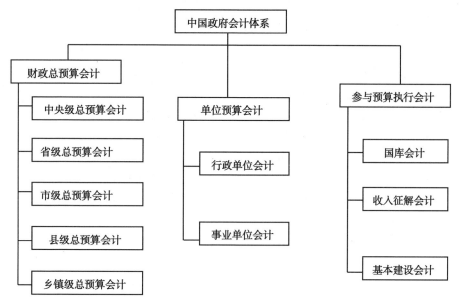

图 4-1　现行预算会计体系构成

3. 参与预算执行的会计

预算收入由组织收入的单位收取，在我国组织收入的单位包括税务部门、海关和财政部门，这里我们假设全部通过税务部门组织。在国库集中收付制度下，财政收入都缴入国库。如税务部门收取一笔 200 万元的税款，由纳税人直接入库，税务部门依据国库部门的收款凭证，在税收会计中做出记录。这里涉及税收会计、国库会计。财政部门依据国库部门的收款凭证，在总预算会计中做出记录。从这里可以看出，总预算会计是核心，税收会计和国库会计只是辅助，尤其是税收会计只是起到一个对账的作用，数据也用于税务部门的税收分析。国库会计不同于中央银行的单位会计。国库是国家金库，国库会计核算的是财政资金的收支及结余情况。

在中央银行的资产负债表中，有"财政存款"一项，核算的是政府存在中央银行的存款。国库会计可看作是"财政存款"的明细表。国库会计由中央银行来核算。

二　政府会计主体模式

在政府会计中存在基金主体和政府单位主体两种。单位主体包括"政府"主体和"机构"主体。单独以"政府"为主体的模式下，政府核心部门为政府会计的中心，预算单位为辅助，预算单位不是独立的核算主体。单独以"机构"为主体的模式下，各预算单位为政府会计的中心，核算预算单位的收支及财务状况情况。预算单位的收入来自于财政部门的拨款，支出用于提供具体的公共产品。我国的政府会计主体选择的是单位主体的形式并且是以"政府"主体为主，"机构"主体为辅。

我国的预算体系中包括公共预算、政府性基金预算、社会保险基金预算、国有资本经营预算。首先，政府性基金虽然称作"基金"，但并不是真正意义上的基金。界定基金会计主体通常认为应具备以下标准：（1）经中央政府批准或中央政府授权省级地方政府批准成立特定事项（或称项目）的资金；（2）要求资金单独运行，单设全套账户核算并编制财务报表；（3）有财政拨款，并单独编制政府基金预算。由此可以看出，政府性基金不能全部符合基金的含义，或者说，政府性基金中的绝大部分应算作公共财政预算。从具体核算中看，各基金并不分开按照各自对应的资产、负债及净资产来核算，而是单位主体的组成部分。最具基金性质的是社会保险基金和国有资本经营基金。《社会保险基金会计制度》自1999年7月1日起执行。制度中单独设置了与社保基金有关的会计科目，要求社会保险经办机构单独编制基金会计报告。可以说，我国的社保基金已经基本符合了基金会计的要求。对于国有资本经营，财政总预算会计中设置了"国有资本经营预算收入"和"国有资本经营预算支出"，作为总预算会计的一部分，由总预算会计核算，没有单独的国有资本经营会计制度。国资委编制的国有资本经营预算是"国有资本经营预算收入"科目的分级预算。

总体来讲，我国现行的政府会计主体基本上除了社会保险基金之外，是以"组织"为会计主体的，并且是以"政府"为主导。在第三章"政府会计模式的基本理论"中提到，以"机构"为会计主体符合新公共管理强调放权的思想，有利于激励"机构"进行财务管理的积极性，有利于评价政府绩效；在政府会计目标的取向上偏重"管理取向"。以"基

金"为会计主体能体现专款专用原则，利于对财政资金的监督；在政府
会计目标的取向上偏重"控制取向"。其中各有利弊，对政府会计模式的
选择要结合本国具体的政府会计环境。并且，在政府会计主体模式的选择
上，"组织"模式与"基金"模式也不是完全排斥的。

三　预算会计与政府会计关系模式

我国的政府会计是服务于政府预算管理需要的。《总预算会计制度》
第四条规定："总预算会计的主要职责是进行会计核算，反映预算执行，
实行会计监督，参与预算管理，合理调度资金。"《行政单位会计制度》
第一条规定："为了适应我国社会主义市场经济发展的需要，规范行政单
位会计核算行为，保证会计信息质量，根据《中华人民共和国会计法》
制定本制度。"第十二条规定："会计信息应当符合国家宏观经济管理的
要求，适应预算管理和有关方面了解行政单位财务状况及收支结果的需
要，有利于单位加强内部财务管理。"《事业单位会计准则》第一条规定：
"为了规范事业单位的会计核算，保证会计信息质量，促进公益事业健康
发展，根据《中华人民共和国会计法》等有关法律、行政法规，制定本
准则。"第四条规定"事业单位会计核算的目标是向会计信息使用者提供
与事业单位财务状况、事业成果、预算执行等有关的会计信息，反映事业
单位受托责任的履行情况，有助于会计信息使用者进行社会管理、做出经
济决策"。

由此可以看出，从目的上看，总预算会计的目的是为了反映预算执
行，通过会计监督，服务预算管理；行政单位会计的会计信息应符合国家
宏观经济管理的要求，适应预算管理等的需要，事业单位的目的广泛一
些，也包括预算执行。

总预算会计处于核心地位。预算收入由收入征收机关征收后，总预算
会计根据国库部门的收款凭证记录收入实现。支出方面，从支付周期看，
在国库集中支付情况下，总预算会计在付款阶段记录支出，但不记录实
物，实物由预算单位核算。总预算会计与预算单位会计构成了全部的预算
执行情况。如图4-2所示。

总体来讲，我国的政府会计不独立于预算。依据本书对预算会计及政
府财务会计的定义，可以看出，我国现行的"预算会计"体系，是反映
预算执行情况的政府财务会计，不存在本书所界定的预算会计。

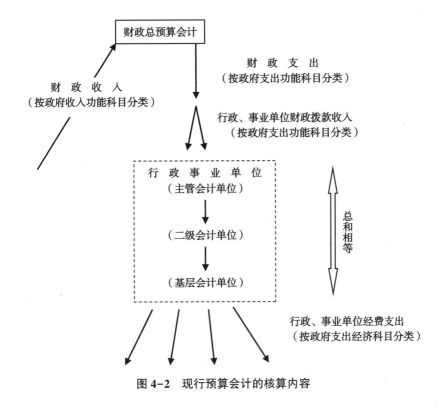

图4-2　现行预算会计的核算内容

四　现行政府会计中的会计基础

我国政府预算采用的是收付实现制，即预算收支的确认标准为是否有现金的收付。政府会计①方面，基本上以收付实现制为主。

根据财政部年发布的《财政总预算会计制度》的规定"财政总预算会计核算以收付实现制为基础"。可见作为财政总预算会计中重要会计要素之一的负债，其确认必定是以收付实现制为基础。在2001年，财政部又印发了《财政总预算会计制度暂行补充规定》，其中规定"中央财政总预算会计对于个别事项按照权责发生制原则待年终结账时所确定当年应支未支的数额，列作当年的预算支出，并通过'暂存款'反映政府负债，下年度实际支付时，再冲减'暂付款'"。这些个别事项包括"①预算已经安排，由于政策性因素，当年未能实现的支出；②预算已经安排，由于

---

①　因从本质上讲，我国现行的预算会计为政府财务会计。所以，这里所讲的政府会计的会计基础选择为政府财务会计的会计基础选择。

用款进度等原因，当年未能实现的支出；③动支中央预备费安排，因国务院审批较晚，当年未能及时拨付的支出；④为平衡预算需要，当年未能实现的支出；⑤其他"。由此可见，我国现行财政总预算会计基础其实是修正的收付实现制。①

行政单位会计采用收付实现制。《行政单位会计制度》第十七条规定："会计核算以收付实现制为基础。"事业单位会计处理比较复杂。2012 年 12 月 5 日颁布的《事业单位会计准则》第二条规定："本准则适用于各级各类事业单位"，第三条规定："事业单位会计制度、行业事业单位会计制度等，由财政部根据本准则制定。"可见，不同的事业单位采用的是不同的会计制度。第九条规定："事业单位会计核算一般采用收付实现制；部分经济业务或者事项采用权责发生制核算的，由财政部在会计制度中具体规定。行业事业单位的会计核算采用权责发生制的，由财政部在相关会计制度中规定。"事业单位会计制度基本上也是采用收付实现制。

对于特殊类型的事业单位，如医院、公用事业单位（供水供热），采用的是权责发生制。其中，医院采用的是《医院会计制度》，公用事业单位采用的是企业会计制度，所以，虽然都是事业单位，虽然都没有依据《事业单位会计制度》，但处理方式还是不一样。事业单位是否要纳入"政府会计"的范围，即对事业单位的政府会计处理上，要和我国的事业单位改革相联系。原则上讲，对于企业化经营的事业单位，不应纳入政府会计主体。对于全额预算管理的要纳入，对于差额预算管理的（自身有收入来源，但还是属于需要政府财政补贴的行业），也应纳入政府会计主体的范围。

五 政府预算与政府会计基础关系再思考

政府预算与政府会计看似两个不同的领域，从表面看，政府预算与政府财务会计是两个相对独立的系统。依据《预算法》和《政府会计准则——基本准则》，二者至少存在以下区别：（1）存在的目的不同 。政府预算存在的目的是为了规范政府收支行为，强化预算约束，加强对预算

---

① 修正的收付实现制有附加期和附加披露两种形式，很显然，我国采用的并不是这两种形式中的一种，但又不是完全的收付实现制。其实，很少有国家采用完全的收付实现制和完全的权责发生制，二者可以看作是会计基础的两个极点，其余的都是处于两个极点之间的选择。

的管理和监督，建立健全全面规范、公开透明的预算制度，保障经济社会的健康发展。政府财务会计的目的是为了规范政府的会计核算，保证会计信息质量。（2）基础不同。政府预算的预算基础为收付实现制，而政府财务会计的会计基础为权责发生制。（3）形成的报告不同。政府预算形成的是预算报告，其要素包括预算收入、预算支出和预算结余。而政府财务会计形成的是政府财务报告，其要素包括资产、负债、净资产、收入和支出。

但从本质上来说，二者又是相通的。梳理和探寻二者之间的本质关联对于其各自的研究都大有裨益。

（一）政府预算活动与政府财务会计核算对象的关系分析

一般认为，政府预算是指经法定程序审批的具有法律效力的政府财政收支计划。有狭义和广义之分。狭义的政府预算指具有法律效力的文件，广义的政府预算则包括预算编制、预算审批、预算执行和调整、决算、预算监督等整个预算过程。从政府预算的内容上看，政府预算收支体现着政府掌握的财政资金（非公共资源）的来源、流向及规模。先有预算再有财政活动是现代民主国家的核心特征之一，不允许有任何没有经过预算或超过预算边界的财政收支。

政府预算的灵魂在于其法治性。现代政府预算制度最早出现在英国。产生之初是为了对国王的课税权进行限制，要求国王在为了取得财政收入而开征新税或增加税负时必须经过代表资产阶级利益的议会同意。而后发展到政府各项财政收支必须事先作计划，经议会审查通过后才能执行。到1640年资产阶级革命后，英国的财政权已受到议会的完全控制，议会核定的国家财政法案政府必须遵照执行，在收支执行过程中要接受监督，决算必须报议会审查。1688年，规定国王的私人支出与政府的财政支出区分开。1689年英国通过了《权利法案》，重申财政权永远属于议会。18世纪末，英国首相威廉·皮特于1789年在议会通过了《联合王国总基金法案》，把全部财政收支统一在一个文件中，至此才有了正式的预算文件；19世纪初，英国才确立了按年度编制和批准预算的制度。

政府预算经立法机构批准后具有法律效力，不允许有任何不受预算约束的财政行为。在预算执行过程中因特殊情况需要修改调整预算的，必须要按照法律程序。预算的完整性是法治性的体现，要求政府预算应包括政府全部的预算收支项目，以完整反映政府的全部财政收支活动，全面反映政府活动的范围和方向，不允许在预算规定范围之外还有任何以政府为主体的资金收支活动。

政府介入来自于市场失灵。政府职能包括资源配置、收入分配、宏观经济调控。政府职能也可分为社会管理职能和履行国有资产所有者职能。政府职能的履行有些会引起公共资源的变动，有些不会。政府财务会计记录的就是公共资源在某一时期的变动及在某一时点的结存情况。政府收支理应包括政府履行其职能所引起的各种形式的"资金"收支。但由于预算基础不同，"资金"收支的口径也就不同。收付实现制预算基础下，"资金"收支仅指货币资金形式的收支。对于非货币资金形式的公共资金的收支并不在收付实现制预算之内。政府预算活动带来的资金运动是政府财务会计的会计对象的一部分。详细分析见第六章第一节。

从形式上看，政府预算是关于政府财政收支计划的报表或报表体系。政府预算特质之一就是法律性，政府所有的涉及公共资源价值变动的行为都应该由政府预算来约束和规范。换言之，不在政府预算范围内的政府行为是法律所不允许的。为什么会出现与预算收支活动无关的政府会计对象？根源就在于政府预算基础与政府财务会计基础不同，前者是收付实现制，后者是权责发生制。单从提供的财务信息上看，如果政府预算与政府会计全部是权责发生制，政府财务会计的会计对象就是政府所有的预算活动引起的资金运动。政府财务会计记录的就是政府预算的执行情况。

《预算法》第四条明确规定"政府的全部收入和全部支出都应纳入预算"，即通常所说的"全口径预算"。从预算基础的角度，"全口径预算"包括两层含义。首先，无论是何种预算基础，不存在任何预算外收支，"全部"收支都应纳入预算；其次，不同的预算基础意味着不同的"全部"的标准，如在收付实现制预算下，政府以非货币资产对外出资不影响预算收支，但在权责发生制预算下却不同。

总之，政府会计核算的内容最初源自于政府的预算活动，最本源的是公共资源受托。预算基础的选择决定着纳入预算监督的公共资源的口径。收付实现制的预算基础使得预算资金仅是公共资源的一部分，预算活动仅是政府会计核算的一部分。预算法并不必然对不属于预算资金的公共资源有约束效力。

（二）政府会计是政府预算管理的方法和工具之一

预算管理是财政管理的核心，具体内容表现为政府依据相关的法律法规对预算过程中的预算决策、资金筹集、分配、使用及绩效等进行的组织、协调和监督等活动。标准预算周期是从时间序列上将预算管理划分为预算编制、预算执行、决算三个标准阶段。任何时候政府部门的预算管理都会处于预算年度的不同阶段中。财务会计核算的是已经发生的交易，政府财务会计核算的是以政府为会计主体发生的行为所带来的资金运动情况。故从预算周期看，政府财务会计核算是政府预算的执行环节。如果是权责发生制预算，政府财务会计核算的就是预算的执行情况。如果是收付实现制预算，预算收支活动仅是政府财务会计核算的一部分。严格来讲，不允许存在任何没有经过预算的政府行为。

政府预算收支分类也即政府收支分类，是预算管理的基础性工作，也是政府会计科目设置的依据。企业会计的重要性对于企业的运营管理不言而喻，政府会计虽在若干方面与企业会计存在诸多的不同，但其所起到的基础性作用是一样的。并且由于公共部门的特殊性，政府会计对于整体经济效率的影响或更甚于企业会计。通过对预算执行阶段的财政交易活动进行确认、计量、记录和报告，追踪预算资金的流向，实现预算过程的有效控制。如监督各机构遵守预算与相关法律法规的情况、控制政府支出与现金流量、评价政府运营的成本与财务效果等。恰当的政府会计与财务报告制度，将会有效提升政府预算的透明度与管理绩效。

（三）政府会计是推行绩效预算的必要条件

政府预算制度从产生到现在模式发生了相当大的变化，绩效预算越来越被采用。政府预算有若干不同形式的分类，依据预算编制的导向不同，可将政府预算分为投入预算和绩效预算。投入预算指在编制、执行时主要强调严格遵守预算控制规则，资金不能在不同预算项目之间转移。预算反映的是投入，是政府对资源的使用，而不是结果或产出。投入预算的政策重点在于如何控制资源的投入和使用，保证预算按预定的规则运行，而不强调是否达到政府的政策目标，投入与产出的效率如何等。

绩效预算强调投入与产出的关系，即政府通过公共产品服务收益与成本的比较，要求以最小的投入取得最大的产出。其宗旨在于有效降低政府提供公共产品的成本，提高财政支出的效率，进而达到约束政府支出的盲目扩张，提高整体经济效率。绩效预算又被称为以结果为导向的预算。绩效预算的目标是政府工作的"结果"，而不是政府机构工作的直接"产出"。绩效预算的"绩"指财政拨款要达到某一具体目标或计划，即绩效目标。"效"指使用财政性资金所带来的产出和结果指标，包括量的考核指标和质的考核指标两部分。由于公共物品和劳务的外部性特征，其绩效或许较难直接计量。在绩效预算中，公共劳务成本也是一个重要的指标。指完成业绩所需的拨款额，包括人员工资和各种费用在内的全部成本。

但绩效预算与收付实现制的预算基础不匹配。绩效预算编制的重点是衡量完全成本、估计工作量和单位成本。要做到"预算编制有目标、预算执行有监控、预算完成有评价、评价结果有反馈、反馈结构有应用"，离不开权责发生制的政府财务会计。真正意义上的绩效预算需要权责发生制的政府财务会计。

（四）预算主体与政府会计主体之间密切相关

按预算编制主体可将政府预算分为单位预算、部门预算和总预算。部门预算由单位预算构成，总预算由部门预算构成。对于政府会计主体，我国《政府会计准则——基本准则》中规定："本准则适用于各级政府、各部门、各单位（以下统称政府会计主体）。前款所称各部门、各单位是指与本级政府财政部门直接或者间接发生预算拨款关系的国家机关、军队、政党组织、社会团体、事业单位和其他单位。"由此可见，此处的政府会计主体与预算单位密切联系。政府财务会计首先是预算单位会计，其次是体现不同层次的政府整体财务报告。

总之，政府预算的内涵和外延要大于政府会计，而政府会计的内涵和外延又大于政府预算。但如果考虑到政府的公共受托责任，二者无论是从各自存在的目的还是具体的操作上，都存在密切联系。

第五节　现行政府会计中的政府资产与负债

我国一直以来都没有"政府会计"的提法，大家习惯的叫法是"预算会计"，现行的"预算会计"就是我国的政府会计。从前文中对预算会计和政府财务会计的界定看，是政府财务会计。现行财政总预算会计、行政单位会计和事业单位会计都提供各自的会计报表，反映各自的资产、负债、净资产、收入和支出。但总预算会计和预算单位会计核算的经济业务存在很大的不同，从资金运动的环节上看，核算侧重的环节是不一样的。国库集中支付制度和收付实现制的会计基础使得这些会计核算交织在一起。了解政府会计提供的财务信息必须要从国库集中支付制度入手。

一　关于国库集中支付制度①

国库集中支付制度是对预算资金的分配、资金使用、银行清算及资金到

---

① 对国库集中支付具体程序的介绍，不大像一本学术专著要讨论的风格。这里对其进行剖析的原因主要在于讲清楚我国现行的政府财务会计究竟提供什么样的财务信息，而不是笼统归结为不能提供准确的财务信息。财务会计是对主体所发生的经济业务带来的资金运动的描述，国库集中支付制度无疑要讲清楚。

达商品和劳务供应者账户的全过程集中进行全面的监控的制度。具体表现由财政部门集中支付，由"一"到"多"。各预算单位能花多少钱、能把钱花在哪些地方，其实在预算编制时已经定下来了。[1] 但实际要支付给商品或劳务的供应商时要经过财政部门审核，由财政部门支付。国库集中支付制度的要点表现在：（1）财政部门在国库或国库指定的代理银行[2]开设统一账户，各单位在统一账户下设立分类账户，实行集中管理，预算资金不再拨付给各单位分设账户保存，在拨款成立时，预算单位的分类账户上是没有资金的。（2）各单位根据自身履行职能的需要，可以在经批准的预算项目和额度（拨款额）内自行决定所要购买的商品和劳务，但要由财政部门直接向供货商支付货款，不再由预算单位分散支付。（3）除某些特殊用途外，购买商品和劳务的资金都要通过国库直接拨付给商品和劳务供货商。

　　集中支付是和分散支付[3]相对应的。在采用国库集中支付之前，财政

---

[1]　从支付周期的角度，是拨款额。

[2]　此代理银行为商业银行。

[3]　对于分散支付的批判，大概从以下几点：（1）缺乏严格的预算约束和预算监督机制，易滋生腐败和寻租；（2）财政资金周转过程中的沉淀资金分散于各部门和各单位，不利于充分发挥财政资金的使用效益；（3）不利于预算管理制度的全面改革，比如，编制部门预算和实行政府采购制度等。对于第1条，是否按预算编制执行与是否是分散支付并无必然联系，分散支付不是寻租的充分条件，也不是寻租的必要条件。如果①预算编制科学，各预算单位花多少钱合情合理，不多不少；②支出的信息是透明的；③事后的审计及惩处机制是健全的；不用集中支付也能达到"合规性"目标。对于第3条，部门预算的核心就是按部门编制预算。以前是按支出功能和收入类别编制预算。财政部不知道一个部门到底能拿多少钱。编制部门预算要求各部门必须将本部门所属各司局、各基层单位所需各类不同性质的资金，综合为统一平衡的部门预算。财政部只按部门的口径，统一审核，批复预算，划拨资金。问题是：部门预算与国库集中支付制度之间有何关联？部门预算仅是预算编制的技术性问题，目的在于能反映出来各部门的所有收支，"支"也即拨款额，是整个部门的拨款额。这与支付的形式无必然联系。政府采购制度是以公开招标、投标为主要方式选择供货商（厂商），从国内外市场为政府部门或所属团体购买商品或劳务的一种制度。政府采购制度是与"供给制"和"控购制"相对的。在"供给制"下，财政部门是选购商品的主体，商品的使用者只能被动地接受商品。"控购制"与短缺经济、指标审批、短缺商品相联系。政府采购更侧重于一种"制度"，是制度创新，能保证政府买到性能最佳和价格低廉的商品和劳务。与是否集中支付也无必然联系。对于第2条，"沉淀资金"怎样理解？是预算年度开始拨款额是2000万元，一下子拨过来，2000万元逐笔支出，到年底才全部支出，是在支出之前任何一个时点所剩的资金？还是年度额度是2000万元，到年底剩了200万元？两个都不合理。预算由立法机构通过即拨款成立，各预算单位就有了预算中列明的支出额度。此时将资金打到预算单位的账户上，这种做法是不现实的，也没有必要。不现实在于此时财政还没有财政收入，财政收入是陆续取得的，收入和支出是两条线，也是同时进行的，从2016年1月1日起开始执行2016年预算，从理论上讲，在这个时点上财政收入是零，拿什么拨到预算单位账上？没必要在于预算单位的支出也是一笔一笔支付，2000万的额度，是2016年全年的额度。"小钱"汇集成了"大钱"。说到底是为了提高财政资金的管理效率（类似于企业的现金管理）。

资金采用的是分散支付。分散支付就是将预算确定的各部门和各单位年度支出总额按期拨付到各部门和各单位在商业银行开设的账户，由各部门各单位分散支付使用。

政府预算的编制是从下而上的，预算额度是法定的，集中支付制度的核心是财政部门集中掌握预算资金的支付权，但并不根本改变各预算单位对预算资金的支配权和使用权。将采购资金直接由国库拨付给商品和劳务供货商，财政部门可以掌握资金的最终流向，杜绝在预算执行中克扣、截留、挪用等现象。

公共资金运动包括"收、支、用、管"四个环节，国库集中支付下有具体的表现形式。财务会计是对资金运动过程的描述，笔者试图借助于这四个环节描述公共资金的运动。在国库集中支付下，"收"——私人部门的资金以税收的形式转换成了公共部门的资金；"支"——国库集中支付机构将公共部门的资金支付给了商品或劳务的供应商，重新流入私人部门；"用"——各预算单位具体将资金用于了哪些地方？也可理解为提供了哪些公共产品；"管"——各预算单位对于预算支出形成的资产的日常管理和财政部门对财政资金的管理。公共资金的运动过程是政府会计核算的基础。

二　现行政府会计对政府资产的核算和报告

财政总预算会计与各预算单位编制的资产负债表反映的政府资产的内容，即我国现行政府会计核算的政府资产内容见表4-1。

表4-1　　　　　　　我国现行政府会计核算的政府资产内容

总预算会计①	行政单位会计	事业单位会计
国库存款	现金	现金
其他财政存款	银行存款	银行存款
有价证券	有价证券	零余额账户用款额度
在途款	暂存款	短期投资
暂付款	库存材料	财政应返还额度

---

① 根据最新的《财政总预算会计制度》的规定，资产类会计科目为：国库存款、国库现金管理存款、其他财政存款、财政零余额账户存款、有价证券、在途款、预拨经费、借出款项、应收股利、与下级往来、其他应收款、应收地方政府债券转贷款、应收主权外债转贷款、股权投资、待发国债。

续表

总预算会计	行政单位会计	事业单位会计
与下级往来	固定资产	应收票据
预拨经费	零余额账户用款额度	应收账款
基建拨款	财政应返还额度	预付账款
财政周转金放款		其他应收款
借出财政周转金		存款
待处理财政周转金		长期投资
		固定资产
		累计折旧
		在建工程
		无形资产
		累计摊销
		待处理资产损溢

原《财政总预算会计制度》将资产定义为"一级财政掌管或控制的能以货币计量的经济资源"。新《财政总预算会计制度》将资产定义为："政府财政占有或控制的，能以货币计量的经济资源。"笔者认为可分为两类，一类为国库存款，这部分为历年预算资金和政府通过发行国债取得的资金的结余；另一类为与预算单位或其他财政部门之间的往来款项，构成了总预算会计的资产，同时也是预算单位的负债。

《行政单位会计制度》将资产定义为"是行政单位占有或者使用的，能以货币计量的经济资源。包括流动资产和固定资产"。行政单位是预算单位，收入完全来自财政拨款。理论上讲，行政单位的资产是预算拨款形成的资金存量。例如2000万元的预算支出，具体支出（流出政府，流向私人部门）是由预算单位进行的。假设500万元直接费用花了，500万元买了大宗材料，1000万元购置了固定资产。资产负债表上将会显示1500万元的资产额。

《事业单位会计准则》将资产定义为"事业单位占有或者使用的能以货币计量的经济资源，包括各种财产、债权和其他权利"。从性质上讲事业单位与行政单位是不同的，表现在资金的来源和支出的范围不同。所以，事业单位在会计科目的设置上既有行政单位的特点又有企业的特点。

国库集中支付包括直接支付和授权支付两种做法。财政直接支付的流

程图如下（见图4-3）

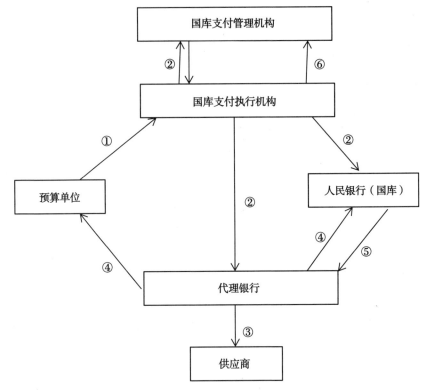

图4-3　财政直接支付的流程

①预算单位按照经批复的部门预算和资金使用计划，在相应的经济业务发生后向财政国库支付执行机构提交《财政直接支付申请书》。

②财政国库支付执行机构根据经批复的部门预算和资金使用计划及相关要求对预算单位提交的《财政直接支付申请书》审核无误后，开具《财政直接支付清算汇总通知单》和《财政直接支付凭证》，经财政国库管理机构盖章后，分别送中国人民银行和相应的代理银行。

③代理银行根据收到的《财政直接支付凭证》，以垫付资金的方式将资金直接支付给有关预算单位的商品或劳务供应者。

④代理银行于当日填写《财政直接支付申请划款凭证》，向中国人民银行提出资金清算申请；同时，代理银行再开具《财政直接支付入账通知书》，发给有关的预算单位，作为预算单位取得财政拨款的依据。

⑤中国人民银行将代理银行发来的《财政直接支付申请划款凭证》与财政国库支付执行机构发来的《财政直接支付清算汇总通知单》核对

无误后，于当日办理资金清算手续，将资金划给代理银行，以偿还代理银行垫付的资金。

⑥财政国库支付执行机构应当按日向财政国库管理机构报送《预算支出结算清单》。其中，列明财政直接支付的内容、数额和其他相关信息。

财政的资金在国库，真正要把钱花出去的是预算单位。国库集中支付，尤其是直接支付情况下，资金运动过程很明了：代理银行代国库支付执行机构把钱付给供应商，从会计主体来讲，商业银行、人民银行国库、国库支付执行机构、国库支付管理机构都是会计主体，只要有资金运动，有原始凭证，会计就要做账。

就政府会计而言，六个步骤中①②③不需要会计处理，关键是第④，得知发生了业务③，财政总预算会计、预算单位、国库都要进行会计处理。

例如，财政总预算会计收到财政国库支付执行机构报来的预算支出结算清单，财政国库支付执行机构以财政直接支付的方式，通过财政零余额账户存款账户支付有关预算单位的属于一般预算支出的款项共计80万元。财政总预算会计的会计处理"借：一般预算支出80万贷：国库存款80万"。对于预算单位而言，收到财政国库支付执行机构委托代理银行转来的财政直接支付入账通知书时进行以下会计处理：（1）对于经常性支出，"借：经费支出 贷：拨入经费"；（2）对于资本性支出，"借：经费支出贷：拨入经费"，"借：固定资产 贷：固定基金"，引起资产和净资产同增。

直接支付下，对预算单位而言，如果是经常性支出，资产是没有反映的；如果是资本性支出，预算单位的资产负债表中会有资产。对总预算会计而言，都是资产（国库存款）的减少。

财政授权支付指预算单位根据财政部门的授权，自行开具支付令，通过国库单一账户体系将资金支付到商品或劳务供应者账户的支付方式。财政授权支付的流程如图4-4所示。

①预算单位根据经批复的部门预算和资金使用计划，按照规定的时间和程序向财政部门申请授权支付用款限额。

②财政部门批准后，分别向中国人民银行和相应的代理银行签发《财政授权支付汇总清算额度通知书》和《财政授权支付额度通知书》。代理银行凭据《财政授权支付额度通知书》受理预算单位签发的支付指令，并与财政国库单一账户进行资金清算。

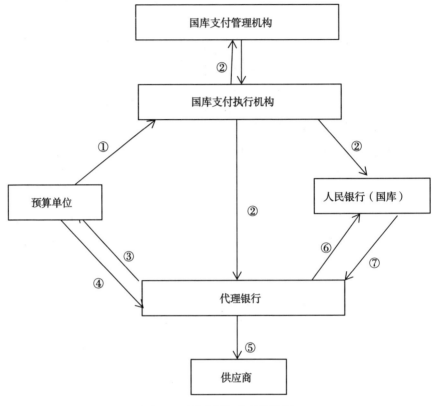

图 4-4　财政授权支付的流程

③代理银行在收到《财政授权支付额度通知书》后，向有关的预算单位发送《财政授权支付额度到账通知书》，作为预算单位财政授权支付用款额度增加的依据。

④预算单位凭据《财政授权支付额度到账通知书》，自行签发财政授权支付令，通知代理银行办理资金支付业务。

⑤代理银行根据预算单位提交的财政授权支付令，对其审核后，办理现金支付或转账支付的资金支付业务。

⑥中国人民银行以收到的《财政授权支付汇总清算额度通知书》为依据，在对《财政授权支付申请划款凭证》审核无误后，通过国库单一账户与代理银行进行资金清算。

⑦财政国库支付执行机构按日向财政国库管理机构报送《预算支出结算清单》。

财政总预算会计收到国库支付执行机构报来的预算支出结算清单，有关预算单位通过财政授权支付方式从预算单位零余额账户中支付属于一般预算支出，会计处理为"借：一般预算支出　贷：国库存款"。行政单位①收到代理银行转来的财政授权支付到账通知书时"借：零余额账户用款额度　贷：拨入经费"，②开具支付令时"借：经费支出　贷：零余额账户用款额度"，对于资本性支出"借：固定资产　贷：固定基金"。

总预算会计仍然是在"支"——资金流出公共部门的环节减少"国库存款"。预算单位收到授权支付到账通知书时，账上会增加一个"零余额账户用款额度"，是资产类账户，虽是预算单位的一项资产，但从政府整体资产负债表的角度，应属于需要抵销的部分。

国库集中支付不同于国库集中收付。若是国库集中收付，在取得收入环节，总预算会计处理为"借：国库存款　贷：一般预算收入/借入款"。我国现行的预算体系包括一般公共预算、政府性基金预算、国有资本经营预算、社会保险基金预算。各个预算都有相应的预算收支。原则上讲，各种形式的收入虽由某些部门组织，但并不属于征收部门的收入，如税收。有些虽由某职能部门管理，如社会保险基金，但与职能部门本身的收支活动有本质上的不同。

由以上分析可以看出，我国现行的政府财务会计体系虽然也提供相应的财务会计报表，但由于会计基础为收付实现制，提供的资产信息有很大的局限性。不考虑内部可抵销的经济业务，主要的资产信息是总预算会计中的国库存款和预算单位中的固定资产。

三　政府会计对政府负债的核算和报告

财政总预算会计及预算单位会计提供的资产负债表中对负债的反映，即我国现行政府会计核算的政府债务内容见表4-2。

表4-2　　　　　我国现行政府会计核算的政府债务内容

财政总预算会计	行政单位会计	事业单位会计
暂存款	应缴预算款	短期借款
与上级往来	应缴财政专户款	应缴税费
借入款	暂存款	应缴国库款
借入财政周转金	应付工资（离退休费）	应缴财政专户款
	应付地方（部门）津贴补贴	应付职工薪酬
	应付其他个人收入	应付票据
		应付账款

续表

财政总预算会计	行政单位会计	事业单位会计
		预收账款
		其他应付款
		长期借款
		长期应付款

我国现行的《财政总预算会计制度》对财政负债有标准的定义："负债是一级财政所承担的能以货币计量、需以资产偿付的债务。"核算负债的会计科目中："暂存款""与上级来往"和"借入财政周转金"这三个科目所核算的内容为政府组织内部的往来款项。只有以发行债券等方式举借的债务才是真正意义上的政府债务。

根据《财政总预算会计制度》的规定"'借入款'科目核算的是政府按照法定程序及核定的预算举借的债务"，因此当"政府发行债券或收到借入款项时，政府负债增加当债务到期偿还本金时，政府负债减少当支付债务利息时，政府预算支出增加"。在会计处理上，"实际收到借入款项时，借'国库存款'科目，贷'借入款'科目而债务到期归还本金时，借'借入款'，贷'国库存款'科目实际支付债务利息时，借'一般预算支出'科目，贷'国库存款'科目。'借入款'科目的贷方余额反映尚未偿还的债务"。因为依据的基本上是收付实现制，对于国债的利息支出部分只在实际支付利息时进行核算。

《行政单位会计制度》对负债的规定如下"负债是行政单位承担的能以货币计量、需以资产偿付的债务，包括应缴预算款、应缴财政专户款、暂存款等"。由于行政单位不经过特别批准是不能申请有偿性的借入款项的，所以行政单位的负债主要是由一些行政性收费、纳入财政预算外资金专户管理的财政性资金和一些待结算款项组成。此外，相关会计制度还规定行政单位的负债必须按月结清，所以行政单位的负债基本上都是短期的，而且从核算的分类上看，也没有流动负债和长期负债之分。总之，行政单位会计中的负债除了政府内部的往来款项外，只是应付工资（离退休费）。

《事业单位会计准则》将负债定义为"事业单位所承担的能以货币计量，需要以资产或者劳务偿还的债务"，"事业单位的负债按照流动性，分为流动负债和非流动负债"。

四　对现行政府会计提供财务信息的进一步分析

纷繁复杂的审批和单据背后的资金运动又是如何？会计核算的是资金运动，无论有几个步骤，与会计核算有关的仅是资金运动。

在财政直接支付方式下，财政部门选择有关的商业银行作为代理银行，并在相应的代理银行开设财政零余额账户。财政零余额账户不是实存财政资金的账户，它只是财政部门与代理银行间的一个临时结算过渡账户。每日终了，该账户的余额为零。在财政授权支付方式下，财政部门选择有关的商业银行作为代理银行，并在相应的代理银行开设单位零余额账户。单位零余额账户不是实存财政资金的账户，只是财政部门与代理银行间的一个临时结算过渡账户。①

支付周期中的"付款"环节由财政部门完成，具体来讲是由其代理银行完成。分散支付下，是由各预算单位通过其各自账户支付给商品或劳务的供应商。

预算单位本身没有收入，预算单位的收入来源于财政拨款，所以预算单位的收入与财政总预算会计的支出是一枚硬币的两面，而在国库集中支付制度下，预算单位的支出也是总预算会计的支出。直接支付下，"付款"完成，总预算会计"借：一般预算支出 贷：国库存款"，预算单位"借：经费支出 贷：拨入经费"或"借：固定资产 贷：固定基金"。授权支付下，"付款"完成，总预算会计"借：一般预算支出 贷：国库存款"，预算单位"借：经费支出 贷：零余额账务用款额度""借：固定资产 贷：固定基金"。

我国预算会计的五大会计要素：资产、负债、净资产、收入、支出。从收入、支出的角度看，总预算会计提供的价值更大一些，收入、支出都有价值。而预算单位会计的收入即总预算会计的支出，预算单位的支出从性质上与总预算会计的支出是一致的，从量上看与预算单位的收入也一致。资金从私人部门以税款的形式进入公共部门，在国库集中支付下，在公共部门内部不经过实际的流转，直接从国库支付给了商品或劳务供应商。财政部门的基本经济业务其实也不复杂：①取得收入；②国库支付。

总预算会计的资产都包括哪些？如果不考虑①（财政与预算单位的）内部往来，②投资（财政和预算单位），总预算会计的资产只有国库存款。负债为政府的借债（一般为发行的债券）。无论是收税取得的收入还

---

① 赵建勇主编：《预算会计》，上海财经大学出版社 2007 年版，第 62 页。

是借债取得的收入，都使得资产（国库存款）增加。同样在不考虑这两者的情况下，预算单位的资产和负债都包括哪些？预算单位的资产只有固定资产。国库集中支付下，预算单位账户上没有实际的资金，即使是在授权支付下，有"零余额账户用款额度"，性质上虽然是资产类，但从整体上看，在没开具授权支付令之前，这部分额度在总预算会计账上还是表现为"国库存款"。预算单位开具授权支付令之后，"零余额账户用款额度"减少，总预算会计的"国库存款"也减少。国库集中支付下，"付款"阶段完成后，资本化的部分形成了预算单位账上的"固定资产"，构成了预算单位资产的重要组成部分。

第三节　财政风险管理功能的缺失

财政风险管理需要政府资产和政府债务信息，政府会计是提供政府资产和政府债务信息的有力工具。但是，从以上对我国现行预算会计中对资产和负债的核算看，一方面无论是总预算会计还是预算单位会计提供的资产负债信息有限，同时，不提供政府整体的资产和负债信息。通过现行的预算会计体系无法得到真实的政府资产和政府债务信息。

一　政府资产未能得到真实体现

由以上分析可以看出，现行的政府会计虽然也提供资产负债表，但是提供的资产负债信息具有较大的局限性。资产中除了国库存款外，最重要的两项是固定资产和投资类资产。但现行的预算会计无法提供这两项资产的财务信息。

（一）固定资产

总预算会计中不核算实物资产信息，实物资产信息在单位预算会计中核算。所以，固定资产的核算本身不应该是总预算会计的职责，与总预算会计没有关系。固定资产核算的问题表现在不对固定资产计提折旧，造成固定资产的实际价值与账面价值相差太大。在行政单位的资产负债表中，固定资产占一定比例。对固定资产不计提折旧，主要是考虑到无须为重置固定资产积累资金，购置固定资产的资金主要通过财政预算资金届时安排。对固定资产不计提折旧，资产负债表中反映的是固定资产的原值。而在权责发生制会计基础下，资产负债表的固定资产项目反映固定资产的账面价值，为计提折旧和减值之后的余额。不计提折旧，就无法反映固定资产的实际损耗情况，无法如实反映固定资产的账面价值。在历史成本计量情况下，资产负债表中无法反映资产的真实状况，造成资产价值虚增，进而使得资产负债表提供的信息质量大打折扣，不利于运用资产负债表进行财政风险管理。事业单位会计中，不再是一律不计提折旧，但也是仅限于特殊行业。

（二）政府投资

在市场经济条件下，政府投资已从无偿拨款逐步发展到有偿贷款、国有股份等多种形式。总预算会计中的"有价证券"核算的内容很窄，只是财政部门利用财政结余资金购买的国债。行政单位会计中的"有价证券"是指行政单位按规定用结余资金购买的国债。事业单位会计中的"对外投资"包括债券投资和其他投资。债券投资指事业单位公司债券或国库券等进行的对外投资。其他投资指事业单位除债券投资以外的其他对外投资，如事业单位向合资、联营单位进行的投资。

笔者认为，首先这里的投资包括股权投资和债权投资。政府是一个特殊的经济实体。先从债权投资上来说，表现为政府将资金借给非政府部门，当然不包括政府内部财政部门对预算单位、上下级政府之间的资金拆借。在不考虑将资金借给国外债务人的话，政府的债权表现为政府将资金借给国内的其他经济实体。从实务中看，这种情况比较少见。即使是有助学贷款，一般也采用政府贴息的形式，由银行提供贷款。对于现行预算会计中核算的"有价证券"为国债，从本质上看，这是一项政府内部债务。对于分析政府整体的债务情况没有太大意义。持有的外国政府发行的债券是构成政府债权性质投资的重要部分。

构成我国政府投资的为股权投资。政府一般不会介入资本市场在公开市场上买卖股票，但是，政府也可以成为所有者，那就是国有企业的股东。按照政企分离的原则，政府是国有企业的股东。政府持有的国有企业的股权是政府的一项资产。不同的国家，国有企业占的比重不同。在我国，由于我国的特殊历史背景，曾经企业全部为国有企业，无论是竞争性还是非竞争性行业，甚至认为，国有企业是政府的一部分。后来，虽然也经历了一系列的国有企业改革。但是，国有企业在我国的经济总量中占的比重还是相当大。现在对国有企业股权管理的部门是国资委，但有两点需要说明：第一，并非所有的国有企业股权都归国资委来管理，还有一些由其他相关部门管理；第二，国资委对于国有股权的核算比较简单。

在财政总预算会计中，用"一般预算支出"科目核算政府的对外投资，并没有反映因对外投资而形成的国有产权；用"一般预算收入"科目核算国有资产出售、转让所得的款项，并没有反映因此而减少的政府对外投资资产；至于政府对外投资所形成的国有产权的营运情况，更没有在财政总预算会计中用任何科目进行核算，这不利于国有资产的保值增值，无法对国有资本的保值增值部分进行监督。用"一般预算支出"科目核算的政府的对外投资意味着这笔支出占用了预算年度的预算支出的额度，这样的投资只是整个的股权投资的一部分，甚至是一小部分。大部分持有的国有企业的股权是与预算支出无关的资产存量。对于这部分投资，现行的预算会计更是没有任何反映。

政府受托管理的公共资源中有些是不具备会计上的计量条件的，如古建筑和文物、国有土地、矿产等。与这些纯公共产品相比，政府持有的国有企业的股权更具备私人物品的特性，满足会计中确认和计量的要求。

二　政府负债未能得到真实反映

政府债务是财政风险的集中反映。从以上对我国现行预算会计对政府债务的核算看，提供的债务信息非常有限，大多属于政府内部的债务。政府债务可分为直接显性债务、直接隐性债务，或有显性债务，或有隐性债务。不同的财政风险的来源不同。一般来讲，发达国家的财政风险大多来源于政府的直接显性债务，如国债。而我国的财政风险主要是或有显性债务和或有隐性债务。但是我国现行的预算会计对或有显性债务和或有隐性债务没有核算，也没有在报表中进行披露。对于直接显性债务的核算也比较简单。

（一）国债①核算存在的问题

上文中所述，国债在总预算会计中通过"借入款"核算。在收付实现制的会计基础上，"借入款"科目只核算国债的本金，不反映国债的应计利息。

从我国的国债期限结构看，中长期国债占比重较大，且到期一次还本付息较多。在以收付实现制为会计核算基础的现行政府会计制度下，发行国债筹集资金与偿还利息发生在不同的预算年度和政府会计期间，实质是本届政府的举债带来了以后各届政府的本息支出。现有的预算会计对于国债不计提本会计年度应承担的利息，无法反映财政风险的真实状况。

（二）社会保险基金带来的政府隐性债务

社会保险是一种政府行为，政府是社会保险责任的最终承担者。我国的《社会保险法》于2011年7月1日起实施，其中"第五条：县级以上

---

① 　这里的国债指政府发行的国债（在我国主要是中央政府发行）。

人民政府将社会保险事业纳入国民经济和社会发展规划。国家多渠道筹集社会保险资金。县级以上人民政府对社会保险事业给予必要的经费支持。国家通过税收优惠政策支持社会保险事业。"由此看出，社会保险带有政府和个人双重性质，首先要由个人的缴费（包括个人和单位两部分）。但社会保险又不同于商业保险。"第六十五条　社会保险基金通过预算实现收支平衡。县级以上人民政府在社会保险基金出现支付不足时，给予补贴。"代表了政府责任。但法律中并没有规定具体的金额，而且只是提到给予补贴，并不是讲有多少缺口就给多少补贴。所以从本质上看，这部分债务还是隐性债务。

《社会保险基金会计制度》于1999年7月1日起执行，具体核算由社会保险经办机构进行。其中规定：经办机构按以下规定编制和提供社会保险基金财务会计报告：（一）经办机构应当按照本制度的规定编制和提供合法、真实和公允的社会保险基金财务会计报告。（二）社会保险基金财务会计报告由会计报表、会计报表附注和财务情况说明书组成。（三）经办机构对外提供的社会保险基金会计报表包括：（1）基本养老保险基金会计报表：资产负债表和基本养老保险基金收支表。（2）失业保险基金会计报表：资产负债表和失业保险基金收支表。（3）基本医疗保险基金会计报表：资产负债表和基本医疗保险基金收支表。[1]　其第四条规定：社会保险基金的会计核算采用收付实现制，会计记账采用借贷记账法。[2]　从实际运作情况看，以收付实现制为记账基础的会计核算，基本上能满足预算管理的需要。但随着社会保障体制改革的深化，社会保险基金逐步进入市场，社会保险基金经办机构的业务已不再是单纯地征收保险费或支付保险待遇，参保人、基金监督机构、基金管理机构都希望获得更全面、真实的财务信息。

在一些人口平均年龄较低和缴费情况良好的地区，社会保险基金的来源充裕。在收付实现制的会计基础上，社保基金的实际收入远大于实际支出，表面上看形成了大量的结余。但实际上，如果在人口老龄化的情况下，政府在未来的社保基金收入将会大于支出，如果出现经济发展缓慢甚

---

[1]　我国社保基金的核算已经采用基金会计的模式：有单独的会计制度、会计科目，单独编制会计报表。与社保基金经办机构的业务没有混同。

[2]　社会保险基金会计核算之所以采用收付实现制，主要是考虑到将社会保险基金纳入国家社会保障预算，以实际收到或实际支出的款项为确认标准，能如实反映国家社会保障预算的收入、支出和结存情况，防止社会保障预算虚收、虚支现象的发生。

至衰退时，情况会更糟。养老金的支付方式有先收现付式和基金积累制，这是一个养老保险的管理方式问题，不是一个会计问题。从政府债务的角度看，在完全的基金积累制下，个人退休后领取的养老金完全是自己缴付的养老保险及增值，也就是说，在完全的基金积累制下，不存在统筹账户。养老保险相当于强制存款。在这种情况下，不存在政府债务。政府只需负责对养老金的监管，甚至都可以不由政府部门来管理养老金。而在完全的现收现付制下，不存在个人账户，只有统筹账户。个人退休时领取的养老金与自己缴付的养老金没有必然的联系。这种情况下，缴付的社会保险金可以称之为社会保险税。个人缴付的社会保险金（包括个人和雇主）是政府的一项收入，以后的退休金的给付是政府的一项财政支出。如果不存在人口老龄化，并且经济发展较好，意味着社会保险基金的总体收入大于总体支出，政府不存在债务问题。但是如果人口老龄化，意味着在将来会有更多的人领取养老金和更少的人缴付养老金；如果经济增长乏力，个人收入水平较低，意味着缴费较少。在这种情况下，政府就存在了一项债务。

完全的现收现付制和完全的基金积累制是两个极点，一个国家在选择养老金的管理方式时往往会选择其中的一点，即两种方式相结合。我国采取的就是结合的方式。而且我国还面临着比较严重的人口老龄化问题，并且是在经济发展的不发达阶段。

政府的养老金隐性债务并不是指未来年度政府的支出金额，而是指收支的净额。如果考虑货币的时间价值，还应考虑到折现的问题。

（三）政府提供担保产生的或有负债问题

或有债务是可能发生也可能不发生的债务，最典型的是政府通过提供担保形成的债务。在我国主要存在于地方政府。

地方政府大量或有债务的存在有其深刻的背景，有宏观经济的问题，也有体制性的问题。近年来，地方政府需要进行大量的基础设施，但迫于收入来源不足的原因及预算的硬约束，相当一部分建设资金是政府通过设立投融资平台，由政府担保举借的。从所筹资金的运用上，大部分用在了公益性项目上。用于公益性项目意味着项目是不能回收资金的，这部分债务虽然是由政府担保，但实质上已经成为了政府的直接显性债务。对于政府担保的其他债务，可以视为或有债务。现行的政府会计对这部分债务不核算，也没有进行披露。从而不自觉地夸大政府可支配的财政资源，对政府财务报表使用者产生误导。从长远来看，不利于政府强化财政风险意识，对财政的可持续发展带来隐患。

　　根据审计署发布的 2011 年 35 号公告，地方政府性债务规模为 10.72 万亿元，政府负有偿还责任的债务占 62.62%，政府负有担保责任的债务占 21.8%。如图 4-5 所示。从举债主体看，由融资平台公司举借的债务占 46.38%。如图 4-6 所示。

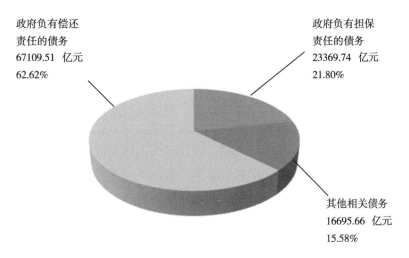

政府负有偿还
责任的债务
67109.51 亿元
62.62%

政府负有担保
责任的债务
23369.74 亿元
21.80%

其他相关债务
16695.66 亿元
15.58%

图 4-5　2010 年全国地方政府性债务规模情况

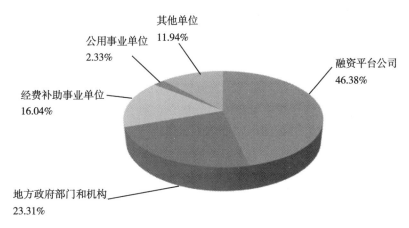

其他单位
11.94%

公用事业单位
2.33%

融资平台公司
46.38%

经费补助事业单位
16.04%

地方政府部门和机构
23.31%

图 4-6　2010 年年底地方政府性债务举债主体分类

三　未能提供政府整体的资产和负债信息

　　政府整体的资产负债信息由政府整体资产负债表提供。政府整体的资产负债表中的资产和负债包括以"政府"为会计主体的资产和负债。从会计报表的编制上看,是指政府整体的合并资产负债表。首先,政府内部的业务已经抵消;其次包括政府所有的符合资产和负债确认条件的资产和负债。

从我国现行的预算会计体系的设置,总预算会计、行政单位会计、事业单位会计核算政府资源的全貌,但相互之间是分开的。总预算会计信息因为与预算直接相关,相对来讲比较完整,至少能反映国库存款(没有拨款的资金存量)。预算单位会计的会计报表编制没有实现合并。从行政事业单位会计主体的设置上,分为主管会计单位、二级会计单位、基层会计单位。在实际工作中,各个单位都是独立的会计主体,分别编制报表。能实现从下到上的会计报表报送。并不要求各个部门编制合并的资产负债表,并且对外提供。更没有要求将全部部门的会计报表合并,编制合并会计报表。也没有要求将总预算和预算单位会计报表合并编合并报表。无法提供政府整体的资产负债情况。不利于对财政风险的反映和监督。

四　政府资产和负债信息披露不充分

政府财务报告由会计报表和报表附注构成。依据会计的核算标准,不是所有的资产和负债都符合确认的标准,但对于比较重大的资产和负债,如果满足资产和负债的披露条件,要在报表附注中进行披露。以便会计信息使用人获得更多有用的信息。

严格地说,我国至今还没有完全意义上的政府财务报告。我国的政府财务报告在相当大的程度上还只是预算执行情况报告,侧重于反映预算收支情况及结果,并没有提供更多的财务信息。对于自然资源和文化遗产,应该在报表附注中进行披露。对于政府的无形资产,如政府的特许经营权,也没有进行披露。

政府资产负债表(总预算资产负债表、行政单位资产负债表、事业单位资产负债表)反映的负债仅仅是部分的直接显性负债,对部分的直接显性负债及或有隐性负债没有反映,会计报告中也无披露相关信息。由此带来的后果是政府会计披露的财政负债规模远远低于实际存在的财政负债规模,可以预计到的财政负债风险也远远低于实际存在的财政负债风险,政府偿付债务能力和承担负债风险的压力均被低估,长此以往会给政府财政安全运行造成严重的负面影响。

五 新《预算法》背景下地方政府债务信息的局限性分析

学者们通常认为,我国地方政府债务的形成有若干因素,如分税制财政体制造成地方政府财力不足,地方政府面临 GDP 压力,而 2014 年修订之前的《预算法》不允许地方政府预算出现赤字,地方政府借债没有法律依据。面对这些情况,也是一种制度均衡,地方融资平台应运而生。这通常称为预算的软约束,即地方政府债务游离于预算之外。2014 年修订后的《预算法》赋予了地方政府发行政府债券的权利,并且明确提出政府的全部收入和支出都应当纳入预算,这为政府债务纳入预算管理提供了法律依据。2014 年国务院发布的《国务院关于加强地方政府性债务管理的意见》(国发〔2014〕43 号),提出把地方政府债务分门别类纳入政府预算管理。2016 年财政部出台了《地方政府一般债务管理办法》和《地方政府专项债务管理办法》,对地方政府债务纳入预算管理逐渐细化。

在《预算法》修订以前,将地方政府债务纳入财政预算,通过预算的法定性、严肃性对地方政府债务进行管理和规范,已经成为业界与学界的共识,同生辉、李燕(2014),马海涛、崔运征(2014)。在债务预算的模式选择上,马海涛、崔运征(2014)总结提炼出地方政府债务纳入预算管理的三种模式,即公共预算模式、附属预算模式和复式预算模式。并指出复式预算模式下的债务管理比较好地实现了"债务"与"预算"的统一,是债务纳入预算管理的最理想状态和最终模式。赵全厚、高娃、匡平(2016)经过对美国各州和地方政府资本预算管理的分析,提出我国应建立地方政府复式预算制度,债务发行规模不计财政赤字,纳入资本预算管理。马海涛、崔运征(2014)认为应从技术层面上,对债务预算的编制方法、债务会计核算体系以及总预算债务会计制度等进行明确和规范,从而为债务纳入预算管理奠定法律和微观基础。

以上分析可以看出,学者们对将政府债务纳入预算管理已经达成了共识。对债务预算包括的内容,编制主体等也都进行了研究。但即使是在《预算法》修订后,对以下问题还缺乏深入的研究:

1. 债务预算中的债务的范围究竟包括什么?对政府债务有不同的分类,有学者们的分类,也有相关部门实务工作中的分类。《一般债务预算管理办法》和《专项债务管理办法》中对纳入预算管理的债务范围有看似明确的规定。纳入预算管理的债务与这些分类之间有何对应关系?政府预算中的债务范围应如何界定?

2. 我国 2014 年修订后的《预算法》从法律上规定了地方政府债务要纳入预算管理，但这是否意味着编制了债务预算？与能反映政府资本性支出的资本预算相比又有何区别？

3. 政府债务管理需要什么样的财务基本信息？债务预算与政府会计之间有何关联？

鉴于此，笔者欲从对政府债务预算的基本概念探究入手，结合政府已经发布的相关文件，对地方政府债务预算及政府会计核算进行分析。

（一）新《预算法》涉及地方政府债务的内容分析

1. 新《预算法》涉及地方政府债务管理的规定

2014 年新《预算法》对地方政府债务管理做出了新的规定。《预算法》第三十五条规定，经国务院批准的省、自治区、直辖市的预算中必需建设投资的部分资金，可以在国务院确定的限额内，通过发行地方政府债券举借债务的方式筹措。举借债务的规模，由国务院报全国人民代表大会或者全国人民代表大会常务委员会批准。省、自治区、直辖市依照国务院下达的限额举借的债务，列入本级预算调整方案，报本级人民代表大会常务委员会批准。举借的债务应当有偿还计划和稳定的偿还资金来源，只能用于公益性资本支出，不得用于经常性支出。除前款规定外，地方政府及其所属部门不得以任何方式举借债务。除法律另有规定外，地方政府及其所属部门不得为任何单位和个人的债务以任何方式提供担保。国务院建立地方政府债务风险评估和预警机制、应急处置机制以及责任追究制度。国务院财政部门对地方政府债务实施监督。

新《预算法》允许地方政府举借债务，并不意味着各级地方政府可以随意负债。《预算法》对地方政府举借债务做出了限制性规定：

一是限制举债主体。发债的权利只能在省级政府层面，其他层级的地方政府均不能随意发债。

二是对发债规模进行限额管理。举借债务的规模，由国务院报全国人大或者全国人大常委会批准，省级政府在国务院下达的限额内举借的债务，列入本级预算调整方案报本级人大常委会批准。

三是限制举债资金用途。举借债务只能用于公益性资本支出，不得用于经常性支出。

四是对举债方式进行限制。举借债务只能采取发行地方政府债券的方式，不得采取其他方式筹措，除法律另有规定外，不得为任何单位和个人的债务以任何方式提供担保。

五是控制举债风险。举借债务应当有偿还计划和稳定的偿还资金来源，国务院建立地方政府债务风险评估和预警机制、应急处置机制以及责任追究制度。

2. 实施意义

（1）强化了政府预算的完整性

新《预算法》是实行"全口径预算"的，其中明确规定了必须将政府的全部收入和支出纳入预算。同时，新《预算法》要求地方政府的债务也纳入政府预算管理当中，接受人大的监督，可促进政府预算透明化和公开化的进程。

（2）债务资金利用效率的提高有助于整体经济效率的提高

一方面，政府预算透明化和公开化加强了公共监督的力度；另一方面，对债务资金用途的规定也合乎经济学的基本要求，减少了政府的"越位"和"缺位"的不合理现象。

（3）风险控制机制的建立意义深远

只有建立了完备的与市场经济相契合的债务风险控制机制，地方政府债务管理才能顺应整体经济发展趋势。

（二）纳入预算管理的地方政府债务范围探究

《地方政府一般债务预算管理办法》和《地方政府专项债务管理办法》中对纳入政府债务预算的一般债务和专项债务的范围做出了规定，但对文件的解读仅仅是对政府债务预算范围探究的开始。政府债务总的概念并非单指出于弥补财政赤字目的的发行的政府债券。

1. 地方政府性债务的不同分类

自 Hana Polackova 在 1998 年提出财政风险矩阵后，将政府债务分为显性债务、隐性债务、直接债务和或有债务成为了学者们常用的方法。相对于之前将政府债务限于国债，丰富了政府债务的内涵，也提供了研究政府债务的新思路和新方法。债务矩阵中理论上可以包括政府的所有债务，每一项政府债务都可以出现在政府债务矩阵中，只是所处位置不同。对一个国家财政安全造成潜在威胁的不是直接债务，而是或有债务。学者们普遍认为，我国的财政风险主要来源于地方政府，而地方政府的财政风险主要来源于地方政府或有债务，地方政府或有债务风险主要集中在地方融资平台债务。地方融资平台债务与《预算法》不允许地方政府预算出现赤字有直接关联。

在对我国地方政府债务管理的历程中，国发〔2014〕43 号无疑是一个重要的政府文件。43 号文剥离了地方融资平台的融资功能，并提出把地方政府债务分门别类纳入全口径预算管理。提出了一般债务和专项债务的概念。将一般债务收支纳入一般公共预算管理，将专项债务收支纳入政府性基金预算管理，将政府与社会资本合作项目中的财政补贴等支出按性质纳入相应政府预算管理。

随后，财政部为甄别 2014 年以前历史形成的存量政府性债务，颁布了财预〔2014〕351 号《地方政府存量债务纳入预算管理清理甄别办法》。将"存量债务"界定为"截至 2014 年 12 月 31 日尚未清偿完毕的债务"。债务单位要根据审计口径确定的地方政府负有偿还责任的债务、地方政府负有担保责任的债务及地方政府可能承担一定救助责任的债务分类填报。对地方政府负有偿还责任的存量债务进行逐笔甄别。其中：

（1）通过 PPP 模式转化为企业债务的，不纳入政府债务。

（2）项目没有收益、计划偿债来源主要依靠一般公共预算收入的，甄别为一般债务。如义务教育债务。

（3）项目有一定收益、计划偿债来源依靠项目收益对应的政府性基金收入或专项收入、能够实现风险内部化的，甄别为专项债务。如土地储备债务。

（4）项目有一定收益但项目收益无法完全覆盖的，无法覆盖的部分列入一般债务，其他部分列入专项债务。

由此可见，这种分类依据的是审计口径。同时，此文件虽然针对的是有特指的存量债务，但对此后的新增债务进行债务统计也是财政部门进行债务管理的日常工作之一。从举借单位看，政府负有偿还责任的债务的原举借单位可能是政府部门，也可能是非政府部门。而负有担保责任和负有救助责任的债务的举借单位是非政府部门。从偿债资金来源看，负有偿还责任的债务为财政资金，负有担保和救助责任的为非财政资金，只有在非财政资金无法偿还时，才需要政府动用财政资金履行相关责任和义务。债务统计时先分为负有偿还责任、负有担保责任和可能负有救助责任三类。而一般债务和专项债务是对政府负有偿还责任债务的进一步细分。

财政部《地方政府一般债务预算管理办法》将纳入预算管理的"一般债务"界定为：地方政府一般债券、地方政府负有偿还责任的国际金融组织和外国政府贷款转贷债务、清理甄别认定的截至 2014 年 12 月 31 日非地方政府债券形式的存量一般债务（即非债券形式一般债务）。财政部《地方政府专项债务管理办法》将纳入预算管理的"专项债务"界定为：地方政府专项债券、清理甄别认定的截至 2014 年 12 月 31 日非地方政府债券形式的存量专项债务（即非债券形式专项债务）。

总之，新《预算法》下，纳入预算管理的地方政府债务范围首先是政府负有偿还责任的债务，一般债务和专项债务是对政府负有偿还责任的债务的进一步分类。纳入预算管理范围的债务并不包括政府负有担保责任和政府可能负有救助责任的债务。

2. 预算基础选择对政府债务预算债务范围的限定

预算基础指确定预算收支的标准，分为收付实现制和权责发生制两种。不同预算基础的本质区别在于确定年度预算收支的标准不同。收付实现制预算指在确定预算收支时以是否收取和支付现金为准，而权责发生制预算是指在确定预算收支时以权利和义务是否实际发生为准。不同的预算基础着重点不一样，收付实现制预算主要是合规性。在采用权责发生制政府财务会计的国家，有的国家政府预算采用了权责发生制，而有的国家政府预算仍然采用收付实现制。即使是采用了权责发生制预算的国家，也要编制收付实现制的政府预算报告。我国《预算法》中明确规定"各级预算的收入和支出实行收付实现制"。

关于一笔债务的全部业务内容包括债务收入、安排的支出、还本付息和发行费用，也就是"借、用、还"的整个过程。在收付实现制预算下，对于政府负有偿还责任的债务，除其中的"存量债务"外，整个过程都可以在预算中反映。对于"或有债务"，情况就完全不同。"或有债务"这个概念侧重于从理论研究中的分类，但在政府文件中也会见到"或有债务"这个词。如43号文中提道："或有债务确需地方政府或其部门、单位依法承担偿债责任的，偿债资金要纳入相应预算管理。"但文件中没有对或有债务的范围进行界定。结合审计部门和财政部门的分类，本书将或有债务界定为政府负有担保责任和政府可能负有救助责任的债务。收付实现制预算下，或有债务本身，即还未转化为政府负有偿还责任的债务之前是无法通过预算手段反映和管理的。如果或有债务的"借、用、还"的整个过程没有政府主体的参与，当然不可能通过政府预算反映。如果转化为了政府负有偿还责任的债务，其偿还环节是一项预算支出，还要进一步分为一般债务或专项债务。

3. 关于存量债务

43号文规定"对甄别后纳入预算管理的地方政府存量债务，各地区可申请发行地方政府债券置换"。此处的"甄别后纳入预算管理的地方政府存量债务"属于存量债务中政府负有偿还责任的债务的范畴。非债券形式一般债务是一般债务的形式之一，非债券形式专项债务是专项债务的形式之一。

《一般债务预算管理办法》中规定："县级以上地方各级财政部门应

当将非债券形式一般债务纳入本地区一般债务限额，实行预算管理。对非债券形式一般债务，应当由政府、债权人、债务人通过合同方式，约定在国务院规定的期限内置换成一般债券的时限，转移偿还义务。偿还义务转移给地方政府后，地方财政部门应当根据相关材料登记总预算会计账。"对专项债务，《地方政府专项债务管理办法》中亦有相关规定，此处不再赘述。债务置换的初衷是为了调整债务的利率结构，减少债务成本。

存量债务中有很大部分是由于政府担保引起的，但融资平台债务也不完全是"政府负有担保责任"的债务，有一部分经过甄别成为了政府负有偿还责任的债务。从举借单位看是企事业单位举借的，但按照债务统计口径又是政府负有偿还责任的债务，这样的债务按照要求纳入政府预算管理。但同时对"纳入预算管理的债务原有债权债务关系不变，偿债资金要按照预算管理要求规范管理"。但政府进行债券置换，原债权债务关系就发生了改变。发行债券意味着政府多了一项债务，政府预算中同时多了一项预算收入。置换意味着对原债务的偿还，也是一笔预算支出。企事业单位的原债务减少，原有的债权债务关系消失。至此，这笔债务从企事业单位转移到了政府。政府预算中表现为一笔债务收入和一笔债务支出，但收入和支出的债权人不同。清理后确需将地方政府负有担保责任或可能承担一定救助责任的债务划转地方政府负有偿还责任的债务的，按照"权责利相一致"的原则，相应的资产、收入或权利等也应一并划转。

如果原举借单位举借的债务所建造的项目已经完工，与债务本身有关的只剩下还本付息。还本付息的支出来自于财政资金，是一项预算支出。如果项目还未完工，政府进行债务置换后，接下来项目还是需要投入的，投入还需要后续资金，还需要发行债券。这就意味着既有发行债券时的预算收入，又有支出到项目上的预算支出。

（三）债务预算信息提供方式比较与我国的选择分析

1. 三种债务预算信息提供方式比较

关于政府债务预算信息的提供方式有嵌入式、附属式和复式预算式三种。嵌入式（公共预算模式、混合模式）将债务收支并入公共预算收支之中，没有单独的债务预算。附属式同样是将债务收支并入公共预算收支之中，但会将与债务有关的收支提炼出来，单独编制债务预算，此债务预算的信息来自于公共预算。先有公共预算，再提炼出债务预算。复式预算式指在现行的预算体系之中，新设债务预算，将地方政府的各项债务收入和支出全面纳入债务预算单独反映核算。在这种模式下，债务预算与公共财政预算、政府性基金预算、国有资本经营预算、社会保险基金预算并列，共同构成真正意义上的复式预算体系。

三种模式在提供的财务信息上存在较大差异。嵌入式提供的债务信息有限，对于债务形式取得的资金用途没有提供，从政府预算中只能看出本预算年度《预算法》规定的政府债务口径的政府债务新增和偿还。而复式预算模式因将与债务有关的收支单列出来，所以能够提供债务取得和运用的全部信息。附属式处于二者之间。

2. 美国各州和地方政府的选择

美国地方政府资本项目融资管理实践具有两个十分突出的特点，一是其地方政府资本项目融资需纳入专门的资本预算管理，和经常性预算相对独立；二是资本项目债务融资规模不计入当年财政赤字。

资本预算与债务预算不完全相同。相同点是二者的预算支出都是资本性支出。区别体现在预算收入上，债务预算的收入只有债务收入，而资本预算的预算收入除了债务外，还会包括部分税费。美国地方政府只能为资本项目融资，不能为经常性预算融资。为资本项目融资时主要采取债券融资方式。按照融资性质不同，债券分为一般责任债券（General Obligation Bonds，简称 GOB）、收入债券（Revenue Bonds）。一般责任债券以债券发行主体的信用为担保。债券发行主体承诺无条件利用其税收权力支持债券利息和本金偿还。收入债券以项目能够产生的收益做担保，以融资项目本身的收益（例如收费高速公路项目中的收费）作为债务偿还的主要来源。无论是一般责任债券还是收入债券，所筹集的收入均纳入资本预算管理，而不是纳入经常性预算管理，但为资本项目发行债券而承担的利息支出则通常编制在经常性预算内，利用经常性收入偿还。一般责任债券与我国的一般债务中的一般债券类似，收入债券与我国的专项债务中的专项债券类似。

3. 我国目前的选择

从《预算法》及相关政府文件看，我国选择的是嵌入式。如对于专项债务，专项债务收入应当在政府性基金预算收入合计线下反映。专项债务安排本级的支出，应当在政府性基金预算支出合计线上反映，根据支出用途列入相关预算科目。专项债务还本支出应当在政府性基金预算支出合计线下反映。专项债务利息、发行费用支出应当在政府性基金预算支出合计线上反映。

从以上对三种模式的比较分析看出，复式预算模式无疑是最优的，符合公共财政的要求。从财政学基本原理的要求看，税收属于经常性收入，适合用于经常性支出，而资本性支出的主要收入来源是债务。这样的对应原则，符合谁收益谁纳税的基本征税原则，满足代际公平的要求。经常性支出和资本性支出的不同特点决定不应将其纳入一本预算管理，尤其是对于地方政府。地方政府提供的是地方公共产品，地方公共产品的公共属性只限于地方，对地方政府进行绩效评估也更有意义和更具操作性。项目绩效是评价地方政府绩效的重要组成部分。如果资本性支出在给纳税人展示的政府预算报告中没有列示，将会大大降低政府绩效评估的实际效果。

（四）新《预算法》对政府会计改革的影响

《预算法》的主要目的是为了规范政府收支行为，强化预算约束，加强对预算的管理和监督，建立健全全面规范、公开透明的预算制度。《预算法》对政府会计改革的影响主要表现在以下两个方面。

1. 新《预算法》提升了政府会计对政府预算管理在技术层面与方法层面的支撑

新《预算法》强调绩效导向。预算法第十二条规定了各级预算应当遵循讲求绩效的原则。第三十二条、第四十九条、第五十七条、第七十九条分别对支出绩效评价在预算编制中的作用、绩效审查、绩效评价、重大投资项目资金的使用及绩效情况进行了规定。政府绩效预算的成功取决于业绩信息本身的准确程度，这需要政府会计的技术支持。没有权责发生制政府会计提供的财务信息，绩效无法成为真正的绩效。

2. 《预算法》为权责发生制的政府综合财务报告奠定了法律基础

预算公开的载体是预算报告，而我国的预算报告提供的信息仅限于收付实现制下的流量信息，并不包括反映政府财务状况和成本费用信息。从公共受托责任的角度，政府受托的是公共资源，社会公众需要政府提供的不只是预算报告，而是包括资产负债表在内的全套财务报告数据。

《预算法》第九十七条规定："各级政府财政部门应当按年度编制以权责发生制为基础的政府综合财务报告，报告政府整体财务状况、运行情况和财政中长期可持续性，报本级人民代表大会常务委员会备案。"从内容来看，新《预算法》对预算信息的需求实际上超越了预算管理中收付实现制的预算信息。预算法素有经济宪法之称，在预算法中提出权责发生制综合财务报告及其公开的要求，意味着政府财务信息公开有了法律依据。我国没有财政基本法，《预算法》作为政府收支的大法和行为准则，提出对权责发生制政府财务会计的要求虽然超出了"预算收支"的界限，但也奠定了政府会计的制度基础；因为有效的政府会计体系有助于改善预算管理。

预算法第三十五条在允许地方政府发债的同时，也进行了严格的风险限制。尤其是"地方政府债务风险评估和预警机制"的构建离不开政府会计的支持。政府发行债券同样要遵循市场经济的规则，投资者需要了解政府的偿债能力。政府相关管理部门必须对其披露的债务等会计信息承担一定的责任，预算法的修正要求政府必须提供相关信息以判断系统性风险。43 号文指出"完善地方政府性债务统计报告制度，加快建立权责发生制的政府综合财务报告制度，全面反映政府的资产负债情况"。《一般债务预算管理办法》指出"偿还义务转移给地方政府后，地方财政部门应当根据相关材料登记总预算会计账"。依据现有的政策规定，地方政府债务名义上已经纳入了预算管理，但是由于收付实现制预算基础的限制，纳入预算管理的债务范围非常有限。纳入预算管理的政府债务仅限于发行的债券，并且仅限于预算年度的流量信息。政府总体债务信息及资产信息政府预算仍无能为力。

从编制技术上看，没有明确规定编制单独的债务预算，政府预算报告无法明确提供债务的具体使用情况。从前文中对政府预算与政府会计基础关系的分析看，政府会计是政府预算管理的基础方法与技术，也是政府预算管理的重要环节。政府财务会计和政府预算从本质上都是基于公共受托责任而产生的，统一于政府预算管理的整个过程。政府所有涉及公共资源变动的行为应在预算中都反映，而公共资源的概念绝不仅指收付实现制下的预算资金。全口径预算的"全口径"若对应的是权责发生制的预算基础，权责发生制政府财务会计记录的是权责发生制预算的执行过程和结果。

第四节　功能缺失的原因剖析

存在这些问题的原因，从根本上讲主要是由于对政府会计的目标定位不明确，没有分清预算管理和财务管理；会计基础采用收付实现制存在很大的局限性，使得资产和负债没有得到如实的反映；由于采用不同的会计制度，依据组织类型不同设置的会计科目不同，缺乏编制合并报表的基础。

一　政府会计目标未考虑政府财务管理需要

政府会计不但要提供预算的执行信息，而且还要提供反映政府财务状况的资产负债信息。前者由预算会计提供，后者由政府财务会计提供。

预算会计核算的是财政年度的预算收支情况，包括通过的预算数、实际执行的情况（收入的实现数、支出的实现数），从而反映预算的完成情况。从本质上讲，预算会计是资金会计，不核算实物情况（钱怎么花的，买了什么东西）。从这点上看，总预算会计具有相类似的功能：反映预算的实际执行情况。但存在的问题有：第一，总预算会计中不包括预算数，虽然提供实际执行数，但预算数与实际执行数的对比情况需要通过其他途径取得。无法通过会计处理，直接由会计系统提供。第二，真正意义上的预算会计只核算流量信息，目的是反映预算执行是否完成预算规定，财政年度末，预算会计的账户为零。而我国的总预算会计中又包括存量信息，同样提供资产负债表。总预算会计虽然定位是监督预算执行，是政府财务会计的一部分，并不是预算会计。可以说我国现行的预算会计体系是将两个目标融合在了一起。不存在真正意义上的预算会计，只有政府财务会计。预算会计执行情况由总预算会计核算。

从财务会计的角度讲，政府财务会计核算政府所有的经济活动，包括预算收支信息。比如说某预算单位用预算资金购置了一项 100 万元的固定资产，已经付款，货物已到。从预算会计的角度，只反映预算支出完成了100 万元。从政府财务会计的角度，要反映这 100 万元的固定资产从采购到折旧完全提取的全过程。表面上看，这些内容是由现行的单位预算会计完成的。但单位预算会计不能反映政府资产负债的全貌，如总预算会计中的国库存款、发行的国债等，并不在单位预算会计上反映。所以，单独的预算单位会计不等于政府财务会计。

可以说我国现行的总预算会计既承担了部分的预算会计的职能，又承担了部分财务会计的职能。单位预算会计承担了部分财务会计的职能。具体的预算支出是由各预算单位进行的，但预算单位并不是预算会计的实际核算单位，执行情况向财政部门汇报，财政部门总预算会计核算政府预算的执行情况。

二 会计主体设置未能体现"控制"导向

"控制"的目的是检查、防范舞弊和贪污，保护公共财政资金的安全。要达到这样的目的，强调专款专用和信息透明是最奏效的方法。以基金作为会计主体，核算每笔基金的资金运动的过程和结果，能达到"控制"的目的。

我国政府会计主体为"组织"①，总预算会计的会计主体为"政府"，预算单位会计的会计主体为"机构"。但实际上，由于"机构"会计主体的独立性较差，以"机构"为会计主体的作用没有得到应有的发挥。

单独以"组织"为会计主体，将政府所有收支纳入同一账簿，不便于分析财政风险的来源状况，也不便于对财政风险的真实状况作出评价。政府主体设置中不注重基金会计，不能实现专款专用的监督作用，达不到政府会计的"控制"取向。如对国有资本运营没有采用基金主体的形式，不利于对国有资产的监督；对社保基金的核算还有待完善，信息披露的程度需要提高。

三　收付实现制会计基础带来的问题

会计上确认一个会计期间的收入与费用从而确定其损益的标准，称之为会计基础或会计处理基础。② 各种会计基础的区别在于交易确认的标准、时间和范围不同，尤其是确认交易时间的不同。

在现金制下，只确认和记录有现金收付的交易和事项，对于不涉及现金收付的交易和事项不予确认和记录。应计基础是将关于交易和事项的权利和义务是否实际发生作为确认和记录的标准。对于收入，不论款项是否收到，以权利形成确定其应归属的会计期间。

在完全的现金制下，只记录与现金有关的收支及因现金收支引起的资产负债的变化。在完全的现金制下同样会存在资产和负债，如以现金购置固定资产、以现金购置材料、取得借款、偿还借款等，只是现金制下资产负债的核算非常有限，如以赊购的方式取得资产等。

我国现行的预算会计体系中，财政总预算会计采用的是修正的收付实现制，对于本应属于当期的收入还未入库也视作本期的收入。这是唯一的一处"修正"，其余的事项是完全的现金制。可以说，财政总预算会计基本上采用的是收付实现制。行政单位会计制度规定会计基础采用收付实现制，但从行政单位的会计科目设置看存在"应付工资"等应计事项，又有应计制的元素，可以说是修正的现金制。事业单位会计制度规定采用现金制，但事业单位有其特殊性，而且事业单位的性质也不同，有经营性的也有非经营性的事业单位。一个事业单位有经营性业务也有非经营性业务。原则上讲，对于事业单位的经营性业务采用权责发生制，对于非经营

---

① 即使是最新颁布的《政府会计准则——基本准则》也是以组织为会计主体。

② 楼继伟、张弘力、李萍：《政府预算与会计的未来——权责发生制改革纵览与探索》，中国财政经济出版社 2002 年版，第 3 页。

性业务采用现金制。

对资产负债反映最真实的是权责发生制。现金制或不完全的现金制使得资产负债信息反映极不完整。

四　缺乏统一的政府会计准则

与制度规范相比，准则规范具有更好的适应性和灵活性，也更能与企业会计的做法相一致。我国现行预算会计采用的是"制度规范"，并且按照组织类别分别制定和实施。划分为总预算会计制度、行政单位会计制度和事业单位会计制度。① 与"准则规范"模式不同，三个分支的"制度规范"模式只是对于特定的组织类别具有约束力，对其他分支的组织类别并不具有这种约束力。

制度规范模式的缺点在于，需要对所有的会计事项作出规定，只要某个方面不适应，需要对整个制度做出调整。在实践中，一旦环境发生变化，"制度规范"很难做出适应性调整。相比之下，"准则规范"具备很高的灵活性，允许针对某个特定的会计事项做出规定，且如有需要可以随时制定和发布关于特定事项的会计准则。

在制度规范和准则规范上，我国的预算会计存在两个层次上的问题：第一，采用的是制度规范，缺乏准则规范；第二，不同的组织类型采用不同的制度。这是造成无法提供合并报表的主要原因。不同的会计制度规定了不同的会计科目及会计核算基础，如某些事业单位可以采用权责发生制，但行政单位采用收付实现制，事业单位和行政单位都是预算单位，都是政府整体财务报告的组成部分。不同的会计制度使得政府整体财务报表的编制缺少合并的技术基础，无法提供政府整体的财务报告。

---

① 《事业单位会计准则》经 2012 年 12 月 5 日中华人民共和国财政部部务会议修订通过，2012 年 12 月 6 日中华人民共和国财政部令第 72 号公布。该《准则》分总则、会计信息质量要求、资产、负债、净资产、收入、支出或者费用、财务会计报告、附则 9 章 49 条，自 2013 年 1 月 1 日起施行。第三条　事业单位会计制度、行业事业单位会计制度（以下统称会计制度）等，由财政部根据本准则制定。第四十七条　纳入企业财务管理体系的事业单位执行企业会计准则或小企业会计准则。第四十八条　参照公务员法管理的事业单位对本准则的适用，由财政部另行规定。
《事业单位会计制度》二、本制度适用于中华人民共和国境内的国有事业单位。根据财政部规定适用特殊行业会计制度的事业单位，不执行本制度；事业单位有关基本建设投资的会计核算，按有关规定执行，不执行本制度；已经纳入企业会计核算体系的事业单位，按有关企业会计制度执行。

第五章　我国政府会计改革的
总体思路与模式选择

第一节　政府会计改革的总体思路

从以上的分析可以看出，笔者认为，我国的政府会计改革应从三条线入手。首先，合理界定政府会计主体，采用基金主体和政府组织主体，即"双主体"模式。其次，从合理定位政府会计目标入手，分离预算会计与政府财务会计。最后，在我国政府会计体系中引入权责发生制。而且整个过程是以准则规范的形式来体现的，制定政府会计准则。

一　实行"双主体"的会计主体模式

"双主体"指同时存在基金主体和组织主体的政府会计主体模式。其实，从我国现行的预算会计看，已经有基金会计的形式，如社会保险基金。存在的问题是，还有其他符合基金定义，适合采用基金会计主体模式但还未采用的政府基金，如国有资本经营基金等。采用"双主体"的政府会计主体模式，一方面对于符合基金定义的财政资金，单独设账、单独核算、单独提供财务报告，基金既是核算主体，也是报告主体；另一方面对于其余的财政资金，以预算单位为会计主体进行核算，预算单位既为核算主体，也为报告主体。"双主体"的会计模式并不排除编制反映政府整体财务状况及经营业绩的财务报告。

这样的设计既考虑了政府会计的"控制"取向——采用强调专款专用的基金会计主体；也考虑了政府会计的"管理"取向——政府整体的财务信息。重要的是结合我国政府会计的传统，以减少推行的阻力。

二　将政府会计明确划分为预算会计与政府财务会计

我国现行的预算会计体系本质上是政府财务会计，预算会计体系需要重新构造。从核算内容上看，现行的总预算会计与预算会计较为接近，可考虑将预算执行情况（预算收入的预算数及实际执行数、预算支出的预算数及实际发生额）的核算从总预算会计中独立出来，称为预算会计，并采用既核算预算数又核算实际执行数的模式，从信息系统的构造上可考虑采用平行式，即政府核心部门和预算单位同时核算。

政府财务会计基本上是在现有的预算会计系统之上改进而成。不同点在于：第一，遵循统一的政府会计准则；第二，政府财务会计的核算重心由核心部门（财政部门）转向各预算单位。

三　引入权责发生制

从世界各国政府会计改革的方向及我国对政府会计信息的需求来看，权责发生制是改革的方向。从世界各国政府会计改革的路径看，大都呈现循序渐进的步骤。权责发生制的引入呈现先政府会计再政府预算、先地方政府再中央政府的顺序。应先在政府会计中引入权责发生制，成熟之后考虑引入权责发生制预算。在政府会计中引入权责发生制应首先在政府财务会计中引入，引入时也应采用循序渐进的方式：在收付实现制的基础上，先改为修正的收付实现制，再改为修正的权责发生制，最后改为权责发生制。

政府会计改革不是简单的会计核算方法的改变，而是对整个政府会计认识的改变，根源在于财政管理理念的改变。如财政管理的原则选择以集中管理还是分散管理为主？是以"政府"为核心，还是以"机构"为核心？

第二节　政府会计主体模式选择①

依据上文对政府会计主体模式的定义，分析政府会计主体模式选择的

---

①　基金主体和单位主体、记账主体和报告主体，这两对概念是对政府会计主体的二维分类。政府会计主体的确定包括两个层次：第一，分为基金主体和单位主体，虽然大多数国家在确定时大多并不选择其中的一种，但从理论上对基金主体和单位主体做出分类还是有意义的；第二，只有在单位主体的前提下，讨论"政府"组织的范围才是有必要的。

国际经验及趋势，提出了我国政府会计主体应选择"双主体"模式。

一　政府会计主体模式选择的国际比较

完全的以"组织"为会计主体和完全的以"基金"为会计主体是会计主体选择的两个极点①。大多数的国家选择二者的组合，但侧重点不同。具体来讲有两种：（1）以"组织"作为基本主体，具体操作是将政府的资金分为一般财政资金和特定用途资金，对政府一般的经济业务以"组织"为主体进行核算和报告，"组织"为核算主体和报告主体。对有特定用途的资金以"基金"为主体进行核算和报告，此时"基金"为核算主体和报告主体。如英国、澳大利亚等。（2）以基金作为基本会计主体，具体操作是把政府的资金"切块"，即分成若干种不同的种类，每"块"资金有其特定的来源和限定的用途，对每"块"资金分别设置账户核算、编制财务报表。此时，"基金"既是核算主体也是报告主体。同时，也要求提供政府整体财务报告，此时，"组织"为报告主体。这种模式的典型国家是美国各州和地方政府会计。

二　我国选择"双主体"模式的原因分析

（一）完全采用"基金"主体缺乏可操作性也无必要

首先，我国无论是在企业会计还是政府会计中一直都是采用"组织"形式的会计主体，会计主体为一个"组织"，会计核算与这个"组织"有关的资金运动，是根深蒂固的习惯。以"基金"为会计主体要打破习惯对现行的政府会计核算观念冲击会很大，必定面临强大的阻力。与"组织"会计主体相比，"基金"主体是完全不同的核算。会计人员需要有一个很长的接受和适应过程。如果采用完全的"基金"主体形式，这个过程将会很长。

其次，政府会计归根结底还是核算政府活动，和政府预算及财政管理密不可分。所以，在考虑政府会计模式选择时要考虑政府会计模式是否与财政管理制度相适应。就政府会计谈政府会计是毫无意义的。而我国的财政管理及预算会计处理一直是以单位进行的。

再次，完全的"基金"主体不能达到政府会计的"管理"取向，影响政府会计职能的正常发挥。完全的"基金"会计主体，只提供各项基

---

① 完全的以"组织"为会计主体的含义为记账主体和报告主体都是"组织"，完全的以"基金"为会计主体的含义为记账主体和报告主体都是"基金"。

金的资产负债情况和基金的收支情况，无法提供"组织"整体的财务状况及运营信息，进而不利于对"组织"的绩效情况进行考核，不利于各单位进行财务管理需要。

（二）我国已经具备"双主体"会计主体模式的雏形

我国已经形成了"收入按来源、支出按功能"的公共财政预算体系，将政府预算分为公共财政预算、政府性基金预算、社会保险基金预算和国有资本经营预算。其中，政府性基金预算在我国有其存在的特殊性，从内容看大多属于公共财政预算。而后两者本质上才是政府"基金"。而且在现有的政府会计体系方面，财政总预算会计、行政单位会计及事业单位会计是以"组织"为会计主体核算，对于社保基金以基金会计的形式进行。基本上具备了"双主体"的雏形。最后，我国的企业会计绝大多数以单位为主体、少数以基金为主体（如企业年金基金）的做法。这为政府会计采用"双主体"提供了有益的经验。

（三）"双主体"模式符合国际通行做法

从以上分析可以看出，选择完全以"组织"为会计主体和完全以"基金"为会计主体的国家不多，大多选择"双主体"的形式，只是侧重点各有不同。单独以"基金"为会计主体能够达到专款专用的目的，符合"控制"或者说是"合规性"目标。以"组织"为会计主体能反映组织整体的财务状况和运营业绩信息，便于"管理"目标的实现。前者是基本目标，后者是更高层次的要求，二者并不是相互排斥的。从会计技术上看，也不是排斥的。"双主体"政府会计主体模式也是各国政府会计主体选择的改革目标。国际公共部门会计准则理事会认为，政府报告主体不受其法律形式的约束，可以是单位组织，也可以是一项计划。这就肯定了政府会计主体存在"组织""基金"等多形式主体的可能性。

三 "双主体"模式的具体设计

"双主体"会计主体应从两方面入手：一个是"基金"主体，另一个是"组织"主体。思路为：将符合"基金"主体条件的基金单独作为会计主体，单独核算和报告；将其余财政资金以"组织"为会计主体进行核算和报告。而且只有在后一种情况才有对"组织"包括范围进行界定的必要。

（一）"组织"主体界定的标准

"组织"主体具体化为"政府"和"机构"。"政府"主体包括：

（1）属于《总预算会计》核算范围的，既是核算主体也是报告主体。

（2）政府整体财务报告的报告主体。

1. 关于事业单位是否应纳入"机构"的范围①

目前，各方面对事业单位归属问题的看法分歧较大。

第一，关于"经费自理"单位的归属。这些单位都是公立的，使用国有资产，提供部分公共服务，财政上给予"定项补助"，并纳入部门预决算管理。应纳入政府会计管理范围。

第二，关于"企业化管理事业单位"的归属。这类单位的法人登记仍为事业单位，但是单位的经济业务活动主要面向市场，实行企业化管理，以营利为目标；有些单位已经转变或正在转变为经济实体（如培训中心、招待所、出版社、文艺团体等）。这类事业单位不宜纳入政府会计管理的范围。

笔者认为，对事业单位是否应纳入"单位"的范围不能囿于事业单位的名称本身，要分析事业单位与预算收支之间的关系。政府会计源于政府的预算收支，事业单位应否纳入政府会计"单位"的范围要以是否是预算单位为准，即其单位收支是否构成了政府预算收支的一部分。此原则适用于判断任何单位是否属于政府会计中的"单位"主体，当然也适用于事业单位。如果局限于对事业单位本身的分析，会使得问题变得复杂。

2. 关于国有企业是否应纳入单位的范围

国有企业（包括公用事业领域的国有企业、政策性银行、地方政府设立的投资公司或担保公司）都不应纳入政府会计管理范围。原因主要有以下几点：（1）国有企业的性质是企业，其经营目的与政府完全不同。融资平台公司设立之初主要是为了履行政府的部分职能，从经营范围上看应为公益性质，但情况并非如此。而且，随着国家相关政策的出台，这部分负债会纳入政府预算管理。（2）国有企业执行企业会计准则。其中比较特殊的公共事业领域的国有企业，名称上是企业，实质上存在大量的事业编制，但即使是这样，此领域的国有企业采用的是企业会计准则或制度。以各种形式存在各地方的地方投融资平台公司采用的同样是企业会计准则或制度。如果将其纳入政府会计主体，势必对政府整体财务报告的编制带来较大的难度。（3）从现有的政府预算关系处理看，政府以投资人

---

① 2012年12月颁布的《事业单位会计准则》第二条"本准则适用于各级各类事业单位"，但没有明确什么是"事业单位"。

的身份编制国有资本经营预算。即将政府与国有企业之间的关系界定为投资人与被投资人之间的关系。政府在编制政府预算的时候也是以投资人的身份编制，将投资取得的收益计入政府预决算，国有企业的资产负债仅是企业的资产负债，不属于政府的资产负债。某些信息使用者如有这方面的信息需求，可以从别的渠道获得。（4）国际公共部门会计准则委员会也不主张将政府企业纳入政府会计主体。

在确定能否纳入政府会计主体时，应以此单位是否纳入预算管理为准。纳入预算管理即单位的收支是政府预算收支的一部分。对事业单位及国有企业都是如此。

(二) 基金会计主体的界定

从本文对"双主体"政府会计模式的定义、各国政府会计主体模式的选择及我国具体会计环境的分析，笔者认为，我国的"双主体"政府会计主体模式应采用以"组织"主体为主的形式，即将政府一般的经济业务活动①以"组织"主体核算，此时，"组织"可以是"政府"②，也可以是"机构"或"单位"。"机构"既是核算主体也是报告主体，"政府"可以是核算主体，也可以是报告主体。将一些特殊来源及用途的资金以"基金"③ 会计主体核算。

在我国预算体系中存在政府性基金预算，但这里的基金并不满足基金的特点和条件，可以看作是准公共财政资金。因为这些基金仅要求其收入与支出相对应，不要求单独运营。相应地，预算会计核算时设置的基金科目，同样不属于基金会计主体。最符合基金定义的是社会保险基金和国有资本经营预算基金，尤其是前者。从我国对社会保险基金的会计核算看，其具备单独的会计核算体系，符合基金会计主体的特点。国有资本经营基金也满足基金的条件，适合采用"基金"会计主体的形式。但我国国有资本经营预算的预算编制还不成熟，对国有资本经营采用基金会计的形式核算将会是一个漫长的过程。难度更大的是对现有持有的国有企业股权存量价值的估价。如果编制政府财务报告，对股权的初始确认是绕不开的一个问题。

会计主体包括核算主体和报告主体，财政资金的运动包括"收、支、用、管"四个阶段，完全的国库集中收付制度下，"收、支"都

---

① 由一般公共预算引起的。

② 当编制政府整体财务报告时，"政府"为报告主体。

③ 实际由财政部门核算的《总预算会计》兼有基金主体和组织主体的性质。

在财政部门。如果将政府的收支分为若干基金。基金的"收、支"应由财政部门来核算，或者虽由财政部门以外的部门核算，但一定要明确这部分应是财政部门的职能。在这个意义上，是以基金为会计主体的。对于预算单位，预算单位的"收"来自于财政部门的"支"，预算单位的"支"意味着财政职能的实现。预算单位也应以基金为会计主体，但是考虑到我国一直以来以"组织"为会计主体的传统，可先以"组织"为会计主体。

"基金"主体与"组织"的不同还表现在，有些"基金"主体不具备连续性，可能是短期的。而且，随着政府经济活动内容增加和管理的需要，会设立新增的基金会计主体。但是，基金会计主体设置过多会造成核算过于复杂，增加了基金会计管理的成本。

四　《政府会计准则——基本准则》中的体现

《政府会计准则——基本准则》："第二条　本准则适用于各级政府、各部门、各单位（以下统称政府会计主体）。前款所称各部门、各单位是指与本级政府财政部门直接或者间接发生预算拨款关系的国家机关、军队、政党组织、社会团体、事业单位和其他单位。军队、已纳入企业财务管理体系的单位和执行《民间非营利组织会计制度》的社会团体，不适用本准则。"

《基本准则》明确以"组织"为会计主体，没有提出"基金"主体。依据前文的分析，体现不出政府会计的"控制"目的。"控制"目的要达到的合规性是基础。[①]《总预算会计制度》中的相关规定表示，社会保险基金核算本质上采用的是基金会计主体，是核算主体，也是报告主体。《社会保险基金会计制度》无疑是政府会计的范畴。所以，《基本准则》对政府会计主体进行论述时要考虑其严谨性。另外，对于国有资本经营预算也应采用基金会计主体的形式，单独反映。

制度变迁理论中提到的"路径依赖"如同物理学中的惯性，制度如何变革受到原来运行模式的影响。就因为这样，每做出一种变革就要非常小心，因为这次的变革将成为明天运行的模式，也会对以后的运行产生路

[①] 《总预算会计制度》第三条 总会计是各级政府财政核算、反映、监督政府一般公共预算资金、政府性基金预算资金、国有资本经营预算资金、社会保险基金预算资金以及财政专户管理资金、专用基金和代管资金等资金活动的专业会计。社会保险基金预算资金会计核算不适用本制度，由财政部另行规定。

径依赖。

第三节 "双轨制"政府会计模式的选择

一 预算与政府会计结合模式的国际比较

预算是政府活动的中心，政府的活动要围绕着预算进行。会计是工具和手段，但预算的内涵要广泛得多。政府会计以会计的语言记录政府的经济活动，而政府的经济行为与政府预算之间存在直接或间接的关系；政府预算以法律的形式对政府的预算收支做出了规范，故政府会计与预算紧密相连。陈立齐（2001）按照政府会计与传统的收付实现制预算之间的关系，将政府会计模式分为德法模式、美国模式和英国模式。在这三个模式中，美国模式属于是较中庸的模式，既不像英国模式那样激进彻底，也不像德法模式那样保守。

（一）德法模式

1. 德法模式的要点

一般认为，德法模式的政府会计以德国和法国为代表，从政府预算与政府会计的实践看，大部分欧洲大陆国家都采用了这一模式。在此模式下，政府会计的目标是对预算收支进行行政控制，即监督预算的执行。通过向议会报告预算收支的合法性，以保证实际收支与预算收支相一致。该模式下，政府预算为核心，政府会计只是预算体系的附属物。该模式下的政府预算一般采用收付实现制，政府会计同样采用收付实现制，记录预算拨款的实际发生情况。会计报告是政府会计的最终成果，具体内容包括：按预算项目报告的收入和支出的预算数、实际数和存在的差异；收入支出汇总表，在收付实现制下，列示的内容实质上为现金结余或赤字；金融资产和负债汇总表（货币资产和资本市场负债）。由此可见，此模式下的政府会计提供的资产负债信息有限，不能反映政府整体的财务状况。政府会计是"立法导向的"，主要用于"财政"管理目的而非"财务"管理目的。

2. 德法模式形成的原因分析

每种模式都有其存在的客观原因，在这些原因中，国家立法部门作用的大小及中央与地方之间的关系尤为重要。一般来讲，如果立法部门作用较弱、集权程度较高的国家①，政府预算的重要性要高于政府会计。德国和法国就是如此。

德法模式国家议会的作用相对较弱，在与政府的关系中处于弱势地位；如法国议会的权利是有限的，在立法权上，宪法虽然规定一切法律皆由议会通过，但是有很多事项不属于法律而属于政府法令、条例管辖；即使是法律管辖的事项，政府也可以要求授权自行采取措施（如财政法案在议会没有通过的情况下也可以部分施行）。在监督权上，法国议会的作用更弱，效果甚微。通过提不信任案迫使政府下台的权利，只限于国民议会行使，也是它唯一能有效地批评政府行为的方法。但是由于总统可以在与总理和两院议长磋商后，解散国民议会，所以议会在提出不信任案表决时，议员必然瞻前顾后。德国议会的作用比法国要强，但是相对于英美等国却仍然要弱，如德国政府有权通过联邦总统提前解散联邦议院重新选举，并且拥有紧急立法权。

德法模式国家的联邦（中央）政府对地方政府的监督控制权一般较高。如法国是一个高度集权的国家。德国虽然实行的是联邦制，但其联邦政府拥有的权利极为广泛，对州和地方有重大影响。联邦政府有权以政府的名义发布命令，要求州和地方政府执行；各州只通过联邦参议院参与联邦立法和行政事务，维持各州利益，对联邦议院和联邦政府的职权和所做的决定起控制和补充的作用。

3. 法国的政府会计改革

近年来，法国对其政府会计也进行了改革，逐渐接近较中庸的模式，即首先对政府会计进行权责发生制改革，同时保留收付实现制的会计基础，反映预算收支在收付实现制下的收支情况。法国改革后的政府会计体系由预算会计、普通会计、成本会计三个系统构成。其中，预算会计采用"现金+承诺"的会计基础，记账方法采用单式记账法，目标是追踪预算执行；普通会计的目标为反映政府的财务状况，会计基础采用权责发生制，记账方法采用复式记账方法；而成本会计的目标为评估公共政策产出的成本，它主要按照产出进行分类，采用权责发生制基础和单式记账方法。这三种类型的会计系统构成了完整的政府会计体系。其中，普通会计和成本会计是指广义上的财务会计。在整个支出过程中，预算会计核算承诺到付款这一阶段，而财务会计追踪从交货以后的各阶段。由此可见，法

---

① 这里关注的是中央和地方之间集权和分期程度的大小，与是否实现联邦制无关，在联邦制下，要关注联邦政府的权利大小。

国改革之后的政府会计分为预算会计和政府财务会计两大部分。预算会计与美国模式中的预算会计不同之处在于不核算拨款阶段，既不核算预算数，也没有采用复式记账的方法。政府财务会计核算的内容为交货以后的各阶段，并不是政府所有的经济交易和活动。

（二）美国模式

1. 美国模式的含义及要点

美国模式的政府会计以美国为代表，此模式中政府预算与政府会计相对独立，虽然二者之间在账户设置等方面密切联系，但无论是在目标的定位上还是会计核算方法上，二者又相对独立。政府预算仍然以收付实现制为准，但政府财务会计采用的则是完全的权责发生制。其中，将政府会计分为预算会计和政府财务会计，预算会计以基金会计的形式反映预算收支的预算数和实际执行数。政府财务会计与预算会计通过预算会计模式结合在一起。政府财务会计与预算会计政府会计体系仍然以基金的形式监督预算的执行，但政府会计又在很多方面独立于预算。政府财务会计报告倾向于满足外部使用者的信息需求。

2. 美国模式的形成原因分析

美国采用的是典型的三权分立的政治制度。美国国会的地位则较为独立，国会的立法权包括有关联邦政府行政及司法部门的结构和职能的法律，国会可以单独课税，并为行政和司法部门提供经费。没有国会的拨款，政府的这两个部门便无法开展工作。同时，美国国会还拥有广泛的监督权和财政权。在监督权方面，国会必须经常关心行政部门的行政活动，必要时出面纠正；在财政权方面，政府的预算和决算必须由国会批准，政府的支出只能限制在国会同意的范围之内。

美国是典型的联邦制国家，与同样采用联邦制的德国不同，美国联邦政府、州和地方政府之间有明确的权利划分，保持相对独立；州和州之间由于有各自的宪法，也保持相对独立；州以下的地方政府则实行较高程度的地方自治。因此，从法律形式上看，联邦、州和地方政府都是相互独立的，不存在上下隶属关系。

由此可见，当立法部门力量较强及分权程度较高时，政府会计改革的力度较大。

（三）英国模式

1. 英国模式的要点

英国模式是较激进的模式，政府会计则已经基本上摆脱了传统的收付实现制的预算。政府的所有活动都采用了权责发生制会计基础，即使是预算本身也接受了权责发生制，政府会计影响了预算编制的观念和预算数据的确定。采用这种模式的国家还有新西兰、澳大利亚、加拿大等。① 即在政府预算与政府会计的关系上，政府会计占主要地位。

2. 英国政府会计模式产生的原因

英国则实行"议会至上"的原则，议会不仅拥有立法、决定财政权、决定王位继承权、决定内阁的组阁人选、监督行政系统的活动，而且还控制了司法终审权，迫使国王服从议会的集体意志。

英国虽然是单一制国家，但是其建立基础是地方分权。② 英国没有明确的法律条文对中央与地方政府进行明确的权限划分，但是从中央与地方行政权力的实际情况以及相关法律条文来看，独立征税是地方政府传统的权利，分权管理也是中央政府和地方政府一种约定俗成的分工。

从以上对三种模式及模式产生的原因分析可以得出以下规律：集权化程度越高，外界对政府财务状况信息的需求较弱，而政府财务状况信息是由权责发生制的政府财务会计提供的，即进行权责发生制政府会计改革的动力越小。反之，集权化程度越低，外界对政府财务状况信息的需求较强。原因在于，政府规模越大，公共产品的外溢性越强，反映政府财务状况的信息越难取得，有用性越差。相对于中央和地方政府的全部财务状况，单独的地方政府财务状况的评估较简单，而且也更有意义，如是地方政府发行债券的前提条件之一。立法部门的作用主要体现在政府预算作用的发挥上，立法部门的作用越强，对政府预算信息质量的要求越强。而对于政府财务信息的需求来讲，立法部门只是众多政府财务信息的外部信息使用者之一，即立法部门主要关注政府预算的合法性。从政府预算采用的会计基础上，又存在不同的会计基础。

二　我国采用双轨制政府会计模式的理由

从以上分析可以看出双轨制政府会计体系既能达到政府预算管理目标，又能达到政府财务管理目标。而我国现行的预算会计体系没有做出区分，提供的信息有用性较差。

---

① 但实际上，从政府会计的目标来看，美国模式的政府会计与英国模式基本相似，从政府会计的发展方向上看，美国模式的政府会计也有向英国模式靠拢的趋势。

② 由此可见，单一制和联邦制与集权和分权没有必然的联系。

(一) 采用预算会计的理由

1. 如何随时取得预算执行的信息

预算周期包括预算编制、预算执行及对预算执行结果的审计。控制包括事前控制、事中控制和事后控制。按照管理学的原理，事前、事中、事后控制各有优缺点，都是必不可少的。但是，有效的事前和事中控制可以使整个控制过程更有效率。对于政府预算也是如此。对预算执行信息的控制属于是事中控制。[①] 有效的事中控制一方面可以减少事后控制的工作量，提高控制的效率；同时预算执行的结果也可以为科学编制预算提供数据基础。

预算执行信息的取得可以采用非会计的形式，如统计的形式，如果不是国库集中收付，由各单位上报给核心部门。在这种情况下，核心部门大都采用"以拨作支"的处理方式。如果是国库集中收付，由核心部门及国库部门随时提供数据。执行数也可以通过政府会计的方式取得（假设不通过预算会计的形式）。预算收支情况同样也是政府财务会计的核算对象。前者存在的问题：信息分散，资源浪费。后者存在的问题是：首先，对于进入承诺阶段的资金，政府财务会计不核算；其次，难以从政府财务会计账户体系中单独挑出与预算收支有关的处于核实和付款阶段的信息。

而预算会计系统能避免这些问题。只要设计好了预算会计信息系统，由核心部门掌握的国库集中收付情况输入执行信息，就可得出实际执行数据及与预算数据的比较结果，也可随时得出各单位的可用拨款额度。同时还可与各分散的预算单位输入的执行信息进行信息的比对，确定信息的准确性和识别需要调整的事项。

2. 我国核心部门对预算执行的监督还很弱

我国存在对预算收支监督的"预算会计"，但其实并不是真正意义上的预算会计。只是收付实现制下的政府财务会计。与监督预算收支功能最接近的是《财政总预算会计》，但总预算会计也没有发挥应有的功能。从支付周期看，预算会计应核算拨款、承诺、核实、付款这四个阶段的信息。以某预算单位购置一台计算机为例。在没有实行国库集中支付的情况下，总预算会计首先对预算额不核算，其次"以拨作支"，拨款额为通过的预算数，但这里的拨款指的是真正的拨到预算单位账户上的金额，承诺（向供货方发出订单）、核实（货到但还未付款）的信息总预算没有反映，

---

① 预算会计的核算对象虽然包括预算数和预算执行数，但是预算数只是预算会计的核算起点，核算的整个过程还是预算的执行情况。

各预算单位因为采用的是收付实现制，这些信息在预算单位的账面上也没有反映。在实行国库集中支付的情况下，情况虽然有所改善，但存在的问题是：国库集中支付制度实施的范围和程度还有待改进；收付实现制的预算会计对承诺、核实阶段仍然没有记录，预算就是没有预算会计的观念，仍然是政府财务会计的观念。现行的预算会计体系即使是在国库集中收付的情况下也不要求预算单位提供承诺和核实阶段的信息。不利于核心部门对预算资金的动态做出判断。

标准意义上的预算会计仅是描述预算执行过程的工具，完整的预算会计体系提供支出周期各阶段的信息。财政年度末，预算会计账户余额为零，类似于企业会计中的损益类账户的运用。预算会计仅提供本财政年度的预算收支的流量信息。而我国的总预算会计既提供流量信息又提供存量信息（财政总预算会计提供的会计报表及信息类型，见表 5-1），不是真正意义上的预算会计。从本书对政府财务会计两个特征——财务性和历史性，及财务会计的核心工作——会计要素的确认、计量、记录和报告，可以得出我国并不存在真正意义上的预算会计，财政总预算会计其实更接近政府财务会计的含义。

表 5-1　　　　　　　财政总预算会计提供的会计报表及信息类型

报表类型	信息类型
资产负债表	存量信息
预算执行情况表 财政周转金收支情况表 财政周转金投放情况表	流量信息
预算执行情况说明书及其他附表	对存量和流量信息的详解

（二）我国政府财务会计没有发挥应有的功能

1. 不能反映政府整体财务状况

为了对政府的财务状况做出评价，需要了解政府的资产负债情况，以权责发生制为基础的政府会计能够提供真实的资产负债情况。我国现行的预算会计体系中，《总预算会计》《行政单位会计》《事业单位会计》都提供资产负债信息。但这些资产负债信息是不完全和不真实的，对政府财务管理用途很有限。首先，以收付实现制为基础核算的资产负债是不真实的。如对非货币交易形式取得的资产、应收应付形式取得的资产和负债等，政府会计系统中是没有反映的。不按照成本费用配比的原则，对于固定资产等资本性资产提取折旧。其次，因为遵照不同的会计制度，这三个部门的资产负债表因缺乏合并基础，不能实现合并。所以，现行的预算会计体系提供不了政府总体的资产负债情况的信息。

政府财政风险管理是政府财务管理的重要内容。为应对全球经济危机给我国经济发展带来的影响，我国政府采用了扩张性的财政政策，通过加大政府支出带动国内生产总值的增长。取得了积极的效果，但也带来了政府债务的迅速增加，尤其是地方政府债务。而我国现行的预算会计体系仅对部分直接显性债务核算，对隐性和或有债务没有反映，掩盖了地方政府财政风险，不利于对财政风险的管理和防范。另外，从理论上讲，政府如果要发行债券，对政府债券的潜在购买者在进行投资收益分析时也需要政府的财务会计报表。

2. 无法提供政府绩效信息

评价政府绩效需要了解政府的产出和成本。政府提供的服务和产品的特殊性使得政府的产出效益很难判断，而且提供的公共产品的非竞争性和非排他性越强就越难判断。所以，对中央政府进行效益评价的难度要高于地方政府。在这种情况下，评价政府绩效，主要是比较成本，比较成本也不是单纯的成本的大小，而是成本耗费的完成情况。所以，评价政府绩效的关键是政府活动成本的取得。政府活动成本的取得，主要是由政府财务会计系统提供。

对政府绩效的评价可以转变政府的服务理念，从投入导向到产出导向。使得政府对自己的行为负责。从而可以间接提高政府工作的效率，减少政府工作的失误。

我国现有的预算会计体系完全是投入导向，基本上是以收付实现制为主。政府会计、预算会计、政府财务会计概念的混同不是偶然，是对政府会计职能认识不清的结果。

三　"双轨制"政府会计模式的具体实施设计

我国现行的预算会计体系虽然名称叫作预算会计，但却并不是真正意义上的预算会计，本质上是收付实现制下的政府财务会计。也就是说，预算会计需要重建，政府财务会计需要在现有的基础上进行完善，最后要寻找两个系统恰当的契合点。

（一）以支付周期为基础构建预算会计体系

公共支出的流程可以用"支出周期"（expenditure cycle）的概念来描述。支付周期是针对预算支出而言的，包括拨款（appropriation）、承诺（commitment）、核实（verification）和付款（payment）四个阶段。支付周期的构成，如图 5-1 所示。

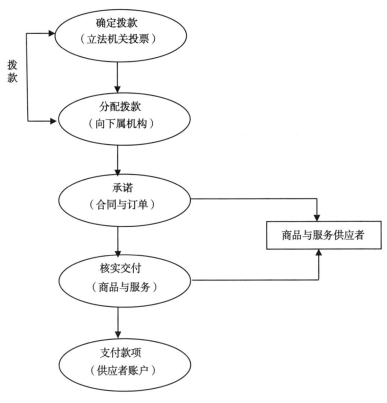

图 5-1　支付周期的构成

　　一个有效而实用的预算会计信息结构应覆盖支付周期的各个环节，依据支付周期设置会计要素，每个会计要素由特定的预算账户（budget accounts）构成。事实上，政府会计与企业会计相比，特殊性之一就是政府预算的存在，通过一系列预算账户来记录年度预算的执行情况。预算收支是某一预算年度的预算收支，是流量概念，这些账户均在每个预算年度之初开启，并且在年度结束时结账，经过结账，年末时账户没有余额。然后进入下一个预算年度，周而复始。

　　由此可见，支出周期概念一方面是对预算实施合规性控制的基础手段，同时也为预算会计（budgetary accounting）提供了操作的框架和思路。在发达国家中，预算会计的细节因会计制度不同而不同，但通常包括拨款（法律机关指定的支出机构在财政年度内可获得的金额）、拨款分配（预算当局向下属机构分配拨款授权）、承诺和付款（A. 普雷姆詹德，1996）。有些国家核算预算额，有些国家不核算预算额；有些国家采用单式记账法，有些国家采用复式记账法；但都以支付周期为基础。预算会计信息能反映预算运营流程及任何时点上预算资金在支付周期的分布情况。正因为如此，作为政府会计的核心组成部分，预算会计应被准确地定义为"追踪拨款和拨款使用"的政府会计。

2. 路径选择

可以看出，预算会计就是用会计核算的手段，以一个连续的制度化的信息系统随时对预算收支的实际执行数进行反映，利于对预算收支的控制和监督。财政年度末，预算会计各账户余额能提供这样的信息：预算收入和预算支出通过的预算数、实际实现的预算收入、实际发生的预算支出（有三个不同的标准），进而依据这些信息，编制本财政年度的预算报告。需要说明的是，年终结账之后，预算会计账户的余额为零。在我国现行的预算会计体系中，没有真正意义上的预算会计。我国预算会计体系的构建要在总预算会计的基础上，设计出一套全新的会计核算体系。

预算会计从方法上看，我国是没有的。我国现有的预算会计体系实质上是政府财务会计，真正的预算会计系统的建立基本上是从无到有的过程。但我国还是存在"预算会计"，虽然本质上是政府财务会计，但至少从目标定位上讲，还是为了控制预算执行过程。所以，预算会计体系的建立还是应该结合我国现有的政府会计的基础条件。在设计方案时，要考虑方案实施面临的环境，即操作主体对方案的接受程度。要加大培训力度。此预算会计与政府会计人员平时熟知的"预算会计"可以说完全不同。

首先，要制定相关的法律法规，如制定会计准则；其次，要加大培训力度。预算会计需要核心部门与预算单位的全部参与。作为预算支出的实际执行者，预算单位掌握承诺、核实阶段信息。在国库分散支付的情况下，核心部门只掌握拨款阶段信息；在国库集中支付的情况下，核心部门掌握拨款和付款阶段信息。预算会计核算整个支付周期，不核算付款阶段之后的业务。

双轨制政府会计模式，从纸质会计资料上看，应该是两套账本。从政府会计信息系统的设计上，也应该是两个系统。①

（二）我国政府财务会计体系的构建

如前所述，政府财务会计以权责发生制为会计基础，核算政府所有

---

① 这两个系统的结合方式，美国和法国模式是不一样的。

的财务活动。预算资金的收支当然是政府财务活动的一部分，政府财务会计同样核算这部分活动。但这部分政府活动只是政府财务会计核算的政府活动中的一部分。具体来讲，政府财务会计更注重对支付周期之外的政府活动的核算。如某预算单位购置了一台设备，是一项资本性支出，已经付款。从预算会计的角度，这一笔的支付周期已经结束，预算会计就不能再对其核算。但这笔支出按照权责发生制的要求，在若干个财政年度内带来收益，是政府的一项长期资产。政府财务会计就是要记录这项资产，并记录这项资产的实际价值变化。政府财务会计的会计主体通常表现为各预算单位。表面上看与我国现行的《行政单位会计》和《事业单位会计》相似，甚至于有这样的观点：在我国现行的预算会计体系中，预算单位会计大体相当于财务会计，财政总预算会计大体相当于预算会计。这种看法是不准确的。总预算会计核算的预算收入的取得和预算支出的划拨无疑是政府的财务活动，提供的存量信息主要国库存款、国债信息及与上下级政府之间的资金往来，同样属于政府的财务信息。更准确地讲，我国现行的预算会计体系是收付实现制下的政府财务会计。我国政府财务会计制度的构建就是要在此基础上进行完善。具体应从两方面入手。

1. 采用统一的准则规范

取消按不同组织类别分设会计制度的做法，设立统一的政府财务会计准则。对于所有的行政单位、纳入预算管理的事业单位应纳入政府财务会计的会计主体中。只有这样才能实现会计信息的可比性，才有编制政府整体会计报表的可能性。从国外政府会计准则制定趋势来看，政府会计准则与企业会计准则的差异在减少。有些国家政府和企业共用财务会计准则，如澳大利亚等。国际公共部门会计准则委员会发布的公共部门会计准则也最大限度地借鉴了国际财务会计准则。从我国 2012 年发布的《事业单位会计准则》看，与企业会计准则已相当接近。

2. 以总预算会计为核心，同时兼顾预算单位财务会计的重要地位。

政府财务会计还应保持现有的基本格局，由核算预算收支及结存情况的总预算会计和单位预算会计构成，二者核算的内容不重复。改革之后的不同点在于改变了之前仅以总预算会计为核心的状态。财政总预算会计核算预算收支及结余情况、与公债发行及偿还的有关业务。

财政总预算会计核算的是国库资金的收支，包括：①国库存款的增加，增加的途径可以是征税和发行证券；②国库存款的减少。在国库分散支付的情况下为向各预算单位拨款，在国库集中支付的情况下为向供货方支付货款。财政总预算仍然为资金会计，不涉及实物资产的核算。从核算的内容看，财政总预算会计核算的是国库资金的收支。各预算单位都是核算主体和报告主体，核算与本机构相关的经济业务。实际的支出是由预算单位进行的，所以，预算支出（包括费用化和资本化的部分）应由各预算单位进行；预算收入由财政总预算会计核算。财政总预算及各预算单位既为核算主体也为报告主体。

在国库分散支付的情况下，公共资金的流动包括以下几个环节：①通过征税，资金从私人部门流入公共部门；②预算单位获得拨款额，这一步为公共资金在公共部门的内部流转；③经过承诺、核实阶段之后，由预算单位支付资金给供货商，资金流出公共部门。在国库集中支付的情况下，付款由核心部门进行。但无论是国库分散支付还是国库集中支付，核心部门都不涉及实物资产的核算；而且如果不考虑发行债务形式取得的资金，财政年度末，核心部门的资产负债表中不应有太多的国库存款，有余额意味着预算收入大于预算支出，占用了私人部门的资源，不符合税收的效率原则。也就是说，核心部门的资产负债表包括的内容较少。而预算单位核算的内容较多，不仅要核算预算单位的预算资金从收到拨款到付款的整个过程，而且还要核算实物资产信息，即资产的消耗及结余情况。以预算单位为政府财务会计的核算重心也有利于对各预算单位进行绩效评价，有利于激励各单位进行财务管理。对于不归属于任何预算单位的公共资源，应由总预算会计核算。

四 《政府会计准则——基本准则》中的体现

《基本准则》第三条：政府会计由预算会计和财务会计构成。第五条：政府会计主体应当编制决算报告和财务报告。决算报告的目标是向决算报告使用者提供与政府预算执行情况有关的信息，综合反映政府会计主体预算收支的年度执行结果。财务报告的目标是向财务报告使用者提供与政府的财务状况、运行情况和现金流量等有关信息。

《基本准则》明确提出了预算会计和财务会计。但在相关的具体准则没有发布之前，对预算会计如何核算还不够明朗。《基本准则》中规定，预算会计采用收付实现制。政府预算会计要素包括预算收入、预算支出、预算结余。主要还是反映预算的实际执行情况。本书认为，预算会计从本质上应该是管理会计的范畴，反映的是政府支付周期，而不是简单的收付实现制下对付款阶段核算的会计。

第四节　权责发生制在政府预算及政府会计中的运用

一　权责发生制在政府会计中运用的国际比较

在权责发生制的运用方面存在两层含义，第一是权责发生制在预算中的运用；第二是权责发生制在政府会计中的运用。权责发生制预算是指以应收和应付作为编制预算的核算基础，即在确认预算收入和预算支出时以权责发生制为标准。权责发生制政府会计是指以权责发生制为基础进行会计要素的确认、计量、记录和报告。政府会计由预算会计和政府财务会计构成，而预算会计核算的就是预算收支，所以，权责发生制在预算中的运用与在政府会计中的运用不可分割。

（一）各国权责发生制的推进方式及实施步骤

1. 各国政府在政府会计改革中的推进方式主要有三种

如前所述，完全现金制与完全应计制是会计基础区间的两个端点，即应计制存在不同的程度。若将完全应计制看作政府会计权责发生制改革的目标。各国权责发生制改革的推进方式有以下方式：

一是"一步到位"方式，即对政府会计的收付实现制基础一次改为完全的权责发生制，代表国家有新西兰、澳大利亚、英国等。

二是"分步到位"方式，即先由完全的收付实现制过渡到修正的收付实现制，再由修正的收付实现制过渡到修正的权责发生制，最后由修正的权责发生制改为完全的权责发生制，应计制程度逐渐加深，直至实现完全的应计制。如加拿大。

三是"逐渐扩展"方式，即先是根据实际情况对部分收入、支出项目或对部分资产、负债项目实行权责发生制，此后再逐渐推广。如美国。美国对联邦退休雇员的退休金中个人不能承担的部分，由政府部门按权责发生制方法确认成本；对政府直接贷款和贷款担保采用权责发生制进行会计处理。

"分步到位"与"逐渐扩展"的方式是存在差异的，原因在于修正的现金制与修正的应计制的差异。

2. 改革的实施范围及步骤

在改革的范围上，主要表现为政府会计与政府预算是否协调推进。

一是在政府预算及政府会计领域均采用了权责发生制。政府的所有活动都采用了应计制基础，即使是预算本身也接受了应计制，形成了应计制会计与预算体系（accrual accounting and budgeting systems，AABS）。即在政府预算编制时，政府预算收入及政府预算支出的确认标准为权责发生制，同时也是判断执行情况的标准；在政府会计处理时也采用权责发生制，以权责发生制为标准确认会计要素。新西兰、澳大利亚、英国均实现了预算和政府会计的权责发生制。这种做法的优点是便于预算信息与政府会计信息的比较。

二是在预算编制上对部分项目采用权责发生制，在政府会计中采用权责发生制。如加拿大。

三是在预算编制上采用收付实现制，在政府会计中采用权责发生制。如美国和法国。美国政府会计与财务报告改革走的是中间化道路，既没有全盘接受应计制，也没有坚持传统的现金制，而是根据政府财务资源和业务活动的特点采用了修正的应计制（认为某些政府业务不适合采用应计制），这样就形成了现金制与应计制混用的模式。

对于预算和政府会计全部采用权责发生制的国家，推进的顺序大致相同，均是先在政府会计中采用权责发生制，然后是采用权责发生制预算。[①] OECD 权责发生制应用一览表，如表 5-2 所示。

表 5-2　　　　　　　　　OECD 国家权责发生制应用一览

权责发生制适用范围	完全采用	局部采用	特别规定	补充规定
政府预算	新西兰、澳大利亚、英国、意大利	加拿大、芬兰、冰岛	丹麦、美国	德国、葡萄牙
政府财务报告	澳大利亚、芬兰、希腊、意大利、新西兰、瑞典、美国	加拿大、冰岛、芬兰	丹麦、法国、波兰、美国	比利时、德国、匈牙利、爱尔兰

资料来源：刘谊、廖莹毅：《权责发生制预算会计改革：OECD 国家的经验及启示》，《会计研究》2004 年第 7 期。

[①]　如新西兰在 1989 年提出政府会计中引入权责发生制，现在部分部门试点，然后推广到所有政府部门，并在 1993 年编制了第一份完整的中央政府财务会计报告。1994 年，编制了第一份权责发生制预算。澳大利亚自 1994—1995 财政年度开始，在联邦政府会计中引入权责发生制作为计量基础，要求政府部门以权责发生制为基础编制经审计过的财务会计报告，从 1999—2000 财政年度起，年度预算也引入权责发生制。英国与 1995 年决定采纳资源会计与预算，先在政府部门试行，1999—2000 财政年度首次公布以权责发生制为基础的财务会计报告，计划于 2001—2002 财政年度首次公布以权责发生制为基础的预算报告。

（二）IPSASB 的规定

截至 2008 年 10 月，IPSASB 已经发布了 26 项基于权责发生制的国际公共部门会计准则（IPSAS），1 项基于收付实现制的国际公共部门会计准则——"收付实现制会计基础下的财务报告"；此外，IPSASB 还发布了 14 份研究报告、7 份应时报告书、1 份信息报告书——"美国权责发生制会计之路"。在征询意见书中，考虑了四种会计基础——收付实现制、修正的收付实现制、修正的权责发生制和权责发生制的情况。《国际公共部门会计准则第 1 号——财务报表的列报》明确了公共部门财务报告的目标是提供有助于广大使用者对资源分配做出决策和评价决策的有关主体财务状况、业绩和现金流量的信息，而且还应当反映受托责任的履行情况。从满足财务报告的目标来讲，权责发生制能够更好地满足这些要求。IP-SASB 制定的 26 项核心国际公共部门会计准则采用的是完全的权责发生制基础。

（三）IMF 的规定

IMF 于 1998 年 4 月正式发布的《财政透明度示范章程——宣言和原则》，是世界上第一部首次由政府间组织发布的，旨在为各国确立公共财政透明度一般原则的文件。在《章程》发布 3 年后，IMF 于 2001 年 4 月发布了《财政透明度手册》。指出，预算会计和政府会计的会计处理和报告应当以权责发生制为基础，政府账户分类和财务报告准则应当与采用权责发生制的《政府财政统计手册》相一致；而且，鼓励采用以权责发生制为基础的《国际公共部门会计准则》。IMF 认为，提高"财政透明度"要求的很多做法都必须通过采用权责发生制会计来解决，比如，财政风险的评估和披露，政府财政状况指标的计量等。

二　我国目前是否适合引入权责发生制预算

不论是从引入权责发生制预算需要的前提条件，还是从对权责发生制预算的需求上看，我国短期内还不太适合引入权责发生制预算。只有在具备了实施的前提条件，并且对权责发生制预算更有存在的价值，才适合采用。而且这是一个长期的过程。从长期来看，应该从收付实现制预算逐步转向权责发生制预算。

1. 我国暂时还不具备实施权责发生制预算的前提条件

（1）不具备建立完善的资产登记、评估与成本计量系统的条件

要对政府的资产评估，首先要有完备的资产登记信息。在对国有资产管理中，政府会计是基本的手段。而我国现行的预算会计体系并不提供完

整的政府资产信息。首先，采用的是收付实现制，对以非现金形式取得的资产不记录。其次，对固定资产不计提折旧。再次，各单位会计制度相互独立，不编制合并的资产负债表，不提供政府整体的资产信息。在取得完备的资产登记信息基础上才能对资产进行评估。而我国的资产评估制度还极为不完善。资产评估的对象是各式各样的资产。从来源对象上看，有来自于企业的、政府的、家庭的。资产评估从理论上看有很多种可供操作的方法。从独立性上来说，独立的民间资产评估机构在评估企业的资产时相对来讲独立程度较高。即使这样，资产评估在我国运行的还很不成熟，评估价格缺少公允性，随意性很大。在这种情况下，如何客观地评价政府的资产价值。

（2）从文化准备上看，还没有转换观念。

权责发生制预算不只是预算编制时预算收支方法的改变，而是对政府职能和位置观念的转换：从主动到被动。也是对政府行为控制和评价方式的改变：从投入控制（做没做什么）到产出控制（做得好不好）。文化的影响是潜移默化，也是最难改变的，需要时间。

2. 对权责发生制预算信息的需求情况分析

权责发生制预算既提供存量信息也提供流量信息，甚至都可以这样理解如果预算能实现权责发生制，政府会计一定都是权责发生制。当然也提供现金流的情况，可以是政府的现金流量表，也可以是以现金流表示的预算收支情况。在权责发生制的政府预算及会计体系中，这些信息只是补充信息。权责发生制预算提供的信息更注重政府长期的财务状况分析，与权责发生制政府财务会计提供的政府成本及政府绩效信息更具可比性。

政府预算首先要编制科学，其次要严格执行。整个过程都离不开设计合理执行有效的审计监督制度。预算是对政府收支进行控制和监督的手段。收付实现制预算为投入导向，而权责发生制预算为结果导向。

我国仍处在现代公共预算体制的早期，目前预算改革的重点主要是加强行政控制而不是人大的政治控制。主要任务是如何实施全口径预算，将所有预算收支纳入公共预算管理，规范预算编制程序，提高预算编制技术。如我国每年到年末时"年底突击花钱"的现象，原因有很多种，其中预算编制方法的不科学就是重要原因之一。从后者来看，国库集中收付制度并未全部实施，而且在执行中改变预算的情况很多。预算民主仍未真正进入中国预算改革的日程表，不论从一般民众还是政府本身，预算国家的观念还没有深入人心。实施权责发生制预算的条件还不具备。后者的实施需要公共预算体制的建立健全为其奠定良好的基础。

三　我国目前是否适合引入权责发生制政府会计

沿用本书对权责发生制政府会计的界定，包括权责发生制的预算会计与权责发生制的政府财务会计。

（一）预算会计

权责发生制的预算会计是指对拨款、承诺、核实、付款四个阶段都记录的预算会计，并且既记录预算数，又记录实际执行数。通过比较预算数与实际执行数（通过账户的形式）来评价预算的执行结果，及随时反映出一个单位的可用拨款额度。收付实现制的预算只在付款阶段做出记录。预算收入方面，只在预算收入实际入库时才记录。

权责发生制预算与收付实现制预算相比，更能反映预算的执行过程，更能反映预算资金的流动情况。进而更能实现预算会计的功能。

权责发生制的预算会计与预算是否是权责发生制没有必然的联系，即使是现金制预算同样可以采用权责发生制的预算会计。而且，从具体的实施来看，在国库集中收付制度的情况下，预算会计有了实施的条件。

（二）政府财务会计

政府财务会计与预算会计的差异体现在：第一，功能定位不同，政府财务会计的目标定位是为了反映政府整体的财务状况和运营业绩（通过投入和产出，结合政府成本报表）；预算会计的目标是为了反映预算收支的执行过程。[①] 第二，核算对象稍有不同。政府财务会计核算的是已经发生的交易和事项，而预算会计既核算预算数，也核算实际执行数。

我国现行的收付实现制下的预算会计体系提供的资产负债信息极其有限。从资产方面看，许多资产没有反映，并且对固定资产没有提折旧。从负债方面看，反映的信息更是有限，在政府会计系统中仅反映了部分的直接显性负债，对于隐性债务及或有债务都没有反映，也没有披露。同时，从世界范围看，从美国某些州政府的破产到冰岛国家破产再到欧洲危机，国家破产的概念逐渐进入了人们的视野。多年的财政赤字使得各个国家都面临财政风险问题。我国也不例外。在这样的背景下，更需要发挥政府会计反映政府真实的财务状况的职能，而只有权责发生制的政府财务会计才能达到这样的目的。

---

① 在权责发生制预算情况下，虽然核算的内容有部分重合，但目标定位仍然是不同的。

四 政府会计确认基础改进的具体思路

由以上分析可以得出这样的结论，我国应该引入权责发生制的政府会计，但还不能引入权责发生制的预算。这样就造成了预算基础与政府会计基础的不一致，势必会提高信息的提供和解读成本。但是，在我国具备的条件和对信息的需求状况上看，这是最优选择。从长期来看，还是应当缩小二者之间的差异。

从以上预算与政府会计的关系可以看出，我国基本上是属于德法模式，即政府预算的地位要高于政府会计。与德法模式不同的是，我国的预算系统还不是很完善。所以我国的权责发生制政府会计改革时，一方面要考虑到进行改革的紧迫性，如各个国家政府会计改革的实践、国际组织对政府提供政府财务信息的要求等；另一方面要结合我国的具体情况及方案的可实施性。

从各个国家权责发生制改革的进程看，我国应选择"分步到位"与"逐步扩展"相结合的方式，在权责发生制的实施范围上，应首先考虑在政府会计领域进行，其次考虑在政府预算领域进行。

"分步到位"与"逐步扩展"相结合的方式，指一方面在现金制的基础之上采用修正的现金制，可以采用附加期的形式；另一方面，对于某些收入、支出、资产、债务采用权责发生制的基础进行核算，权责发生制的程度反映在这些收入、支出、资产、债务的范围上。依据程度不同，权责发生制分为"低度""中度""强度""完全"四种。

（1）"低度"应计制，只反映短期金融资产和短期负债。（2）"中度"应计制，增加反映长期金融资产和长期负债。（3）"强度"应计制，甚至在资产负债表中反映各类资本资产。（4）"完全"应计制，迫使政府把法律赋予的提供社会保障和福利义务反映为债务。应计制强度越高，会计人员的主观判断越多，风险越大，需要解决的计量问题就越多。不同应计制程度下资产和负债的确认情况，如表5-3所示。

表5-3　　　　　不同应计制程度下资产和负债的确认情况

程度	确认的资产	确认的负债
轻度应计制	流动性财务资产	直接显性负债
中度应计制	非财务性流动资产+长期财务资产+流动性财务资产	直接隐性负债+直接显性负债
强度应计制	资本性资产+非财务性流动资产+长期财务资产+流动性财务资产	间接负债+直接隐性负债+直接显性负债

程度	确认的资产	确认的负债
激进应计制	未来税收等+资本性资产+长期财务资产+流动性财务资产	政策承诺等+间接负债+直接隐性负债+直接显性负债

资料来源：由相关资料总结。

结合以上分析，具体实施路径设计如下：

首先，鉴于现金制是我国预算会计的传统，在政府预算领域仍然采用现金制预算。在政府会计领域，预算会计应采用所谓的权责发生制的预算会计，即核算支付周期的整个阶段；政府财务会计应首先选择部分内容采用应计制，即采用"低度"的应计制，之后逐渐过渡到"完全"的应计制。

根据我国目前防范财政风险尤其是地方财政风险的现实需要，对政府债务尤其是地方政府债务首先实行应计制。同时，对于满足资产确认条件的资产，依据权责发生制的原则进行确认和计提折旧。

其次，根据从计量的难易程度上看，可以沿着先反映金融资产，再考虑一般固定资产，最后考虑公共基础设施、国防资产、自然资源和无形资产；先反映直接负债，再反映预计负债和或有负债的思路来循序渐进。

再次，根据会计主体所处层面，政府的级次越高，其所提供的公共物品的"公共性"就越强（比如国防），相对来讲实施应计制的难度就越大，必要性也较小。相反，级次越低的政府提供的公共物品更多的为地方公共物品，实施应计制的理论支持相对较强，风险也就越小。所以，我国政府会计应计制改革应在制定统一的政府会计准则的基础上，先在地方政府会计核算中采用权责发生制。

只有在权责发生制下，政府的资产负债情况才得以真实反映。从政府会计改革的发展趋势来看，权责发生制的政府会计是国际趋势，许多国家都已经编制了权责发生制下的政府整体财务报告。如美国政府会计准则委员会要求地方政府编制完全的权责发生制下的政府整体财务报表。我国政府对权责发生制在我国政府会计准则中的运用也相当关注，进行了大量的理论和实践研究。海南于2009年5月推行权责发生制政府会计改革试点。2010年12月31日，财政部颁发的财会2012第27号规定新的《医院会计制度》于2011年7月1日起在公立医院改革国家联系试点城市施行，2012年1月1日起推向全国。新的《医院会计制度》的颁布和实施拉开了我国权责发生制政府会计改革的序幕。对于已经实行新的《医院会计制度》的单位，一方面要按照新制度的规定采用完全的权责发生制进行会计核算，编制权责发生制下的政府财务会计报告；另一方面作为预算单位在预算编制阶段要提供预算数，在预算执行阶段要提供预算实际执行数。所以，实行新的《医院会计制度》的单位实际上面在进行双轨制政府会计模式的实践。而海南的试点方案主要侧重的还是权责发生制的政府财务会计制度改革。

五 《政府会计准则——基本准则》中的体现

《政府会计准则——基本准则》第三条规定：政府会计由预算会计和财务会计构成。预算会计实行收付实现制，国务院另有规定的，依照其规定。财务会计实行权责发生制。这意味着在我国政府会计改革历程中，不但明确提出了政府财务会计，而且明确是权责发生制的政府财务会计，这是一个很大的进步。但从实践的角度，真正实施权责发生制还面临着一系列困难，如对存量资产的初始确认。

对本章内容总结如下：政府会计分为预算会计和政府财务会计，政府会计要素包括预算会计要素与政府财务会计要素；我国当前阶段还不具备采用权责发生制预算的条件，预算会计仅是从支付周期的角度追踪预算从制定到执行的整个过程的工具，包括支付周期的整个过程，权责发生制在政府会计中的运用主要体现在政府财务会计中的运用。

第六章　我国政府会计要素的设置与核算

　　本章在前文对我国政府会计模式论述的基础上，试图提出我国政府会计要素及其核算设计。第一，在现金制预算下，预算会计要素的设置及核算。第二，在权责发生制下，政府财务会计要素的设置及核算。从会计主体的角度讲，本书认为我国应采用"双主体"的政府会计模式，即基金主体与政府组织主体并存。基金主体包括核算主体与报告主体，政府单位主体同样包括核算主体与报告主体。所以，政府会计要素的核算还可分为"基金"会计要素（以单独某个基金核算并编制某个基金的财务报告）与"组织"会计要素（以某预算单位为主体核算并编制某个单位的财务报告）。"基金"会计要素与"组织"会计要素是预算会计与政府财务会计具体表现形式。可归结为以下两点，第一，在现金制预算下，预算会计要素的设置及核算。第二，在权责发生制下，政府财务会计要素的设置及核算。无论是预算会计还是政府财务会计，都采用"双主体"政府会计主体模式。

　　会计要素是会计对象的细分，研究政府会计要素首先应研究政府会计对象。笔者试图以公共受托责任为理论依据，搭建出政府会计对象的思路，为政府会计要素的设计打好理论基础。

第一节　政府会计对象——公共受托责任视角

　　市场失灵的存在是政府介入的原因，但政府介入与公共受托责任概念之间并没有必然联系。在现代民主政治出现以前的君主专制时期，同样存在履行提供社会公共产品职能的组织。那时的公共产品提供者与公共产品的需求者之间是命令与服从的关系。但欧洲启蒙运动打破了这样的状况。启蒙运动使人们认识到人人生而平等，对政府与公民之间关系的认识发生了改变。18世纪法国思想家卢梭在《社会契约论》中提出，政府是人们通过社会契约方式，在完全平等的基础上自愿结合起来的社会组织，法律就是一种契约方式。公共产品的需求者意识到，自己与公共产品的提供者之间是委托人和受托人的关系。所以说，公共受托责任是民主政治发展的结果。政府与人民之间是受托人和委托人之间的关系。

　　会计对象是政府会计理论的基本问题，会计要素一方面是政府财务报告要素，另一方面会计要素是对政府会计对象的细分。市场失灵是政府介入的原因，如果不存在市场失灵，政府就没有存在的必要性，更谈不上政府会计。现代民主政府的发展使得政府介入的过程演变为政府作为受托人完成公共受托责任的过程。正是公共受托责任的存在使得政府会计存在成为了可能，因为政府会计作为一种客观的中性的方法，是受托方利用其提供的财务信息解除其受托责任的工具，同时也是委托方监督受托方履行受托责任的工具。公共受托责任依据受托责任的客体分为权力受托责任和资源受托责任，其中，权力受托责任是唯一的本源，资源受托责任是权力受托责任的具体表现。而会计的价值计量特性决定了政府会计一方面不可能直接对抽象的公共权力受托责任进行核算，另一方面也无法对不符合计量条件的资源进行会计核算。政府会计的会计对象一定与受托的公共资源有关，这里暂且将其定义为受托责任系统中的受托责任的行为带来的资金运动。

一　关于受托责任

　　国内外学者对受托责任的概念、含义、构成、分类等进行过大量的研究和探讨。从现有研究成果看，对概念、含义、内容、种类的论述比较含糊，缺乏条理性。概念是客观事物的本质属性在人们头脑中的概括反映，受托责任的概念也即受托责任的本质属性。但对受托责任的概念没有一致的看法。含义是对概念的具体解释。构成和分类有一定的联系，分类可看作是对具体构成的分类，构成同时包括各种不同类型的受托责任，对这些受托责任依据不同的标准可分为不同的类别。

　　本书试图从受托责任这个客观存在的现象入手，探求一个完整的受托责任系统的构成要素，进而探求受托责任的一系列问题。不同的学者对同样一个事物的研究成果存在不同的原因主要在于研究者的知识背景不同，根源在于研究目的的不同。本书的研究目的是政府会计的会计对象，是政府会计领域。

　　王光远（1996）通过受托责任的组成部分解释了受托责任的含义，瞿曲（2006）提出了受托责任系统的组成部分。结合现有的研究成果，笔者将受托责任系统分为基本构成要素和其他构成要素两部分。基本构成要素指直接构成一个受托责任关系的必不可少的部分，包括受托责任的主体、受托责任的客体、受托责任的内容、受托责任的行为。其他构成要素包括受托责任的环境、受托责任的控制机制。（1）受托责任的主体指受托责任系统的参与者，也是这个关系的双方当事人，包括委托人和受托人；（2）受托责任的客体指委托受托共同指向的对象，即委托人将"什么"委托给受托人。从根源上看，是权力。这个权力本来是属于委托人的，但是出于某些原因，委托人无法或者不想行使这些权力，委托人只有将这个权力委托给受托人，由受托人执行，事情才更有效率；（3）受托责任的内容，是委托人想要受托人应承担的责任的具体内容，就是通常所讲的受托责任；（4）受托责任的行为，指受托人为了完成受托责任目标所进行的行为，受托人的行为包括履行所界定职责的行为和解释报告的行为，前者是按照委托人的期望履行相应的职责，后者是对自己的行为进行解释和报告，证明其合理性；（5）委托人（主体）把权力（客体）委托给受托人（主体），要求受托人按照委托人的要求完成约定好的任务（内容），受托人为了完成约定好的任务必定要通过具体的行为（行为）。在这个过程中，委托受托关系是处于特定的社会与组织场景中的，这个场景就是受托责任的环境；（6）为了确保受托责任有效履行，双方也会设计各种机制，这就是受托责任的控制机制。

一个完整的受托责任系统应由这六个部分构成，这是一个分析框架，不同的受托责任关系的差异就体现在这些组成部分的不同。

二　公共受托责任的特点——与企业受托责任相比较而言

理解公共受托责任的含义可以采用比较分析法，从公共受托责任与企业受托责任相比的异同开始。路军伟分别从产生的原因、产生的目的、受托责任的客体对二者进行了比较分析。他认为，前者产生的原因是现代民主制度的发展，后者产生的原因是所有权和经营权的分离；前者产生的目的是提供公共产品，后者产生的目的是赚取利润；前者的客体包括权力和资源，后者的客体只包括资源。笔者认为，可从公共受托责任系统的要素入手进行比较：

从受托责任的主体看，前者的委托方是选民（公民、人民、纳税人），受托方是政府；后者的委托方是所有者和债权人，受托方是企业管理者。

从受托责任的客体看，前者的客体首先或者说本源是权力，选民将一些权力委托给了选民选出的政府，如征税权、公共事务管理权等。这些权力是政府提供公共产品，实现政府职能，弥补市场失灵所必需的。为了实现受托责任，政府需要运用这些权力，并通过具体的行为来实现。在这个过程中，政府需要占用资源，这些资源无论是已经存在的公有资源还是由于通过预算新产生的，本质上都是本应属于全体选民的资源，即公共资源。所以说，公共资源受托是权力受托衍生出来的。对于企业受托责任而言，笔者认为也是源于权力受托。虽然说现代企业制度的特点是经营权和所有权相分离，经营权属于企业本身。企业董事会席位的多少基本上与持股比例直接相关，负责经营管理的管理者是由董事会决定的。从本质上看首先还是权力受托。

从受托责任的内容看，前者从宏观看是要实现社会稳定、经济增长、国家安全，从具体的微观内容看是提供各种类型的公共产品和服务。这些都可以看作是广义的公共产品。后者的内容就是要实现委托方投入资本的保值增值，最终要让委托方赚取利润。

从受托责任的行为看，前者的行为包括两大类，一类引起了价值变动，一类与价值变动无关。与价值变动无关的行为不属于政府会计的核算范围。对于第一类又可以分为两小类，（1）由整个财政收入的实现过程和财政支出的实现过程，也即整个预算周期的运行过程引起的；（2）虽与本年度预算收支无关但涉及价值变动的。而企业的受托责任行为是通过企业的生产经营过程实现的，往往表现为生产产品或服务继而销售赚取利润的过程。

从受托责任的环境看，前者因涉及公共利益，所处的环境比较复杂，既包括国内环境，也包括国际环境；既包括宏观因素的影响，也包括微观选择的影响。而后者的环境往往是行业环境和国家的宏观调控环境。

从受托责任的控制机制看，前者的控制机制的强弱往往取决于这个国家的民主化程度。后者的控制机制通常称为企业的内控机制，多表现为个体行为。

从以上分析可以看出，公共受托责任与企业受托责任相比有相当大的差异。原因就在于产生的原因和目的存在差异。受托责任是现代会计存在的必要条件，公共受托责任的存在也是政府会计存在的必要条件。二者的差异性也使得不能简单地将企业会计的理论和实践照搬至政府会计。

三　公共资源受托的界定

张雪芬（2006）论述了政府会计对象。首先介绍了我国现行预算会计（财政总预算会计、行政事业单位会计）的对象为"财政性资金活动情况及结果"。指出政府承担的受托责任是广泛的，用"预算收支"或"财政性资金活动"难以涵盖。提出"把政府履行管理社会公共事务及代表国家意志和人民意志，行使管理权的各项财务活动如国有资产、国家债权债务以及受托管理的各项社会保障统筹基金等"作为政府会计的对象。路军伟（2010）认为政府会计对象应从受托责任角度加以考察，并将其定义为"政府在履行公共受托责任过程中，受托资源的状态及其增减变动"。此定义将会计对象与公共资源受托联系起来。

如果将会计对象理解为"资金运动"，这种资金运动是会计主体具体的连续不断的依次发生的各种交易或事项所引起的价值运动。将这种价值运动经过信息的归类处理后形成了有一定目的性——满足财务报表使用者要求的会计要素。但并不是所有的事项都涉及价值运动，会计只记录与价值运动有关的业务和事项。

现代财务会计理论体系的构建通常以财务报告目标为逻辑起点。为实现既定的财务报告目标，如受托责任观和决策有用观，需要人为设计一套相应的会计要素体系。从会计产生的历史进程看，会计的前身是复式簿记。

产生之初主要是为了记录企业发生的经济业务活动。随着企业规模的扩大，企业所有权和经营权的分离。簿记逐渐发展为现代意义上的会计，也出现了财务会计报告的受托责任观。虽然企业受托责任与公共受托责任之间存在差异是主要的，但从本质上看，首先都是权力受托，委托受托的关系不变。

从前文分析可以看出，公共受托责任首先是权力受托，其次是资源受托。权力受托的源生性决定了其抽象性，会计计量价值运动，无法对权力受托进行核算。但这并不代表会计手段就是无能为力的。财务会计对于价值运动的核算是其他方法所无法代替的。公共资源受托是权力受托的具体表现。委托人将权力委托给受托人，受托人为了完成受托责任需要通过具体的行为，如征税行为、提供公共产品行为等。这些是前文中受托责任的行为。这些行为有些是涉及价值运动的，有些不涉及价值运动。对于前者，会计无能为力。对于涉及价值运动的行为，一方面是具体的行为本身，另一方面也是与行为进行同时带来的价值运动。对于公共资源受托责任，笔者依据公共资源的不同来源对其做了如下细分。

（一）由预算活动产生的公共资源

政府预算是指经法定程序审批的具有法律效力的政府财政收支计划。

狭义的政府预算指具有法律效力的文件，广义的政府预算则包括预算编制、预算审批、预算执行和调整、决算、预算监督等整个预算过程。从政府预算的内容上看，政府预算收支体现着政府掌握的财政资金的来源、流向及规模。政府年度预算代表了政府的年度收支计划，年度预算里的收支是一个财政年度内将要完成的收入和支出。收入和支出指的是流量，预算收支首先是关于价值流量的信息。其次，政府预算的灵魂在于法治性，不允许有任何没有经过预算或超过预算边界的财政收支。

预算的完整性是法治性的体现，政府性收支应包括政府履行其职能所引起的各种形式的"资金"收支，也就是"全口径预算"。但由于预算基础不同，"资金"收支的"口径"也就不同。收付实现制预算基础下，"资金"收支仅指货币资金形式的收支。对于非货币资金形式的公共资金的收支并不在收付实现制预算之内。同样是"全口径预算"，预算基础不同，所包含的预算收支的范围是不同的。

我国的《预算法》中明确规定政府预算采用收付实现制。要求是全口径预算，具体包括一般公共预算、政府性基金预算、社会保险基金预算和国有资本经营预算。无论哪一本预算，预算收入和预算支出都表现为货币形式。一般公共预算中收入是税收，由于没有实物税，所以税收是价值形态，而且都是货币形态。支出是将收上来的税收花出去，支出的过程同时也是政府提供公共产品的过程。对财政支出的分类如果按照功能来分可以很清楚地看出来政府具体都干了哪些事情，实现了哪些职能。如果按照经济性质来分可以看出具体都买了什么，分为经常性支出和资本性支出。这种财政支出的分类方式与财务会计中的概念紧密相连，经常性支出费用化，没有形成会计上的资产；资本性支出形成了会计上的资产。

由预算活动产生的公共资源还可分为两个层次。一个层次是指预算收支本身的流量及存量，不包括支出所形成的实物资产价值的核算；另一个层次是站在财务的角度，在前者的基础上，将资本性支出形成的资产存量增减变动情况包括进来。可将前者称为财政受托责任，后者称为财务受托责任。

1. 预算收支本身的增减变动

政府的预算收支活动是政府得以存在的本源，如果说政府除了预算活动之外再没有其余活动也不算太过分。一般公共预算的收入主要是税收，税收是货币形式的，与收入对应的支出也是货币形式的。政府性基金预算与一般公共预算相比最大的特点是专款专用，收支也是货币形式的。社会保险基金预算更是如此。国有资本经营预算的收支也是货币形式的。这也就意味着政府用非货币形式的资产对外出资不构成国有资本经营预算的支出。

政府预算收支本身是流量，从动态上看是一个过程。公共资金运动的过程可以分为三个阶段：第一阶段，政府取得各种形式的财政收入。可以是各种税费、债务和捐赠。在这个环节，资金从私人部门流入公共部门，资金的性质转变为公共资金。第二阶段，资金在政府部门内部的流转。公共部门有一个专门负责组织收入的职能部门，而提供公共产品的过程是支出的过程，真正要提供公共产品的部门只有支出没有收入。第三阶段，财政支出。在这个环节，资金从公共部门流向私人部门。现代政府预算管理的重心在于支出管理。资金在政府活动持续进行中形成了不间断的资金流，反映和监督政府整个的资金运动情况，除了从其动态过程反映外，还应从其运动结果进行反映，运动过程中的任何一点都是其之前运动过程的一个结果，即资金运动的静态，也就是资金运动在某一瞬间的相对静止状态。

2. 由预算收支引起的资产存量的增减变动

国库集中支付下，支付周期中的"付款"环节由财政部门完成，具体来讲是由其代理银行完成。如果不考虑财政部门与预算单位的内部往来及政府部门的投资，总预算会计的资产只有国库存款。负债为政府的借债（一般为发行的债券）。预算单位的资产只有固定资产。"付款"阶段完成后，资本化的部分形成了预算单位账上的"固定资产"，是预算单位资产的重要组成部分。

由预算活动产生的在预算单位账面上核算的固定资产，在初始取得环节固然与政府预算相关，并且也是预算年度预算支出的一部分。但是，在收付实现制预算基础之下，其持有期间的后续计量及处置却只能通过政府财务会计来核算。

（二）与收付实现制预算活动无关的公共资源

政府行为与预算收支紧密相关，但在收付实现制预算基础下，并不是所有的政府行为都会引起预算收支的变动。在我国，大部分的公共资源属于此类，这些公共资源绝大部分表现为非货币形态。典型的如政府取得的非货币形式的公共资源和以非货币形式的公共资源对外出资等。

1. 取得的非货币形式的公共资源

取得的非货币形式的公共资源有些是出于法律规定，如政府受托管理的公共资源中的古建筑和文物、国有土地、矿产等。相当于国家多了一项资产存量，但与取得资产当年的预算收支没有关系。既然与预算收支无关，在我国传统的预算会计制度下，政府会计中也没有反映。这也构成了我国现有国有企业的大部分。

这部分公共资源无疑属于公共资源受托中的公共资源的范围。其价值运动过程，如以所有者身份取得的国有企业的分红、持有期间采用成本法还是权益法核算、股权投资的减值及处置、固定资产的折旧及处置等，都属于政府会计对象。其中有些业务与业务发生年度的预算收支有关，如国有企业的分红和对股权投资的处置构成业务发生年度国有资本经营预算支出。而有些业务并不影响预算收支，如对固定资产计提的折旧等。

2. 以非货币形式对外投资形成的投资资产

投资包括股权投资和债权投资两种。政府取得国有企业股权可以货币形式为对价，也可以以非货币形式为对价。前者在国有资本经营预算中有反映，后者不影响投资当期的预算支出。《中华人民共和国预算法》第十条规定："国有资本经营预算是对国有资本收益做出支出安排的收支预算。国有资本经营预算应当按照收支平衡的原则编制，不列赤字，并安排资金调入一般公共预算。"从原理上看，国有资本经营预算的预算收入有两部分，持有的国有企业股权的分红和转让国有企业股权带来的现金流入；预算支出为对国有企业的货币性增资。可实际情况往往是出于政府预算的硬约束考虑，加之有大量的国有资产存量，政府投资往往采用的是非货币资产的形式，如土地。这样既可以达到出资的目的，又可以绕开政府预算收支的限制。虽然对取得投资当年的预算收支没有影响，但是，对于持有期间取得的股利及处置时的处置收入无疑会影响业务发生当期的国有资本经营预算收支。

从会计的角度看，一项投资的初始计量是在取得这项投资的时候的入账价值，实质是政府新增了一项投资资产。自 2017 年 1 月 1 日开始施行的《政府会计准则第 2 号——投资》中规定："本准则所称投资，是指政府会计主体按规定以货币资金、实物资产、无形资产等方式形成的债权或股权投资。"以非货币形式取得的投资无疑是政府会计核算的范围。

3. 地方政府债务所形成的资源

我国地方政府债务的形成有若干因素，如分税制财政体制造成地方政府财力不足，地方政府面临 GDP 压力，而 2014 年修订之前的《预算法》不允许地方政府预算出现赤字，地方政府借债没有法律依据。面对这些情况，也是一种制度均衡，地方融资平台应运而生。这通常称为预算的软约束，即地方政府债务游离于预算之外。2014 年修订后的《预算法》赋予了地方政府发行政府债券的权利，并且明确提出政府的全部收入和支出都应当纳入预算，这为政府债务纳入预算管理提供了法律依据。2014 年国务院发布的《国务院关于加强地方政府性债务管理的意见》（国发〔2014〕43 号），提出把地方政府债务分门别类纳入政府预算管理。2016 年财政部出台了《地方政府一般债务管理办法》和《地方政府专项债务管理办法》，对地方政府债务纳入预算管理逐渐细化。

即便如此，纳入预算管理的政府债务范围还是比较窄的。如《地方政府一般债务预算管理办法》将纳入预算管理的"一般债务"界定为：地方政府一般债券、地方政府负有偿还责任的国际金融组织和外国政府贷款转贷债务、清理甄别认定的截至 2014 年 12 月 31 日非地方政府债券形式的存量一般债务（即非债券形式一般债务）。可见，新增债务必须为新发行的债券。但对于大量的表现为融资平台债务的存量债务，除非以地方政府发行债券实现置换，否则还是没有纳入政府预算。

政府进行债券置换，原债权债务关系就发生了改变。清理后确需将地方政府负有担保责任或可能承担一定救助责任的债务划转地方政府负有偿还责任的债务的，按照"权责利相一致"的原则，相应的资产、收入或权利等也应一并划转。

4. PPP 模式下所形成的资产

PPP（Public Private Partnership）泛指一切形式的政府和私人合作关系。我国官方文件中提出 PPP 是在 2014 年。虽然我国政府相关文件中列出了具体形式，如财政部于 2014 年 11 月 29 日发布的《政府和社会资本合作模式操作指南（实行）》中将 PPP 项目的运作方式分为了委托运营（O&M）、管理合同（MC）、建设—运营—移交（BOT）、建设—拥有—运营（BOO）、转让—运营—移交（TOT）和改建—运营—移交（ROT）等。但 PPP 并不仅指这几种形态，不同的 PPP 项目中，公共部门与私人部门在合约中的权利义务关系不同，意味着不同程度和形式的 PPP。

《企业会计准则解释第 2 号》对"企业采用建设经营移交方式（BOT）参与公共基础设施建设业务应当如何处理？"进行了解释，明确指出"BOT 业务所建造基础设施不应作为项目公司的固定资产"。但只是对企业（PPP 模式中的项目公司）的会计处理做出了规定，没有涉及政府这一方。但如果不作为企业资产核算，就应该是作为政府资产。另外，解释中只涉及了 BOT，并没涉及 PPP 的其余模式。《政府会计准则第 5 号——公共基础设施》中的公共基础设施的范围不包括"采用政府和社会资本合作模式（即 PPP 模式）形成的公共基础设施"。PPP 模式下形成的资产绝大部分满足"双控测试条件"，应作为政府资产来核算。

四 政府会计对象的具体界定

政府会计对象是政府为了履行公共受托责任所进行的具体行为所引起的公共资源的增减变动过程。从总的流程上看，提供公共产品的过程是财政支出的过程，财政支出的过程是"花钱"的过程，在这个过程中，"钱"从公共部门流向了私人部门。政府取得公共资金的过程是"钱"从私人部门流向公共部门的过程。资金运动可以从动态和静态两方面理解。

（一）对公共资金运动的动态描述

"运动"首先表现的是一个过程。公共资金运动的过程可以分为三个阶段：

第一阶段：政府取得财政收入。在这个环节，资金从私人部门流入公共部门，资金的性质转变为公共资金。

第二阶段：资金在政府部门内部的流转。对于同时具备非竞争性和非排他性特征的纯公共物品，资金来源只能采取税收的形式。也就是说公共部门有一个部门负责收税，而真正要提供公共产品的部门只有支出而没有收入。并且政府的收支不同于私人部门的收支，前者受严格的政府预算的制约。

第三阶段：财政支出。在这个环节，资金从公共部门流向私人部门。政府预算的重心在于公共支出管理。

（二）对公共资金运动的静态描述

资金在政府活动持续进行中形成了不间断的资金流，反映和监督政府整个的资金运动情况，除了从其动态过程反映外，还应从其运动结果进行反映，运动过程中的任何一点都是其之前运动过程的一个结果，即资金运动的静态，也就是资金运动在某一瞬间的相对静止状态。

第二节 政府会计要素的设置

会计要素是会计信息中可以分类又可组合的几个板块。既指财务报表内容划分的大类，又指用于正式报告账户体系内容的划分大类。[①] 所以，

---

① 葛家澍：《财务会计理论研究》，厦门大学出版社 2006 年版，第 38—39 页。

会计要素又称为会计报表要素，具体内容由各会计报表项目构成。从会计信息的处理流程上看，会计报表是会计信息处理流程的最终成果，会计报表项目的数据来源于会计账簿，会计账簿的数据由会计凭证过账而来，会计凭证记录了最原始的经济业务内容。对经济业务的核算通过对会计要素的核算实现。[①] 政府会计包括预算会计和政府财务会计，所以，政府会计要素相应的就包括政府预算会计要素与政府财务会计要素。

一　对政府会计要素设置的不同观点

（一）国外政府会计要素的设置

政府会计改革最初在 20 世纪 70 年代从美国开始，80 年代蔓延到加拿大、澳大利亚和新西兰，在 90 年代蔓延到英国。20 世纪末传播到西欧。美国模式代表西方政府会计中的"中庸"模式，政府财务会计中采用了权责发生制，但同时保留了现金制的预算。澳大利亚、新西兰和英国是激进模式，预算与政府会计全部实现了权责发生制。德国和法国等西欧国家是传统模式，政府会计中还未大规模引入权责发生制，政府会计只是预算系统的附属品。不过法国现在已经逐渐改成了"双轨制"，与美国相似。

在此背景下，典型国家（组织）政府会计要素的设置如表 6-1 所示。

表 6-1　　　　　　　　典型国家（组织）政府会计要素的设置

国家或组织	政府会计要素
美国（联邦）	资产、负债、净资产、总成本、收入、净成本、预算收入、预算支出、预算收支差额
英国	资产、负债、所有者权益、利得、损失、所有者捐赠、向所有者分配
澳大利亚	资产、负债、净资产、收入、费用
加拿大	资产、负债、收入、费用、盈余
IPSASB	资产、负债、净资产/权益、收入、费用现金收入、现金支出、现金结余

（二）对我国政府会计要素设置的争论

1. 我国现行的政府（预算）会计要素设置

---

① 赵西卜认为，从对会计要素的定义及划分的惯例上看，报表项目能否被称为会计要素取决于它们是否在日常账户中按照一定的会计基础进行记录，只有按照一定会计基础进行确认和计量的项目才会被视为会计要素，否则不被视为会计要素。比如企业现金流量表的项目在日常账户中并未使用收付实现制进行确认计量，因此企业现金流量表的项目不被认为是会计要素项目，现金流入、现金流出、现金净额也不被称为会计要素。

我国现行的预算会计体系由《财政总预算会计》《行政单位会计》《事业单位会计》《税收会计》《国库会计》《基建会计》构成，核心是前三个。我国现行政府会计要素设置如表6-2所示。

表6-2　　　　　　　　我国现行政府会计要素设置

单位	政府（预算）会计要素
财政总预算会计	资产、负债、净资产、收入、支出
行政单位会计	资产、负债、净资产、收入、支出
事业单位会计	资产、负债、净资产、收入、支出

另外，对于社会保险基金适用《社会保险基金会计制度》（财会〔1999〕20号）。制度适用于中华人民共和国境内社会保险经办机构经办的企业职工基本养老保险基金、失业保险基金、城镇职工基本医疗保险基金等社会保险基金。制度分别对基本养老保险基金、失业保险基金和基本医疗保险基金制定了相应的会计科目和会计报表形式。以基本养老保险基金为例：制度规定了两张报表：资产负债表和基本养老保险基金收支表。包括了资产、负债、基金（基本养老保险基金）、基本养老保险基金收入、基本养老保险基金支出、基本养老保险基金结余等会计要素。

我国现行政府会计要素的设置建立在这样的基础之上：第一，编制的基础为收付实现制；第二，政府会计主体为"组织"和"基金"；第三，不存在预算会计，仅指政府财务会计。

2. 对我国应如何设置政府会计要素的争论

关于政府会计改革基本上是围绕如何引入权责发生制展开的。陆建桥（2004）建议采用修正的收付实现制，并逐步从收付实现制向权责发生制过渡，认为应将营运绩效表和资产负债表作为政府财务报告的重要组成，以提供有关收入、费用、资产、负债信息，应将会计要素分为资产、负债、净资产、收入和费用，提供包括资产负债表、收入支出表和现金流量表的政府财务报告。王庆成（2003）提出会计要素包括资产、负债、基金余额、收入、支出和结余。李定清（2002）提出设计基金会计要素。

这些研究一方面关注的只是权责发生制政府财务会计要素的设置。对于预算会计如何核算及报告没有提及。或许是出于这样一个理解：我国政府会计改革的方向就是英国激进的模式，预算与政府会计全部采用权责发生制，不提供现金制预算信息。或许是仅谈政府财务会计要素的设置。总之，没有对我国政府会计要素做出系统的设计，包括设计的理论基础及整个政府会计体系的理论架构的前提。另外，将政府会计主体概念、预算会计与政府财务会计、权责发生制政府会计的概念放在一起考虑，略显凌乱。笔者认为，只有在完全的基金会计模式下，基金收入、基金支出及基金余额才可单独作为会计要素。

王雍君（2007）明确提出预算会计与政府会计不同，并提出以"支付周期"为中心重新构造我国的政府会计体系。预算会计要素按照支出周期确认为拨款、支出义务、应计支出、现金支出；财务要素按照现金基础或应计基础分别设置为现金收款、现金付款、现金余额，或资产、负债、净资产、收入、费用。而王彦（2009）认为虽然这种方法很科学，但目前尚无法按照预算周期设置预算收支表会计要素。

北京市预算会计研究会《政府会计课题组》（2007）提出，会计报表要素应当包括预算收支执行情况表要素和财务状况表要素两类。预算收支执行情况表要素包括：预算收入、预算支出、预算结余。完整的政府财务报表要素包括：资产、负债、净资产、收入、费用。

笔者认为，会计要素的设置应在明确一系列前提下进行：如预算会计与政府财务会计的确切含义、预算会计与政府财务会计的组合方式、权责发生制在政府会计体系中的运用、政府会计模式的选择是采用基金制还是单位主体模式。在这些模式选择确定之后，决定政府会计工作的成果——报表中要素的构成。

（1）"双轨制"政府会计模式前提下，预算会计与政府财务会计分设，提供不同的报表。所以一定要分预算会计要素与政府财务会计要素。

（2）即使是实行完全的权责发生制的国家，也要求提供现金流量表。也就是说，在政府财务会计要素中也应该包括现金流量信息。但财务报告要素不等于会计要素，只有按照会计基础进行核算的才是会计要素。财务会计的会计基础是权责发生制，从初始确认就是权责发生制，而现金流量表的编制基础是收付实现制，所以，现金流量表要素不是会计要素。

（3）从会计基础上看，预算基础可选择现金制或修正的现金制，预算会计要素基于权责发生制预算会计基础，政府财务会计要素为应计制和现金制。

（4）要考虑与现行制度的衔接，减少推行成本。

鉴于以上分析，本书将预算会计要素设计为预算收入、预算支出及预算结余；财务会计要素设计为资产、负债、净资产、收入和费用。我国政府会计要素的设计构想，如表 6-3 所示。

表 6-3 我国政府会计要素的设计构想

	会计要素的类型	会计要素之间的关系
预算会计要素	预算收入、预算支出、预算结余	预算收入-预算支出=预算结余
政府财务会计要素	资产、负债、净资产、收入、费用	资产-负债=净资产+收入-费用

二 预算会计要素设计

（一）政府预算会计科目的设计

预算会计是用会计语言描述预算收支的执行情况。会计语言是会计特有的，具体是指对会计要素的确认、计量、记录和报告。会计要素是对会计对象的细分，而会计科目（账户）是对会计要素的细分。所以，会计科目（账户）是进行会计核算的最小单位。政府预算会计科目设置时与政府财务会计科目设计还不同，原因在于预算会计同时核算预算数。会计科目设计分预算收入、预算支出、预算结余三类。政府预算会计科目设计——预算数，如表 6-4 所示。

表 6-4 政府预算会计科目设计——预算数

类别	预算会计科目名称
预算收入	"预算收入"
预算支出	"预算支出" "保留支出" "保留支出储备"
预算结余	"预算结余"

（二）控制过程

1. 预算收入的控制过程

对预算收入执行控制相对来说比较简单，仅在预算批准环节和收入实现环节做出会计记录。[①] "预计收入"的余额为批准的预算数，"收入"的余额为预算的实际执行数，"预算收入"与"收入"两个账户可以反映预算收入未执行余额。预算收入控制过程设计，如表 6-5 所示。

---

① 这里假设预算编制依据的是收付实现制标准。

表 6-5   预算收入控制过程设计

关键点	会计分录	备注
1. 立法机关批复预算	①借：预算收入 贷：预算结余	"预计收入"为批准的预算数
2. 当某笔预算收入可赚得并能可靠计量时	②借：国库存款（应收账款） 贷：收入	"收入"为预算的实际执行数

2. 预算支出的控制过程

对预算支出执行控制是预算会计最复杂也是最关键的部分。"预算支出"核算的是立法通过的预算数，同时也是拨款阶段的金额。"保留支出"核算已经承诺但还未核实和付款的金额，"应计支出"核算已经核实但还未付款的金额。"实际支出"核算实际发生的货币资金的支付。所以，在确定某个财政年度预算支出的实际发生额时，取决于对"支出"的界定是否以现金的实际支付为标准。若是以现金支付为标准（所谓的收付实现制预算），预算支出的执行数为"实际支出"账户的累计发生额，若不是以现金实际支付为标准又有两种情况。实际支出金额的确定（非现金支付标准），见表 6-6。

表 6-6   实际支出金额的确定 （非现金支付标准）

标准	实际支出金额的账户
承诺	"保留支出" "应计支出" "实际支出"
核实	"应计支出" "实际支出"

对预算支出控制应在预算资金经历拨款、承诺、核实、付款四个环节时，做出会计分录。对预算支出执行的预算会计设计，见表 6-7。

表 6-7   对预算支出执行的预算会计设计

关键点	会计分录	备注
1. 拨款	③借：预算结余 贷：预算支出	"预算支出"的余额为批准的预算数
2. 承诺	④借：保留支出 贷：保留支出储备	表明这部分预算资源已经被用于承诺

续表

关键点	会计分录	备注
3. 核实	⑤借：应计支出 　　贷：应计负债	表明这笔支出已经被核实，预算资源已经被消耗
	借：保留支出储备 　　贷：保留支出	冲销承诺阶段分录
4. 付款	⑥借：实际支出 　　贷：货币资金	实际支付
	借：应计负债 　　贷：应计支出	冲销核实阶段分录

预算会计反映的预算收入的预算数与实际执行数、预算支出处在拨款、承诺、核实、付款各阶段的信息，各预算单位的可用拨款额度见表6-8。

表6-8　　　　　　　　　　预算单位的可用拨款额度

内容	预算数	实际执行数
预算收入	"预算收入"	"收入"
预算支出	"预算支出"	"保留支出" "应计支出" "实际支出"
		"应计支出" "实际支出"
		"实际支出"
预算结余	"预算收入"—"预算支出"	"收入"—支出实际执行数

预算会计要素包括预算收入、预算支出、预算结余。预算收入会计要素为"预算收入"会计科目的余额。我国的预算不应采用完全的收付实现制——收入入库、支出付现（付款阶段），也不具备采用完全的权责发生制的条件和信息需求。在对预算收入认定时，无论是现金制还是应计制都比较容易，鉴于谨慎性的考虑，预算收入确定时还是应以现金制为主——只有实际入库的才算预算收入的实现。[①] 在对预算支出认定时，可将已经验收但还未付款的支出认定为当年的预算支出（当然包括已经付

----

① 从税务行政复议法的规定看，纳税人如果对税务机关的处理即使有异议，在复议或诉讼之前应先交上税款。应收未收的税款大多是欠税，欠税的清缴需要一个比较漫长的过程。如果企业已经破产，从破产财产的清偿顺序上，税款虽置于债权人之前，但是置于职工之后的。

款的)。所以预算支出会计要素为"实际支出"和"应计支出"账户的余额。

三　政府财务会计要素

财务会计要素既是财务报表内容划分的大类，又是账户体系内容划分的大类。财务会计要素是对抽象的会计对象的人为细分，这种细分往往要考虑财务会计的目标。无论是受托责任观还是决策有用观，都围绕财务会计究竟要提供什么样的信息，一般来说包括关于会计主体的财务状况、经营业绩、现金流量的信息。经过财务会计系统的加工处理过程，将会计主体的连续不断发生的交易或事项带来的资金流动的分散的数据，加工成了反映会计主体财务状况、经营业绩、现金流量情况的财务信息。财务会计的程序通常分为确认、计量、记录、报告四个部分。从程序上看，把数据转换为信息的实际是记录和报告。确认和计量需要会计人员的专业估计与判断，并且需要依附于记录和报告，确认和计量贯穿了记录和报告两个过程。FASB 将确认定义为"把一个事项作为资产、负债、收入和费用等正式加以记录和列入财务报表的过程。确认包括用文字和数字来描述一个项目，其数额包括于财务报表的合计数之内"。确认包括两步，首先是初始确认，将原始业务数据按照复式簿记的机制，编写会计分录。然后将会计分录分类记入作为会计要素具体化的账户体系中；第二步最终确认，把账户信息按照财务报表的要求，运用分类、合并等手段，再转化为会计要素具体化的报表项目。账户是一整套相互关联的处于加工中的财务信息体系，财务报表也是一套勾连环节的已加工完成的财务信息体系。期末有余额的账户称为"实账户"，是反映财务状况的账户；期末没有余额的账户称为"虚账户"，是反映经营成果的账户。相应的前者构成了资产负债表，后者构成了企业的利润表。由此可见，记录程序的会计分录标志着确认的开始，账户体系记录了初始确认的结果，报表体系则表述了最终确认的结果。所以，财务会计要素有以下两层含义：

(1) 对账户体系的分类，简称账户大类，如资产类账户等。

(2) 对报表内容的分类，也简称报表内容大类，如资产报表项目。

财务报表的基础是账户，账户的基础是会计分录，会计分录数据来源是表明业务发生的原始凭证。在这些会计要素中，资产是最核心的。一个会计主体要想运营，就必须先要有资产。对于政府而言，要提供公共产品和服务，必须要有资源。资源的形成过程是收入要素的形成过程。提供公共产品的过程是发生支出的过程，在这个过程中会发生资源耗费，才可能出现费用要素。没有资产的使用，不可能出现费用、成本和收入等要素。负债的产生是由于资源的需要，需要债权人给予资金融通。负债流入的资金也是与资源即资产同在的。没有资产这一要素，就不可能出现净资产和负债两个要素；而没有资产的使用和营运，则不可能随后产生费用、收入等要素。

我国政府财务会计要素：资产、负债、净资产、收入和费用。资产、负债、净资产构成了资产负债表，收入、费用构成了运营表。

考虑到与我国现行政府预算及政府会计的衔接，收入明细的设置要与政府预算编制的政府收支分类科目相一致，至少要区分税收收入、收费、基金收入。收费为政府依据谁使用谁交费的原则，收取的使用费，提供的不是纯公共产品。收费的范围与我国目前编制的政府性基金预算相似。收费与基金收入性质上是不一样的。基金收入强调专款专用，收费有时也强调专款专用，但基金的收益更多的和缴费的个人直接联系，前者如社会保险基金，后者如民航发展基金。在会计主体选择"双主体"模式下，对于"基金"为核算主体和报告主体的情况，将"基金"会计要素分为基金收入、基金支出、资产、负债、基金结余。在以"政府"为报告主体编制政府整体财务报告时，"基金"会计要素不是独立的会计要素。

这里的费用与预算支出不是同一个概念，实质上为依据权责发生制原则，政府提供的服务活动的全部成本费用。在实行完全的权责发生制预算的情况下，与预算支出是一致的。

现金收入、现金支出和现金结余为政府现金流情况，包括总额的变动与具体结构来源情况。值得一提的是，现金流情况与预算收支情况不同，即使是现金制预算。政府现金流量表的编制可以当作一个长远目标。

第三节　政府资产负债表要素的核算

出于以下原因，本书只对政府财务会计要素中的资产、负债、净资产、收入、费用要素做出详细论述。第一，预算会计核算在"双轨制"政府会计模式的设计中进行过论述，这里不再赘述；第二，政府财务会计改革是现阶段政府会计改革的重心，会计要素的核算也主要是在政府财务会计要素的会计核算。

一　政府资产要素

（一）资产的定义

资产，是指可作为生产要素投入到生产经营过程中，并能带来经济利益的财产。[①] 是能够带来某种经济收益的经济资源，而这种资源又为特定的人或经济组织所控制。会计学上的资产概念与经济学意义上的资产概念是有所区别的。会计学强调的是收益的货币形态上的可计量性，而经济学强调，只要能够增进人们的效用价值，就应被认定为有经济效益。[②]

政府与企业性质上的差异使得政府资产的定义与企业会计相比有很大的不同。对政府资产有多种不同角度的定义和分类，这里主要是从会计角度进行。如澳大利亚会计研究基金会（AARF）在第 4 号会计概念公告《财务报告要素的定义与确认》中对资产的定义为"实体由于过去的交易或事项所控制的服务潜能或未来经济利益"，并规定这里的"实体"既指公共部门实体（包括政府）也指私立部门实体。而 FASAB 在其第 5 号联邦财务会计概念公告《财务报告要素的定义与确认》将联邦资产定义为"联邦政府所控制的具有经济利益或服务潜能的资源"。

表 6-9　　　　　　　　　政府资产定义与分类的国际比较

国家或组织	资产的定义
IPSASB	由过去事项所形成的，由主体所控制的资源，该资源预期会给主体带来未来经济利益或服务潜能。最显著的资产包括不动产、厂房和设备；用权益法核算的投资；金融资产；存货；应收货款。自然资源不包括在内
美国	政府控制的经济利益或服务的资源，政府可用来满足未来需求。主要的资产包括房屋、厂房和设备；现金及其他货币资产；存货；应收账款。自然资源不包括在内
英国	在英国《资源会计手册》中没有明确地提出"资产"的定义，更倾向于国际公共部门会计准则的要素定义
澳大利亚	指主体由于过去的交易或事项形成的、可以控制的经济资源，它能导致未来的经济利益流入主体；经济利益可以理解为服务潜能
法国	政府所控制的一种能够带来未来经济利益的资源

（二）政府资产要素的内容

在企业会计中，对资产是以流动性划分的，流动性指资产转换为现金的难易程度。这种分类标准同样也适用于政府会计。而且我国现行的预算

---

① 李松森：《国有资产管理》，中国财政经济出版社 2004 年版，第 1 页。

② 毛程连：《国有资产管理学》，复旦大学出版社 2005 年版，第 19 页。

会计提供的资产负债表中的资产项目也是按其流动性列示的。依据资产的性质，可将政府资产分类如图6-1所示。

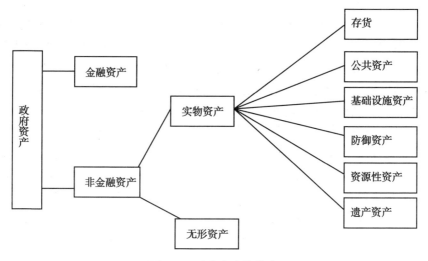

图6-1 政府资产的分类

金融资产与非金融资产的差异并非形态上的，而是其产生收益的方式不同。非金融资产往往与组织的"经营"有关，而金融资产往往与组织的投资行为相关。笔者的理解为，金融资产的收益形式为"钱"到"钱"，实现增值；而非金融资产的收益形式为"物"到"物"再到"钱"，实现增值。

1. 金融资产

对金融资产很难进行定义。在我国的《企业会计准则第22号——金融工具的确认》中将金融工具分为金融资产和金融负债和权益工具，但并没有对什么是金融资产进行界定。《财政透明度手册》中认为金融资产是可供政府用于清偿负债或承诺，或者为未来活动提供资金的资产。比如，金融资产按金融工具的特征可分为金融债权、货币、黄金及基金组织分配的特别提款权。金融债权又可细分为货币和存款、非股票证券、贷款、股票和其他权益、保险技术准备金、金融衍生工具和其他应收账款。

2. 实物资产

非金融资产包括实物资产和无形资产。实物资产通常是指既不属于金融资产也不属于无形资产的资产。

政府拥有的存货与企业的存货不同。政府部门的存货一般包括：军需品、可消耗物品、维修工具、战略储备物资等。政府拥有的存货与企业会计中的存货的相同点都是流动资产，但包括的内容不同。

公共资产主要是指政府投资形成的办公大楼、车辆及办公设备等，它们是保证国家机器正常运转、政府向社会公众提供各种公共产品（服务）的重要物质基础之一。

基础设施资产具体是指诸如道路、排水系统、通信网络、能源网络等非流动性实物资产。基础设施资产耗资巨大，这些费用支出在评估政府的财务状况和经管效率时是非常重要的。

防御资产指用于国家防御目的的各类资产，如土地、建筑物、工厂和设备等。一般认为，防御资产是一种以防御为目的的非流动资产，尽管是非流动资产，但是很容易在一场军事行动或战争中就被消耗。

资源性资产主要包括森林资源资产、矿产资源资产、土地资源资产等。资源性资产可以划分为两部分。一方面，当授予一项资源性资产的使用权时，服务潜能（未来的经济利益）就存在于这项权利上（实际上属于无形资产）。另一方面，当没有授予资源性资产相关的权利时，服务潜能（未来的经济利益）仍存在于资产自身。一般情况下，资源性资产的权利不应确认为一项资产，但当满足以下两个条件时，资源性资产使用权价值应予以资本化，一是意图行使这项权利，二是未售权利的净现值能够客观地计量。

遗产资产主要包括以下几种资产：（1）博物馆和艺术陈列馆所持有的艺术品、古器或譬如生物及矿石标本或技术工艺类的展览品；（2）珍稀书籍或手稿的收藏品或图书馆所持有所具有历史文化价值的相关文献资料；（3）历史纪念物（碑）；（4）具有独特建筑风格或重大历史意义的历史建筑物；（5）自然风景和海岸线。从以上可以看出持有和保存遗产资产的原因是出于维护公共利益的目的，如对知识和文化的贡献。

实物资产的分类依据的实物资产的性质，其中，既有流动资产，也有固定资产。相对于企业来讲，政府资产依据资产的性质分类更具价值。

3. 无形资产

无形资产可区分为可辨认的无形资产和不可辨认的无形资产。可辨认的无形资产包括由法律规定的权利，但这种权利与自然资源的使用、专利权、数据库及转让权无关。不可辨认的无形资产是所有其他的无形资产，这些资产不能单独地出售，它包括商誉、人力资源以及收税的权利等。相对于企业来讲，政府拥有的无形资产更特殊，更不易对其进行确认。

（三）政府资产要素的核算

1. 对我国政府资产的定义

从以上不同国家及组织对政府资产定义可以看出，对政府资产的定义从表述上各不相同。笔者认为，在对我国政府资产定义时应从以下方面考虑。

（1）资产是能带来经济利益的资源。结合我国企业会计中企业资产的定义，资产是指过去的交易或事项形成的、由企业拥有或控制的、预期会给企业带来经济利益的资源。在判定给企业带来的经济利益时指带来的现金流入。给政府带来的经济利益的内容就不限于此。首先，政府资产是政府提供公共产品和服务物质载体，是为会计主体提供公共服务提供能力。其次，有些政府资产也能为政府带来现金形式经济利益的流入。前者可理解为非经营性资产，后者为经营性资产。

（2）对"交易或事项"的理解。"交易或事项"是很宽泛的概念，包括所有的经济活动（交换性交易或互惠性交易、非交换性交易或非互惠性交易）。有些学者认为用"交易或事项"虽然从内涵上包括所有的经济活动，但容易给人造成误解，容易理解成交换性交易。因为政府取得资产的方式与企业相比有很大的不同：依法占有，如对国有公共经济资源的依法占有；依法征收，如征收的税款和非税收入；依照具有法律效力的预算分配，如行政事业单位获得的预算拨款；交换性交易，如转让国有资产；其他活动，如接受捐赠。笔者认为，用"交易或事项"比较符合习惯，并且从内涵上也能概括政府所有的经济活动。

（3）对"服务潜能"的理解。资产给会计主体带来的经济利益本来的定义就是未来的，"潜能"的含义其实想表达的也是能够带来未来的经济利益，或者是带来经济利益的可能性。所以，不必用"服务潜能"的字眼。容易造成不必要的字面上的理解困难。

（4）是否是由"政府"拥有或控制。政府会计主体不同于企业会计主体，政府会计主体存在基金主体和政府单位主体，即"双主体"。政府资产可以指基金主体拥有的资产，也可以指政府单位拥有或控制的资产。

结合上述理解，本书对我国政府资产的定义为：资产是指政府会计主体通过过去的交易或事项形成的、由政府会计主体拥有或控制的资源，该资源预期能够为会计主体提供未来服务能力或者带来未来经济利益。

2. 我国政府资产计量属性的选择

财务会计信息是以量化为主，文字与货币数字并用的信息。财务会计的语言是以货币为量化单位的财务信息。一个完整的计量包括计量对象、计量属性、计量单位、计量结果构成。如对一栋厂房（计量对象），以历史成本（计量属性）计量为 100 万元，"元"为计量单位，"100 万元"为计量结果。由此可见，计量最主要的是计量属性的选择。在我国企业会计实务中，有历史成本、重置成本、可变现净值、现值、公允价值等计量属性。历史成本是交易或事项发生时所达成的价格。历史成本计量一直以来是财务会计的特色，但公允价值计量也是财务会计的发展方向。我国政府资产计量属性的选择可借鉴企业会计的做法，要分类来看，对于金融资产（如持有的国有企业的股权），如果公允价值可以取得，应采用公允价值模式。

同时要考虑到，我国的资产评估制度还十分不健全，公允价值的取得还比较困难，尤其是对于政府资产。所以，原则上看，我国政府资产计量时，至少目前来看还是应该以历史成本为主。

3. 特殊政府资产的核算设计

（1）企业国有资产——政府持有的国有企业股权的核算

由于我国特殊的背景，国有企业一直被当作政府的一个组成部分。随着国有企业改革的推进，政府与国有企业之间的关系也越来越清晰。政府（代表全体国民）是国有企业的股东（之一），政府是企业的所有者，享有所有者应享有的权利。随着现代企业制度的建立，企业的经营权与所有权是分开的，所有者不能直接干预企业的生产经营活动。所以，应区分国有企业的资产与政府的资产。国有企业的资产的会计主体是国有企业，国有企业的资产是企业以各种不同来源途径取得的资金的表现形式。而政府的资产是指政府作为会计主体拥有的资产，拥有的国有企业的股权是政府资产的一部分，对于政府来讲是一项股权性质的投资。这项股权投资与其他经济主体拥有的股权投资相比没有太大的不同，所以应采用与企业会计准则中股权投资的核算方式进行。

不同点在于国有企业从性质上看有些是完全竞争的，有些是自然垄断行业。其实，对于自然垄断行业的企业有些国家是纳入政府会计核算体系的，如美国。对于我国来讲，这部分企业不应纳入政府会计核算范围。首先，虽然由于具有自然垄断的特性，但从性质上看还是企业，只能说是企业中比较特殊的一类；其次，这些企业一直采用的都是企业会计制度，不宜改动太大；最后，采用企业会计制度对于核算提供产品和服务的成本是有益的。对于自然垄断企业，政府一般都拥有全部股权，但无论拥有多少股权，政府与企业之间投资人与被投资人之间的关系不能变。

政府持有的国有企业的股权首先要参考我国企业会计准则中关于股权

投资的核算。如前所述，这部分股权是能给政府带来经济利益的，与其他经济主体拥有的股权没有本质上的区别。另外，我国现行的企业会计准则的制定已经具有了相当的国际水准，得到了国际会计准则理事会的认同。

股权投资是一项典型的金融资产。对股权投资要分类，有可能是交易性金融资产、可供出售金融资产、长期股权投资等。三者的区分主要在于所持股份对被投资单位的影响。在计量属性的选择上，交易性金融资产和可供出售金融资产采用公允价值，而长期股权投资则以历史成本为主。对股权的核算分为初始取得阶段、持有期间及转让阶段。核心是如何依据权责发生制的要求确认投资收益。

另外，对这部分投资从会计主体的选择上讲应采用基金主体的形式。设置国有资本经营基金，并编制国有资本经营预算。国有资本经营预算的收入一般是来自于国有企业的分红及转让国有企业股权收益。而国有资本经营预算的支出包括新增的国有资本投资。即包括与股权相关的所有的收支。

在前文中，笔者将公共资源分为两大类，一类是由预算支出形成的，一类是与预算活动无关的。政府持有的国有企业的投资基本上属于第二类。《中华人民共和国预算法》第五条规定："预算包括一般公共预算、政府性基金预算、国有资本经营预算、社会保险基金预算。一般公共预算、政府性基金预算、国有资本经营预算、社会保险基金预算应当保持完整、独立。"第十条规定："国有资本经营预算是对国有资本收益作出支出安排的收支预算。国有资本经营预算应当按照收支平衡的原则编制，不列赤字，并安排资金调入一般公共预算。"我国国有资本经营预算的编制还不是很成熟。从原理上看，如果将国有资本经营预算理解为政府持有的国有企业股权投资的收支，那么其预算收入应该分为两部分，持有的国有企业股权的分红和转让国有企业股权带来的现金流入；预算支出为新增的国有企业的投资①。从会计的角度看，一项投资的初始计量是在取得这项投资的时候。四个预算中与股权投资初始计量相关的只有国有资本经营预算的支出。实质是政府新增了一项股权投资，被投资企业可能是已经存在的，也可能是新成立的。并且这项投资采用的是货币形式，重要的是资金来源是预算年度的预算资金。可实际情况往往不是这样。出于预算的硬约

---

① 如果考虑到四个预算之间的衔接，国有资本经营预算的支出还应包括转入其余预算的部分。如《预算法》第十条规定，国有资本经营预算应安排资金调入一般公共预算。当然也可能补给社会保险基金预算。

束，大量国有资产存量的存在，政府投资往往采用的是非货币的形式，如土地。另外，随着政府与市场功能边界的界定越来越科学合理，政府新增的股权投资不应逐步提高。

既然政府持有的国有企业股权绝大部分是资产存量，而这部分资产存量在我国现有的政府会计体系中没有反映，要将这部分资产纳入政府财务会计核算的范围，必然绕不开一个问题——对这部分资产存量如何初始确认。只有初始确认确定了，才可能有以后的持有期间及处置环节的核算。笔者认为，对这部分股权投资存量的初始计量应采用公允价值，会计处理为借记股权投资①，贷记净资产，引起资产和净资产同增。

对于某些行业来讲，政府是有补贴的，如北京市政府每年对北京公交系统的财政补贴。对于这部分补贴政府是否在预算中处理？走不走国有资本经营预算？政府会计中又如何处理？原则还是要看这笔资金有没有增加政府持有的股权。对于企业来讲，如果与所有者权益没有关系，在收到补贴资金时，账务处理为：借：银行存货 贷：补贴收入；如果是增加了所有者权益，企业还需要办理增资手续，账务处理为：借：银行存款 贷：实收资本。一般来讲，处理方式为前一种，所以，这部分补贴支出与国有资本经营预算没有关系。

（2）关于几类特殊实物资产②

本部分选择了政府资产中的基础设施类、储备物资、古建筑和文物、土地和矿产等，介绍了这些资产的会计核算现状并对其进行了分析。

基础设施类核算现状如表6-10所示。

表6-10　　　　　　　　　　　基础设施类核算现状

项目	是否确认	是否计提折旧
水土建筑资产（河道、闸坝、泵站）	由水务局下属的各水管单位（自收自支事业单位）执行水利工程管理单位财务制度和会计制度列入水管单位资产	计提

① 股权投资是金融资产，在企业会计准则中有可能作为长期股权投资、交易性金融资产、可供出售金融资产核算。对于政府而言，政府不应以营利为目的，可总括为股权投资。

② 赵西卜：《政府会计建设研究》，中国人民大学出版社2012年版，第180页。

续表

项目		是否确认	是否计提折旧
交通基础设施（道路）	经营性道路（高速公路与城市轨道）	企业管理，遵循企业会计制度 列入企业固定资产	计提
	企业管理的非收费道路	部分列入 部分未列入	不提
	行政事业单位（路政局）管理的非经营性道路	未列入	不提
	由房地产开发商开发，无偿交付政府管理的非经营性道路（如小区周边的市政道路）	未列入	不提
环卫设施	企业管理的环卫设施	确认	环卫基础设施不提 环卫车辆和设备计提折旧
	事业单位管理的环卫设施	部分确认	基本不提
地下管网和相关设施的确认	市场化收费，企业化核算（自来水集团和热力集团）	确认	提折旧
	非市场化收费，非企业化核算（排水集团）	部分确认	部分计提

从以上的总结看出，不是所有的基础设施都是政府资产的内容。对于企业化管理的基础设施，不应计入政府资产的范围，而是国有企业的资产。事业单位是我国政府会计主体之一，归事业单位管理的基础设施属于政府资产的范围。而归事业单位管理的基础设施基本上没有进行确认，也不计提折旧。

储备物资的确认状况如表6-11所示。

表6-11　　　　　　　　　　储备物资的确认状况

非买断方式储备物资（农业救灾储备、生活必需品储备、部分防汛物资）		储备物资不属于政府，不形成政府资产
买断方式储备物资	粮油储备	事业单位，企业化管理。列入政府资产
	防汛储备物资	未进行价值反映
周转金方式储备物资		未形成企业资产

古建筑和文物的确认状况如表6-12所示。

表 6-12	古建筑和文物的确认状况
古建筑和古树	不确认（修缮也不资本化）
文物	通过购买等取得价值凭证的进行确认固定基金
非古建筑的建筑物	新建时确认固定基金，修缮时增加价值
公园中的道路、新挖掘的湖泊和绿地	不确认

对于接受捐赠的财物，由捐赠中心负责接收和发放。捐赠中心为事业单位。对于捐赠财务单独核算，单独管理。对于收到的现金捐赠，账务处理为，借：银行存款 贷：其他收入；对于收到的非现金捐赠，估价后，账务处理为，借：资产 贷：事业基金。在年末上报报表时，捐赠财务账户数与捐赠中心自身活动的跨级账户数进行汇总上报。对于国有土地和矿产，只有实物登记，没有进行资产确认。

总之，从核算内容上看，我国现行的预算会计体系对政府资产的核算范围还很窄。政府资产核算的改进应从两方面入手：第一，将资产从归属上做出梳理，在政府与企业之间区分开；第二，明确政府资产的确认标准，将符合政府资产确认标准的资产列入政府的财务报表。

二　政府债务要素

（一）债务的定义

我国的企业会计准则中对负债做出了明确的定义，不同的国家或国际组织对政府负债也做出了定义。我国的企业会计准则中将负债定义为："是指企业过去的交易或者事项形成的、预期会导致经济利益流出企业的现时义务。"在这个定义中强调了：第一，是由企业过去的交易和事项形成的；第二，是企业的一项现实义务；第三，该义务预期会导致经济利益流出企业。

不同国家或国际组织在其政府会计准则中对政府负债也做出了明确的定义。政府债务要素定义的国际比较见表 6-13。

表 6-13	政府债务要素定义的国际比较
	负债的定义
IPSASB	主体因过去事项而承担的现实义务，该义务的履行预计将导致经济利益或拥有服务潜能的资源流出主体。常见的负债包括：长期借款形成的负债、员工福利和养老金负债

	负债的定义
美国	指由于政府过去行为而引起的现时义务，该义务会导致财务资源的减少（公众持有的联邦债权、应计利息、联邦政府雇员及退伍军人的应付福利）
澳大利亚	过去的交易或者事项形成的、主体的现时义务，这项义务的履行预期会导致经济利益流出主体
法国	负债是一项在报告日对另一实体的义务，这种义务的履行很可能或确定会在报告日以后造成特定主体资源的流出

从国外组织及国家对政府负债的定义看，都具备以下特点：

（1）由过去的交易或事项而引起的现实义务；（2）负债预期会导致资源流出政府或政府单位；（3）负债对报告主体具有不利影响。一般认为，在负债所产生的义务只有在具有法律效力的情况下才会发生。但政府和企业不同，政府的义务不仅仅限于法律责任，政府还要承担一些社会公众所期望的或迫于政治压力而必须承担的义务。政府如果履行这些义务的话，则政府的负债范围就会比企业更广，包含了更多的不确定性因素。

（二）政府负债要素的内容

政府债务的会计分类是指政府债务会计要素的详细分类，具体是指核算政府债务的会计科目。在对政府债务分类时要考虑与政府资产在结构上的匹配。政府资产是按照流动性分类的，政府债务也应按照流动性分类。政府债务的流动性程度反映了政府债务需要偿还的紧迫度，而政府资产的流动性反映了政府资产的变现能力。按照流动性政府债务可以分为流动负债和非流动负债，按照是否是金融负债政府债务可以分为金融负债和非金融负债。这里仅对金融负债、承诺和或有债务进行详细介绍。

1. 金融负债

国际公共部门会计准则 15 号将金融负债定义为：金融负债为属于下列某项合同义务的负债：

（1）向另一个主体交付现金或另一金融资产的合同义务；

（2）在潜在不利的条件下，与另一个主体交换金融工具的合同义务。

美国联邦政府资产负债表中金融负债以权责发生制为计量基础，包括应付账款、公众持有的联邦债券、应付联邦雇员和退伍军人福利、环境和清理负债、应付到期福利、保险项目负债、担保负债。在财务报表附注和明细表中列示了主要金融负债的定义和更为具体的信息。

澳大利亚政府按照对金融资产的持有意图将其划分为以公允价值计量

的金融负债和以摊余成本计量的金融负债，其中摊余成本按照实际利率法进行计算，并在此基础上确认实际利息费用金额。金融负债包括应付债券、贷款、存款、特别提款权、退休金、其他雇员福利和工人补偿金等。

法国《中央政府会计准则》中的金融负债是由政府发行的公债或承接第三方债务引起的。主要包括：债券、交易担保形式的借款、非有价证券、中央政府支付的债务。

2. 承诺

美国联邦政府会计准则指出：政府的契约性承诺会带来未来财务资源的耗用。该类承诺包括长期租赁义务、未公开的命令、对国际自治金融实体的捐助义务等，社会保险项目的承诺在社会保险表中单独报告。

澳大利亚政府认为承诺是指会计期末存在的未来应向其他会计主体支付款项，并且没有作为一项负债在资产负债表中反映的义务。承诺包括与资本收购、经营租赁、研究开发、商品和服务合同以及捐款相关的内容。

加拿大政府会计中的财政承诺包括取得商品和服务的预算承诺、由于未完全履行合同产生的合同义务、员工休假、辞退福利、养老金和其他未来承诺等。

3. 或有负债

IPSASB 指出，或有负债指，因过去的交易或事项而产生的潜在义务，其存在通过不（完全）由主体控制的一个或数个不确定未来事项的发生或不发生予以证实；或者是因过去事项产生，但因下列原因而未予确认的现时义务：履行该义务不是要求含有经济利益或服务潜力的资源流出主体，该义务的金额不能够足额可靠地计量。

美国联邦政府对或有负债的规定比较具有代表性。过去的交易事项已经发生并且该事项很可能导致未来经济利益或资源流出政府会计主体，流出金额能够可靠计量，则在资产负债表中确认为或有负债。能够合理确认的可能发生的或有损失在财务报表附注中进行披露。

另外，英国、澳大利亚、加拿大等国在其政府会计准则中对或有事项都做出了规定。呈现出与国际公共部门会计准则中对或有负债规定趋同的趋势，而后者的趋势是与国际财务会计准则趋同。

从各个国家对或有负债的处理看，相同点在于，政府负债中都包括或有负债；不同点在于对或有负债具体包括的内容规定有所不同，并且，有些国家对于符合负债确认条件的或有负债确认为负债，而有些国家对或有负债不确认负债。但在政府财务报告中都有关于或有负债的相关信息。

（三）政府债务要素的核算

与企业相比，政府债务的内容更广泛。对于处于经济转轨阶段的我国来讲，政府债务的内容就更复杂。

1. 政府负债会计要素的定义

政府债务与企业债务相比存在以下的不同：

第一，政府债务产生的形式与企业不同。政府会计主体形成现实义务的原因除了交易活动外，还包括了应由政府承担的法定责任。

第二，政府偿还债务需要资源，但政府的资源不一定都是能产生实际经济利益的资源，所以，政府偿还债务不一定会导致经济利益流出会计主体。

可将政府会计负债要素定义为：由过去交易或事项产生的，使政府会计主体承担的现时义务，该义务的履行将导致经济利益的流出。政府负债具备以下特征：

第一，政府债务是一种现实义务，未来需要政府会计主体履行该义务。

第二，导致政府承担现实义务原因有可能是法定责任，也可能是交易或事项。

第三，现实义务的承担者是政府会计主体，包括基金主体。

2. 特殊类型政府债务的核算设计

（1）政府直接显性债务的确认与计量

直接显性债务为在任何条件下都存在，并且由法律和合约明确规定应由政府承担的债务。我国政府直接显性债务包括：国债（包括内债和政府主权外债）本息、欠发财政供养人员工资（应付工资）、应付未付货款（应付账款）、粮食收购和流通中的亏损挂账、公务员养老金负债等。

在我国现行的预算会计体系中，得到确认的直接显性债务只有上下级往来、借入财政周转金等流动负债项目以及暂存款和借入款等。不提供未来年度国债的应偿付本息数，"借入款"项目反映截至某一时点的财政借款和债券引起的债务本金的数额；未核算欠发的财政供养人员工资；粮食收购和流通中的亏损挂账仍挂在企业往来账上，没有作为应付的预算支出；更没有反映公务人员的养老金。上述相关信息，只能从财政统计、往来经济统计文献中去查找。

①借入债务的核算

政府的预算收入中包括债务收入，预算支出中包括以债务形式取得的资金的支出，所以，政府的借款（包括内债和外债）活动会导致政府债务和预算收支的同时变动。在收到借款时，从预算的角度讲，预算收入增加；从政府财务会计的角度讲，增加了一笔资产和一笔负债。对债务的偿还包括本金和利息两部分，偿还债务时，从预算的角度讲，预算支出增加；从政府财务会计的角度讲，减少了一笔资产和一笔负债，此时的资产包括本金和利息。

从理论上看，政府以债务形式取得的资金只能用于（基础设施）投资，不能用于经常性支出，这样才有可能符合代际公平。债务预算等同于资本性支出预算（假设经常性收入只用于经常性支出）。政府在编制预算时，将经常性预算与资本性预算分别编制。这就是本质意义上复式预算的含义。[1]

第一，内债部分。

对于政府借入的内债部分，有些学者建议采用"双分录核算方式"（王彦，2005）。笔者认为，应区分预算和政府财务会计。站在政府财务会计的角度，政府借入款项[2]时，仅表现为同时增加了一笔资产（国库存款）和负债（国债）。并不表现为"收入"的增加。从本书对政府会计要素的界定看，"收入"指政府运营表中的取得经常性的税收收入和使用费，类似于企业的损益表中收入。但债务收入确实是政府的一项财政收入形式，但应在预算（会计）中核算。对于利息支出，政府财务会计中的表现为，有可能资本化——计入了资产成本；也可能费用化——直接计入当期成本或者以资产折旧的方式计入成本，影响的是政府的运营表。[3]

第二，外债部分。

1998 年国务院机构改革以后，政府外债归口到财政部统一管理。2003 年 1 月，国家计委、财政部、国家外汇管理局联合发布了《外债管理暂行办法》。

关于国际金融组织贷款业务和会计核算办法，主要参考财政部于 1999 年制定的《国际金融组织贷款转贷会计制度》。与国际金融组织贷款转贷所形成的债券债务相关的核算职能仅停留在财政机关的转贷部门层面，并没有进入各级财政总预算会计。因此，在我国现行的预算会计体系中，无法反映当年

---

[1]　对偿债基金、债务预算的理解。笔者认为偿债基金的内容顾名思义是债务的增加、减少和结存情况，首先，债务为国债（如果地方政府编制的话为地方政府发行的债券或借款）增加为本期新增债务，可理解为新发行的债券。债务的减少是由于以下原因，是债务本金和利息的偿还。债务预算的目的就是核算主体欠债的情况。在经常性收入与经常性支出、债务收入与资本性支出分开编制的情况下，前者为一般预算，后者为债务预算，债务预算的收入为新发行国债，支出为取得的国债收入的支出用途（不包括债务本金和利息的偿还）。

[2]　假设为发行国债。

[3]　从预算的角度看，债务利息支出为政府的一项预算支出。

新增多少外债以及外债资金用于何处。所以，外债部分的核算主要解决两方面的问题：第一，将其纳入政府财务会计的核算范围；第二，分政府层面和单位层面两部分，反映外债新增、减少和结存的全貌。

②结算性应付款项的会计核算

结算性应付款项最典型的为政府采购过程中的应付货款。各预算单位在进行政府采购时，从支付周期的过程看，按照权责发生制的要求，支出到达"核实"阶段时，应确认为一笔负债增加，到达"付款"阶段时，应确认为负债的减少。政府采购的对象有可能是货物、服务、工程。在进行核算时，确认一项负债对应的可能是存货、成本、固定资产。

③公务员养老金负债的会计核算①

我国关于公务员养老金制度采用的是国家责任保险制度，即公务员自身不缴纳任何费用，养老金全部由财政开支。由于现有的公务员养老金制度属于未备经费养老金计划，即对于履行公务员养老金义务没有建立储备基金支持，因此，我国公务员养老金义务将全部转化为政府债务。

受到技术的制约，目前只有少数几个国家将未来养老金确认为一项负债，同时增加当期的费用。对于我国来讲，从政府会计改革趋势看，将权责发生制引入政府财务会计是一个不争的事实。如果政府财务会计采用权责发生制，政府应全额支付的当期工作的公务员未来的养老金符不符合负债的确认条件？从负债的定义看，符合负债的定义。但是，金额能否可靠取得？笔者认为，金额的取得需要一系列技术条件，需要借助保险学中的精算法。公务员养老金总额相当于一项长期负债，近期需要支付的公务员养老金是一项流动负债。虽然总额数在现有条件下很难取得，但是，在每年的预算中有次年的公务员退休养老金支出。可以依据权责发生制的要求，将这部分支出确认为短期负债。

（2）政府或有债务的确认与计量

①政府或有债务的会计分类

我国政府或有债务主要表现在融资平台公司、经费补贴事业单位、公用事业单位的直接债务。这些单位的债务总体上可以分为三类：直接显性债务，或有显性债务和或有隐性债务。担保性质债务的分类，见表6-14。

---

① 国务院于2015年1月14日发布《关于机关事业单位工作人员养老保险制度改革的决定》，决定从2014年10月1日起对机关事业单位工作人员养老保险制度进行改革。机关事业单位实行社会统筹与个人账户相结合的基本养老保险制度，由单位和个人共同缴费。

表 6-14   担保性质债务的分类

直接显性	（1）经费补贴单位举借的，已明确由财政性资金直接偿还的债务 （2）融资平台举借的，已明确由财政性资金直接偿还的债务
或有显性	政府担保的融资平台公司、经费补贴事业单位、公用事业单位的直接债务，扣除已明确由财政性资金直接偿还的债务
或有隐性	（1）经费补贴事业单位（如高校、医院等）为公益性（基础性）项目建设举借的，政府未确认承担直接还款责任，也未提供担保的债务（不含上级财政转贷债务） （2）公用事业单位为公益性（基础性）项目建设（供水、供热、供气、污水处理、垃圾处理等）举借的，政府未确认承担直接还款责任，也未提供担保的债务（不含上级财政转贷资金） （3）融资平台公司为公益性（基础性）项目建设举借的，政府未确认承担直接还款责任，也未提供担保的债务（不含上级财政转贷债务）。 （4）经费补贴事业单位、公用事业单位、融资平台公司为公益性（基础性）项目建设提供担保形成的债务（不包括已作为被担保人直接债务反映的债务）

在对或有债务分析时，要注意以下几点：

第一，在我国，地方政府债务最终要由中央政府承担，是财政风险的重要来源。国外的财政风险主要在直接债务，而处于转型期的我国，财政风险主要在或有债务，而或有债务主要是地方政府的或有债务。

第二，从我国现行的预算会计体系看，经费补贴的事业单位是政府会计主体之一。如果一笔负债已经在经费补贴的事业单位账面上列示，相当于已经确认了政府会计主体的一项负债。如经费补贴单位举借的，已明确由财政性资金直接偿还的债务。经费补贴事业单位（如高校、医院等）为公益性（基础性）项目建设举借的，政府未确认承担直接还款责任，也未提供担保的债务（不含上级财政转贷债务）。对于经费补贴事业单位为公益性（基础性）项目建设提供担保形成的债务，与前两项债务的不同点在于，这笔债务没有在单位账上列示。由于是为公益性项目建设提供担保，构成了事业单位的一项债务。

第三，融资平台公司和公用事业单位从性质上看是企业，不属于政府会计主体，企业的债务原则上不属于政府债务。但是由于融资平台公司与政府的特殊关系，使得它不同于一般的公司。所以，对于融资平台公司债务应分别来看。对于融资平台举借的，已明确由财政性资金直接偿还的债务，满足政府负债的定义。政府担保的融资平台公司、经费补贴事业单位、公用事业单位的直接债务，扣除已明确由财政性资金直接偿还的债务。融资平台公司为公益性（基础性）项目建设举借的，政府未确认承担直接还款责任，也未提供担保的债务（不含上级财政转贷债务）。

②我国现行企业会计准则对或有债务的核算

国外政府会计中对于政府或有债务的核算大都借鉴企业会计中或有事项核算的做法。所以，这里从我国的企业会计准则中的做法讲起。

《企业会计准则第13号——或有事项》，规范了或有事项的确认、计量和相关信息的披露。

第一，或有事项的定义。

或有事项，是指过去的交易或者事项形成的，其结果须由某些未来事项的发生或不发生才能决定的不确定事项。常见的或有事项主要包括未决诉讼或未决仲裁、债务担保、产品质量保证含产品安全保证、亏损合同、重组义务、环境污染整治、承诺等。

企业会计准则中的或有事项与或有负债不是同一概念。或有事项的结果可能会产生预计负债，或有负债。其中，预计负债是一项负债，满足负债的确认条件而应予确认，在企业的资产负债表中有列示。而或有负债不满足负债的确认条件，不能确认为一项负债，但并不是所有的不满足负债确认条件的或有事项都是或有负债。另外，或有事项也可能会产生或有资产。基于谨慎性原则，即使或有资产带来的经济利益很可能流入企业，也不能对或有资产进行确认。将或有资产作为预计负债的一个抵减项时，要满足经济利益基本确定流入企业。

第二，或有负债的定义。

企业的或有负债，是指过去的交易或者事项形成的潜在义务，其存在须通过未来不确定事项的发生或不发生予以证实或过去的交易或者事项形成的现时义务，履行该义务不是很可能导致经济利益流出企业或该义务的金额不能可靠计量。

或有负债不符合负债的定义和确认条件，企业不应当确认或有负债，而应当按照或有事项准则的规定进行相应的披露。

第三，预计负债的确认条件。

与或有事项相关的义务同时满足下列条件的，应当确认为预计负债。该义务是企业承担的现时义务，履行该义务很可能导致经济利益流出企业，该义务的金额能够可靠地计量。

第四，预计负债的计量。

预计负债的计量主要涉及两个问题：一是最佳估计数的确定；二是预期可获得补偿的处理。

最佳估计数的确定。预计负债应当按照履行相关现时义务所需支出的最佳估计数进行初始计量。最佳估计数的确定应当分别以下两种情况处理：

一是所需支出存在一个连续范围，且该范围内各种结果发生的可能性相同，则最佳估计数应当按照该范围内的中间值，即上下限金额的平均数确定。

二是在其他情况下最佳估计数按照如下方法确定：或有事项涉及单个项目的，按照最可能发生金额确定或有事项涉及多个项目的，按照各种可能结果及相关概率计算确定。

预期可获得的补偿。企业清偿预计负债所需支出全部或部分预期由第三方补偿的，补偿金额只有在基本确定能够收到时才能作为资产单独确认。确认的补偿金额不应当超过预计负债的账面价值。

第五，披露要求。

企业应当在附注中披露与或有事项有关的预计负债和或有负债信息。预计负债要求披露如下信息：预计负债的种类、形成原因以及经济利益流出不确定性说明各类预计负债的期初、期末余额和本期变动情况与预计负债有关的预期补偿金额和本期已确认的预期补偿金额。或有负债要求披露如下信息：或有负债的种类及其形成原因，包括已贴现商业承兑汇票、未决诉讼、未决仲裁、对外提供担保等形成的或有负债经济利益流出不确定性说明或有负债预计产生的财务影响，以及获得补偿的可能性无法预计的，应当说明原因。

③我国政府或有债务的核算设计

对于符合负债确认条件的或有事项，应确认为一项预计负债，如事业单位为进行公益性项目借款提供的担保。政府为融资平台公司用于公益性项目借款提供的担保。会计处理为"借记：净资产类，贷记：预计负债"，使得净资产减少负债增加。如果增加一项费用，势必与当年的收入不相匹配。对于符合负债定义，但不满足负债的确认条件的或有债务，如果满足披露条件，应进行表外披露。

2014 年 9 月，国务院《关于加强地方政府性债务管理的意见》颁布，提出要加快建立规范的地方政府举债融资机制。明确划清政府与企业界限，政府债务只能通过政府及其部门举借，不得通过企事业单位等举借。剥离融资平台公司政府融资职能，融资平台公司不得新增政府债务。地方政府新发生或有债务，要严格限定在依法担保的范围内，并根据担保合同依法承担相关责任。要抓紧将存量债务纳入预算管理。以 2013 年政府性债务审计结果为基础，结合审计后债务增减变化情况，经债权人与债务人共同协商确认，对地方政府性债务存量进行甄别。对地方政府及其部门举借的债务，相应纳入一般债务和专项债务。对企事业单位举借的债务，凡属于政府应当偿还的债务，相应纳入一般债务和专项债务。地方政府将甄别后的政府存量债务逐级汇总上报国务院批准后，分类纳入预算管理。纳入预算管理的债务原有债权债务关系不变，偿债资金要按照预算管理要求规范管理。

（3）政府直接隐性债务的确认与计量

政府直接隐性债务中最典型的就是公共养老金缺口。隐性体现在不是法律规定由政府承担，直接体现在随着人口老龄化，社保基金存在缺口是肯定的。公共养老金缺口与公务员养老金是不同的。首先，公务员养老金法律明确规定由政府承担；而公共养老金如果出现不够支付的情况，虽然没有法律规定必须由政府承担，但是如果政府不承担的话可能会出现社会问题。是迫于社会压力政府才承担的这项债务。其次，从债务数额的确定上看，公务员养老金是由政府全额承担的，公务员不用进行个人缴费。如果将公务员养老金看作一个资金池的话，从现在的做法看，这个资金池是只出不进的。公共养老金就不同了。如果将公共养老金看作一个资金池的话，这个资金池是有进有出的。只是从总体上看，随着人口老龄化的不断严重，以后出的会越来越多，如果经济发展无力，进的也不会太多，情况就会更加雪上加霜。这就是所谓的社保基金缺口。从经济意义上看，真正符合政府负债定义的部分为养老金缺口的部分，即未来资金池的支出大于未来资金池的流入的部分，并不是未来所有的支出。

从会计核算上看，我国目前对养老保险基金的核算依据的是《社会保险基金会计制度》。负责核算的单位是"社会保险经办机构"，采用的会计基础为收付实现制，并且分别基本养老保险基金、失业保险基金和基本医疗保险基金设置会计科目，编制会计报表。笔者认为，虽没有明确，会计主体其实为基金会计主体。从委托受托关系看，参保人是委托人，政府是受托人，具体由"社会保险经办机构"进行。政府应履行公共受托责任，如保证这部分公共资源的安全性、增值性，进而完成社会保险的经济性和社会性目标。在这个过程中，应明确会计主体为各个社会保险基金，而不是社会保险经办机构。区分会计主体的意义在于，应将社会保险基金会计核算的业务与社会保险机构本身的财务收支活动相区分，二者有本质上的不同。2015年8月，国务院发布了《基本养老保险基金投资管理办法》，第三条规定，各省、自治区、直辖市养老基金结余额，可按照本办法规定，预留一定支付费用后，确定具体投资额度，委托给国务院授权的机构进行投资运营。委托投资的资金额度、划出和划回等事项，要向人力资源社会保障部、财政部报告。这就意味着养老金的资金池的相对静止的这部分资金存量有了投资资产的存在形式。作为养老基金投资委托人的政府并不直接进行投资活动，而是委托给国务院授权的机构进行投资运营。养老基金投资管理机构进行的投资运营形式有多种，但此机构并不是政府会计主体，

从会计基础的选择上看，应采用权责发生制。由于资产负债表日与养老保险的实际缴款和领取有可能出现不一致，应设置相应的"应收"和"应付"科目。姜宏青、刘亚峰（2015）提出资产类科目增加应收科目和投资科目，并从应收养老金类和投资类养老金两方面进行了论述。应收养老金类科目的构建若不考虑政府会计主体内部的资金往来，主要指基于权责发生制，实际缴款日期与资产负债表日不一致产生的。对于投资类养老金，认为应借鉴企业会计，对债权和股权投资采用"国债投资""交易性金融资产"和"长期股权投资"等权责化科目和会计方法核算。笔者认为，养老基金投资资产与企业的投资资产存在较大的差异，如从投资形式上规定，投资股票、股票基金、混合基金、股票型养老金产品的比例，合计不得高于养老基金资产净值的30%，以此来降低风险。养老金投资资产的风险较低，比较稳健，公允价值变动部分占总额的比重不会太大。出于会计核算成本效益的考虑，对于投资资产可以仍采用历史成本计量。资产负债表日根据受托机构提供的信息，确认投资收益，增加了基金收入和基金资产。但同时养老基金投资情况也应向公众公布，可采用附表的形式，列示出各项投资的历史成本和公允价值。

姜宏青、刘亚峰（2015）提出根据应付债务时间的长短，分别以"短期应付养老金"和"长期应付养老金"核算。"短期应付养老金"反映一年内应当支付的养老金金额；"长期应付养老金"反映一年以上的应当支付的养老金金额，不仅包含当期已退休人员未来应支付的养老金，还应当涵盖在职参保人未来应付的养老金。这样分类类似于企业的"应付账款"和"长期应付款"。但养老金基金毕竟不同于企业的长短期应付账款。首先，"已退休人员未来应支付的养老金"和"在职参保人未来应付的养老金"的"未来"是多久？从常识上讲，前者是已退休人员的剩余寿命，后者是在职参保人退休后的剩余寿命。财务会计中对负债有严格的定义，比如我国《政府会计准则——基本准则》中规定："符合本准则第三十三条规定的负债定义的义务，在同时满足以下条件时，确认为负债：（一）履行该义务很可能导致含有服务潜力或者经济资源流出政府会计主

体；（二）该义务的金额能够可靠地计量。"这部分虽然满足负债的定义，但如何保证满足负债的确认条件——金额能够可靠计量？或许正是由于这个原因，即使是 FASAB 对这部分负债也不列入财务报告。另外，如果负债中包括了这部分"未来应付的养老金"，依据"有借必有贷，借贷必相等"，会对应一个支出，而养老金的收入大部分为在职人员的缴费，这必然会造成收支之间缺乏联系。笔者认为，养老金会计的负债中，能够满足负债确认条件的不多，如当期已经退休的人员的养老金的实际发放日与资产负债表日不一致。同时，出于权责发生制的考虑，对于一年内应当支付的养老金金额，根据社会保险基金预算提供的预算数，可视为能够可靠计量，确认为一项短期负债，并同时确认为一项支出。

符合政府负债的定义，但不符合政府负债的确认条件。不应确认为一项负债，应选择表外披露的方式。

三　政府净资产要素

净资产是一个主体在控制的全部资源中扣除其主权属于债权人部分的归所有者的净产权。在量上等于全部资产减去全部负债后的净额。净资产不是资源（资产），而是资源中属于投资人的产权。资产、负债和净资产是密切相关的，三者构成了资产负债表。同时，三者在性质上又不同。资产是资源，预期能给主体带来经济利益。负债和净资产并不是资源本身，而是资源的产权。负债代表债权人对资源的定期求偿权。净资产代表是剩余索取权。公共资源受托责任中，受托人是政府，委托人是债权人和作为"所有者"的全体纳税人。净资产的多少反映了政府的财务状况。

第四节　政府收入费用表要素的核算

一　政府收入要素

《基本准则》将收入定义为"报告期内导致政府会计主体净资产增加的、含有服务潜力或者经济利益的经济资源的流入"。"收入"是政府财务会计要素，而不是预算会计要素。"预算收入"是预算会计的会计要素，指政府会计主体在预算年度内依法取得的并纳入预算管理的现金流入。从表面上看，政府财务会计的"收入"不同于企业财务会计的收入。企业财务会计的收入是一个主体由于出售产品或劳务或让渡其他资产而发生的资源流入。① 收入的金额包含两个部分：一是产品成本的补偿；二是通过交换为市场认可的、由主体所创造的新价值。政府提供的是公共产品，具备非竞争性和非排他性的特点，作为政府主要收入来源的每一笔税收与各个公共产品成本之间没有直接的对应关系。但是，政府存在的直接目的是提供公共产品（服务），与企业提供产品（服务）一样，也是有成本的。取得收入是为了弥补成本。只是政府与企业的不同表现在，政府不追求盈利。政府取得的收入应仅是所提供产品或劳务的成本的补偿。

从定义中可以看出，收入导致了净资产的增加。从这点来看，新增的债务虽然也带来了经济利益的流入，但不应属于"收入"。另外，"收入"也不仅仅包括取得的预算收入。企业财务会计中的广义收入的范围包括进了营业外收入，但我国企业财务会计中收入要素仅指日常活动产生的，而将营业外收入作为利润要素。政府财务会计运营表要素只有收入和费用，所以，对于非预算活动产生的能导致净资产增加的经济资源的流入同样也是"收入"。

《基本准则》虽然只有一个"收入"的概念，但对于财政部门（总预算会计）和预算单位（行政事业单位会计）来讲，却有不同的含义。财政部门的"收入"是资金从私人部门流入到公共部门，而预算单位的"收入"是从财政部门取得的财政拨款，同时也是财政部门的支出（费用）。

二　政府费用要素

《基本准则》将"费用"定义为"指报告期内导致政府会计主体净资产减少的、含有服务潜力或者经济利益的经济资源的流出"。费用会导致资源的减少和净资产的减少。是在提供公共产品过程中发生的各种耗费。费用与支出不同，一项支出有可能形成费用，如发生的经常性支出；也可能不形成费用，如发生的资本性支出，再如偿还借款本金支出。费用更侧重于权责发生制的财务会计，支出则更侧重于收付实现制的预算会计。

第五节　PPP 模式下政府会计主体核算研究

自 2013 年 11 月 12 日十八届三中全会提出"允许社会资本通过特许

---

① 葛家澍：《财务会计理论研究》。

经营等方式参与城市基础设施投资和运营"开始，我国开始了 PPP 模式的大规模应用和推广，并将其视为创新公共服务供给、缓解财政支出压力、激发市场增长活力、构建现代国家治理体系的重要举措。

2014 年 11 月，国务院印发《国务院关于创新重点领域投融资机制鼓励社会投资的指导意见》（国发〔2014〕60 号），首次在国务院文件中系统阐述 PPP 模式。截至 2014 年，全国共实施 3000 多个特许经营项目，大多集中在高速公路、桥梁隧道、轨道交通、污水垃圾处理等使用者付费为主的领域。相对于 PPP 模式的蓬勃发展，对于 PPP 相关的会计核算规范则相对落后。PPP 关系中包括授予方和运营方。对于运营方只有在财会〔2008〕11 号文中有所涉及，也仅适用于 BOT。对于授予方则缺乏相关规定。本书通过对 PPP 相关概念的分析，结合其具体模式，探讨授予方会计核算问题。

一　文献综述

PPP 模式中的参与主体包括授予方和运营方，主体不同依据的会计准则亦不同。政府会计核算的研究主要围绕 PPP 项目资产的产权归属和相关政府债务的确认。

贾建军（2015）研究了公共基础设施 PPP 模式会计问题，在借鉴了国际经验的基础上，提出了我国 PPP 模式中营运方的会计处理建议。与 IF-RIC12 的规定并无实质性差异。对于授予方，没有提出具体的权责发生制基础下会计核算设计，只是从财政统计的角度认为"在财政统计上如何统计 PPP 项目的基础设施资产的价值需要参考 IPSAS 和政府财政统计手册的原则制定中国的统计标准"。赵海立、刘维丹（2015）在财金〔2014〕113 号文中规定的六种模式的基础上，分析了每种模式下项目公司（运营方）的会计处理。没有直接涉及政府会计主体的核算。王李平（2016）认为 O&M、MC、BOT、TOT、ROT 模式，项目公司不应确认为资产，对于 BOO 模式，项目公司应确认为固定资产。文章没有直接涉及政府会计主体的核算。张秀霞（2017）论述了双方的会计核算，但政府会计主体的较少。认为"基于所有权和控制权，我国的 PPP 项目政府主体应确认为固定资产"。

张德刚、刘耀娜（2016）以财政部于 2014 年 11 月 29 日发布的《政府和社会资本合作模式操作指南（实行）》为基础，分析了 PPP 项目的典型运作机制及 PPP 项目过程中的资金运动。在《政府会计准则——基本准则》《政府部门财务报告编制操作指南（试行）》和《政府会计准则第 3号——固定资产》的基础上，借鉴了 IPSAS 和企业财务会计相关规定。认为在 PPP 项目的前期准备阶段，"不符合资本化的条件"，将 "PPP 项目识别或准备阶段的支出归为费用"。对于政府担保 "不应计入预计负债，可作为或有负债在财务报告中披露该担保事项"，若会计年度终了重新测度可能性发生变化，需通过 "预计负债" 予以确认。对于固定资产，"项目筹建期间，政府不应将 PPP 项目确认为资产"，"项目完工当年，政府会计主体应将 PPP 项目确认为资产"，依据 IPSAS32，项目资产的初始计量金额依据项目完工当年的公允价值确认。对于固定资产的后期维护支出，要看合同约定由哪方负责，但无论由哪方负责，若满足资本化条件，政府会计主体均应增加固定资产的账面价值。对于政府补助，依据 IPSAS28 和 IPSAS29，政府每年固定拨付给项目公司的资金应确认为金融负债并进行后续计量。对于收益达不到预计数额时政府给予的差额补偿，依据 IPSAS19，政府在项目运营开始时对项目进行评估，依据可能性进行确认。

王芳、万恒（2016）依据 2015 年财政部发布的《政府和社会资本合作项目财政承受能力论证指引》中对政府负有的财政支出责任的界定：股权投资、运营补贴、风险承担和配套投入等支出责任，分别论述了各项负债的确认、计量和报告。

李雨阳、黄子辰、任伟（2018）在对美国 GASB60 论述的基础上，对授予方和运营方的会计处理分别进行了论述。认为我国在制定准则时可以参考 GASB60，还应增加会计要素 "递延资源流入" 和 "递延资源流出"。

崔志娟（2016）认为政府购买服务的资金来源于特许经营权的转让和一般公共预算资金。特许经营权的转让涉及 "无形资产净值" 和 "摊销费用" 科目。一般公共预算资金形成了政府的一项长期负债 "长期应付款""应付政府补贴款"。崔志娟（2018）认为不应笼统地认为 PPP 项目资产所有权属于政府，土地产权的获取是公共基础设施所有权的形成基础。当土地使用权和公共基础设施投资权不一致时，公共基础设施所有权归属于政府方。当二者一致时，需要依据 PPP 运作模式确定公共基础设施所有权的归属。BOO 和 BOOT 由运营方拥有公共基础设施所有权；BOT、ROT、TOT 模式，还要结合对公共基础设施的控制权来判定。并认为 PPP 项目提供服务的支付承诺，属于未来发生的经济业务或者事项形成的业务，不属于现实义务，不能确认负债，在未来发生支付责任时确认为一项费用。

从现有文献看，研究基础大致相同，如 IFRIC 12、IPSAS 32 等。得出的结论大致相同，如对于 PPP 项目资产应作为政府资产。但文献中只涉及运营方会计处理的较多。在政府会计主体的会计核算上，有的只涉及资产，没有涉及负债；有的只涉及负债，没有涉及资产。在具体的会计核算上观点也存在差异。张德刚、刘耀娜（2016）认为 PPP 项目完工当年确认为资产，会计分录：借记"固定资产——公共基础设施"，贷记金融负债类、经营负债类、经费支出类科目和"预计负债"，差额计入"其他业务成本"和"其他业务收入"。李雨阳、黄子辰、任伟（2018）认为项目完工时应借记"固定资产"贷记"预计负债"和"递延资源流入"。但对固定资产的入账价值都认为是公允价值。在对负债的确认上，有些学者认为应该确认，王芳（2016）；有些学者认为不应确认，崔志娟（2016）。

笔者认为，对 PPP 模式下政府主体的会计核算主要涉及政府参股、PPP 项目资产及负债的核算。应首先应从 PPP 的概念入手，探寻其本质。然后分析我国特有的 PPP 模式，在对国际经验进行借鉴下，提出政府主体的会计核算设计。

二 对 PPP 的几点理解

（一）什么是 PPP

政府和社会资本合作（Public-Private-Partnership）是政府进行交通、供电、供水、医院等公共基础设施建设时，通过特许经营等方式，引入社会资本参与公共产品供给。政府官方文件中对 PPP 也有定义，如《国家发展改革委关于开展政府和社会资本合作的指导意见》中对 PPP 的定义为"指政府为增强公共产品和服务供给能力、提高供给效率，通过特许经营、购买服务、股权合作等方式，与社会资本建立的利益共享、风险分担及长期合作关系"。其核心要义在平等协商、长期合作、利益共享和风险分担。政府与社会资本之间建立的是平等合作的伙伴关系。PPP 项目的运营期较长，一般都在 10 年以上，双方都要有长期合作的意识。政府代表的是公众利益，目标是提高公共产品和服务的供给数量、效率和效益，而社会资本的目标是追求利润。PPP 项目的全生命周期内，面临很多风险。其中政策、法律风险由政府承担，商业、运营风险由社会资本承担。不可抗力风险由政府和社会资本共同承担。

（二）效率性是 PPP 存在的根本

一般认为，PPP 有两大功效：融资和提效。从 PPP 在我国的发展历程看，更多的是将其作为一种融资手段。从各个国家的运用看，发展中国家更看重融资，发达国家更看重提效。但效率性才是 PPP 存在的根本，也是衡量 PPP 项目是否成功的唯一标准。只有当采用 PPP 模式比政府提供更有效率时，采用 PPP 模式才有意义。

纯私人物品由私人部门提供，纯公共物品由公共部门提供。这两种物品都不适合采用 PPP。而对于两者之间的准公共物品，才可能采用 PPP 模式。但这也并非意味着所有的准公共产品都适合采用 PPP 模式，还要考虑到其余的因素，如信息不对称。对于存在严重信息不对称的领域，采用 PPP 模式不见得是一个好的选择。

（三）主要模式

每个国家的 PPP 的实行方法都是根据国家经济社会发展需要量身定做的。每个国家的经济社会发展呈现很大的差异性，每个国家具体的 PPP 模式都不完全一样。法国的使用者付费型特许经营模式，具有利益共享、风险共担和公私合营等特征，属于 PPP 范畴。英国并没有 PPP 的提法，只讲 PFI。撒切尔夫人执政期间，推动私有化，对于没有收益、需要政府付费的项目，如医疗、教育等领域，采取 PFI 方式运作。PFI（Private Finance Initiative，私人融资计划）是指私人部门与公共部门建立伙伴关系，由私人部门负责项目建设，政府根据私人部门提供公共产品和公共服务的绩效进行付费。2013 年开始，英国政府在强调政府购买服务的基础上，主张动用政府财政资金参与 PPP 项目的前期股权投资，由此提出 PF2 的运作理念。

PPP 泛指一切的政府和私人合作关系，不同的 PPP 项目中，公共部门与私人部门在合约中的权利义务关系不同，意味着不同程度和形式的 PPP。常见的 PPP 主要模式如表 6-15 所示。

表 6-15　　　　　　　　　　常见的 PPP 主要模式

	定义	所有权	期限
BOT/BOOT	由项目公司承担新建项目建造、运营、维护，合同期满后移交给政府方	合同期满前，项目设施的所有权归项目公司所有（狭义的 BOT 模式中项目公司不拥有产权）；合同期满后，项目无偿移交政府方	一般为 20—30 年
TOT/ROT	TOT 政府将存量资产所有权（或经营权，含占有权、使用权和收益权）有偿转让给项目公司，并由其负责运营、维护，合同期满后项目资产及相关权益等移交给政府方，ROT：在 TOT 的基础上增加改扩建内容，有时也称为"TOT+BOT"	项目设施的所有权（或经营权）从政府方转让至项目公司。合同期满后项目资产及相关权益移交给政府方	一般为 20—30 年

续表

	定义	所有权	期限
DBFOT	由项目公司承担新建项目的设计、建造、融资、运营、维护，合同期满后移交给政府方	类似 BOT 模式	一般为 20—30 年
BOO	社会资本或项目公司拥有项目设施所有权，一般不涉及公益性资产或公共服务	项目设施的所有权归社会资本或项目公司所有，不涉及合同期满后无偿移交，但需要设置提前终止及有偿移交的条款	不固定
O&G	政府方将存量资产的运营维护部门委托给社会资本或项目公司，但不涉及用户服务和向使用者收费	政府方保留相关资产所有权，只向社会资本或项目公司支付委托运营费	一般不超过 8 年
BTO	社会资本或项目公司承担新建项目设计、融资、建造，完工后将项目设施所有权移交给政府方，但保留经营权	政府方持有项目资产所有权	一般 10—30 年

（四）关于我国特有的 PPP

PPP 并不是一个新事物，2014 年以前，我国就已经存在。PPP 项目从 20 世纪 80 年代中期开始引入我国，只是在后来，由于多方面的原因，PPP 模式不再被重视。

我国改革开放以后，引入了大量的外资，一部分进入了基础设施领域，形式主要是 BOT。90 年代，国家选取了一批试点项目，如广西来宾 B 电厂、成都第六水厂、广东电白高速公路、武汉军山长江大桥和长沙望城电厂。1990—2000 年，港商大规模进入中国高速公路领域，以合资企业的形式，建造了至少 80 个合资高速公路项目。2000 年以后，开始了在市政公用事业领域运用的热潮，PPP 项目被大规模运用到了污水处理行业中。采用 PPP 模式的还有自来水、地铁、新城开发、开发区建设、燃气、路桥等若干项目。2004 年，市政领域特许经营取得重大进展。我国的基础设施水平得到了提升，同时社会资本也获得了丰厚的利润。

当然，我国的 PPP 领域也出现了多个失败案例。从 2007 年开始，PPP 的发展呈现停滞的状态。主要原因在于企业面临的风险太大，如由于领导变更、社会压力造成的政治经济风险、法律风险、行政风险、融资风险等，企业选择退出。

从我国对基础设施投资的发展历程上看，PPP 模式与地方融资平台模式之间存在此消彼长的关系。随着 2008 年全球经济危机，我国采用了积极的财政政策，地方政府需要进行大量的投资。但当时的《预算法》不允许地方政府出现预算赤字，地方融资平台应运而生。带来的问题是地方政府性债务的急剧增加。随着国发〔2014〕43 号文的颁布，PPP 又重新得到了重视。

我国的特有之处在于社会资本方中国有企业的加入。我国 PPP 中社会资本的构成包括三类。第一类，纯国企和"国企+民企"的混合主体，约占 68%；第二类，基金、信托等财务投资主体作为社会资本，约占 26%；第三类，民企、外企、上市公司等社会资本，约占 6%。可以看出，还是国企参与为主，仍以公公合作型 PPP 为主。如何界定国企（央企和地方国企）的身份？private 中包不包括国企？PPP 项目国企参与原因大多在于工程资质的限制。一般的私人资本不具备工程资质，不具备行使工程的能力。如果将国企看作政府的一部分，我国的 PPP 无疑成了 Pubic Pubic Parternership。这样能否带来整体经济效率的提升？是否有违 PPP 的本意？从经济学的角度，没有民营企业资本参与的 PPP，不是成功的 PPP。从我国现有的统计数据看出，成功的 PPP 项目往往是以外企为主的。

三　PPP 模式会计处理的国际经验

英国是较早采用 PPP 模式的国家，对 PPP 模式的会计处理，英国也较完备。英国采用的是"风险报酬法"（Risks and Rewards Approach），即"在 PPP 模式下，谁承担了主要风险，并获得了与之对应的报酬，PPP/PFI 资产就记入谁的资产负债表"。但是在运用该方法时会产生"孤儿资产"问题：如果 PPP 合作的一方认为项目的风险及收益已经转移给了另一方，但另一方并不这么认为，如此时，PPP 资产将不被任何一方所记录。

2006 年，国际财务报告解释委员会（IFRIC）发布了《国际财务报告解释第 12 号》（IFRIC 12）。IFRIC12 在对 PPP 进行会计处理时，采用的是"控制法"（control approach），即如果服务特许协议满足下列两个条件：①在服务内容的确定、服务对象的选择，以及服务价格的调整等方面，授予方（the Grantor）能对运营方（the Operator）实施"控制"或"监管"；②在服务特许协议结束时，授予方能通过所有权、受益权或其他方式"控制"项目设施的重大剩余权益，即"双控测试条件"。那么PPP 资产不确认为运营方的不动产、厂房、设备等。协议满足"双控测试条件"意味着运营方只是依据协议规定，运用授予方的设施提供公共服务。但 IFRIC 12 只是针对私人部门制定的 PPP 会计指南，只是说明如果满足"双控测试条件"，则不作为运营方的资产，但并没有规定应作为公共部门的资产。从逻辑上看，并没有彻底解决"孤儿资产"问题。

2007 年 3 月，英国财政部利用"镜像处理"（Mirror-Image Treatment of IFRIC 12）手段，参照 IFRIC 12 的基本原则，明确了授予方处理 PPP 资产的办法。即对下面三个问题的回答是肯定的，那么，PPP 项下的不动产、厂房、设备等，以及相应的负债都应计入授予方的资产负债表：①基础设施的使用权及服务定价权是否由授予方控制；②合同结束后，基础设施的剩余权益是否由授予方控制；③基础设施是否由运营方建成或从第三方购置，或原来已被确认为运营方的资产。经过"镜像处理"后，不记入运营方的 PPP 资产，可记入授予方，进而解决"孤儿资产"问题。

2011 年 10 月，国际公共部门会计准则委员会（IPSAS）颁布《服务特许协议：授予方——第 32 号》（IPSAS 32——Service Concession Arrangements：Grantor，IPSAS 32），对 PPP 项目中授予方的会计处理进行了规范。从其产生的过程看，采取了英国财政部使用过的（"镜像处理 IFRIC 12"）方法。根据 IPSAS 32 的规定，如果服务特许协议满足下列两个条件，那么，服务特许协议资产（即 PPP 资产）则确认为授予方的资产：①授予方能对服务内容的确定、服务对象的选择，以及服务价格的制定等进行"控制"或"监管"；②在服务特许协议结束时，授予方能通过所有权、受益权或其他方式"控制"项目设施的重大剩余权益。

美国联邦政府主体在"特许权服务权安排"（Service Concession Arrangements）的会计处理上，参照依据是《政府会计准则理事会第 60 号公共——财物会计报告——特许服务协权安排》（GASB60：Accounting and Financial Reporting for Service Concession Arrangements）。同样提到了：①授予方能决定或具有修改、批准运营方需要提供何种服务、向谁提供这种服务以及这些服务能收取的价格或费率的能力；②授予方在安排期满时，享有对该设施服务的公用事业的重大剩余权益。运营方需要将该设施转交（或归还）给授予方。但 GASB60 只提到了运营方向第三方收取费用作为补偿。

四　我国 PPP 模式下政府会计主体核算建议

PPP 项目全生命周期（Whole Life Cycle），是指项目从设计、融资、建造、运营、维护至终止移交的完整周期。政府财务会计核算的是公共资金运动，与 PPP 项目的政府资源配置方式相关。在 PPP 项目中，政府需要同时扮演以下两种角色：①作为公共事务的管理者，政府负有向公众提供优质且价格合理的公共产品和服务的义务，承担 PPP 项目的规划、采购、管理、监督等行政管理职能；②作为公共产品或服务的购买者（或者购买者的代理人），政府基于 PPP 项目合同形成与项目公司（或社会资本）之间的平等民事主体关系，按照 PPP 项目合同的约定行使权利、履行义务。从 PPP 项目全生命周期看，政府在 PPP 项目上的资金运动包括：①政府参与到项目公司投资中，与社会资本共同以项目公司的名义向社会提供公共产品和服务；②PPP 项目资产的产权归属；③政府以购买者身份以向运营方付费或可行性缺口补贴的方式向社会提供公共产品和服务；④政府的风险承担及配套支出责任。

（一）政府参股项目公司

PPP 项目通常由项目公司运作，财金〔2014〕156 号规定"项目公司是依法设立的自主运营、自负盈亏的具有独立法人资格的经营实体。项目公司可以由社会资本（可以是一家企业，也可以是多家企业组成的联合体）出资设立，也可以由政府和社会资本共同出资设立。但政府在项目公司中的持股比例应当低于 50%，且不具有实际控制力及管理权"，即政府参股不控股。从形式上看，政府出资的资金来源有两种，一种是非货币形式的国有资产存量（包括土地使用权），另一种是作为预算资金的货币资金。前者不影响国有资本经营预算，后者构成国有资本经营预算的支出。即使是政府委托国有企业（平台公司）投资，性质上也应作为股权投资核算。

（二）PPP 项目公共基础设施所有权属分析

依据 PPP 项目资产的状况可将其分为两类：一类是存量项目，与协议安排相关的资产是现有的；另一类是新增项目，与协议安排相关的资产是运营方购买或建造的新设施。对于存量项目，通常采用 TOT 或 ROT 的方式；对于新增项目，通常采用 BOT、DBFOT、BOO 等方式。

项目公司追求的是利润，利润来自于收入与成本的差额。收入来自于收费，而收费的权利来自于政府的授权。对于建造项目的成本相当于为获得特许经营权付出的代价。对于存量项目，如 TOT 的模式，转移到私人部门手中的只是对这些资产的用益物权。对于新增项目，虽然是由项目公司建造。从 PPP 项目的本质看，相当于代政府建造，虽然不能以固定资产计量，但也是其成本。换来的是政府授予的经营期内的收费的权利。

原则上讲，属于《基础设施和公用事业特许经营管理办法》①内采用 PPP 模式的项目资产都满足"双控测试"的条件。对于政府而言是以特许经营权和以未来的支付义务换取了基础设施资产。但特许经营权这项资产比较特殊，之前并没有在政府账面上反映，所以无法减少一项资产。入账的基础设施资产的公允价值与因未来支付义务而确认的负债之间的差额，应是一项收入，但这项收入是递延的，当期并没有实现。

对于特许经营项目，最后大部分都有移交的环节（BOO 除外）。文件中没有说是有偿还是无偿移交。如某市政府 A 部门（授予方）与主体 B（运营方）签订了一项协议。B 设计、建设一条隧道。运营期 40 年。运营期间，B 有权收取和留存隧道相关的过路费。B 开发隧道的成本费用为 40 亿元。如果隧道的预计使用年限为 50 年或更长，40 年协议到期时将会出现什么样的结果？企业追求的是利润，开发隧道的 40 亿元的成本无论是以无形资产、金融资产还是固定资产核算，企业都是要赚回来的。如果是无偿移交，意味着企业要在 40 年内收回所有成本（使用者支付、政府支付、可行性缺口补贴），最终都是来自于使用人或纳税人。也就是说由这 40 年的使用人或纳税人承担了所有的成本。这明显存在代际不公的问题。如果采用的是有偿移交，代际不公的现象会有所缓解，政府收回后还是需要重新 PPP。所以，最理想的方式应该是特许经营期和项目使用年限一致。对于特许经营协议期满后需要移交的项目资产应作为政府（授予方）资产核算，无论是有偿还是无偿移交。不需要移交的项目资产应作为项目公司（运营方）核算。

对于已经作为政府资产核算的项目资产，要进行正常的后续计量，如折旧的计提、减值准则的计提和后续支出。计提的折旧构成了政府会计主体的一项成本费用。由于资产的运营是由项目公司进行的，对于后续支出，要看能否增加项目资产的价值，如果能够增加项目资产的价值，政府主体应增加相关的固定资产的价值。

---

① 第二条　中华人民共和国境内的能源、交通运输、水利、环境保护、市政工程等基础设施和公用事业领域的特许经营活动，适用本办法。
第五条　基础设施和公用事业特许经营可以采取以下方式：（一）在一定期限内，政府授予特许经营者投资新建或改扩建、运营基础设施和公用事业，期限届满移交政府；（二）在一定期限内，政府授予特许经营者投资新建或改扩建、拥有并运营基础设施和公用事业，期限届满移交政府；（三）特许经营者投资新建或改扩建基础设施和公用事业并 移交政府后，由政府授予其在一定期限内运营；（四）国家规定的其他方式。

（三）购买公共服务中的支出责任

2015 年财政部发布的《政府和社会资本合作项目财政承受能力论证指引》中指出：在 PPP 项目的全生命周期过程中，政府负有的财政支出责任包括股权投资、运营补贴、风险承担和配套投入等支出责任。对于股权投资支付责任，前文中已有论述。

运营补贴支出责任即在 PPP 项目的运营期间政府所承担的付费责任。不同付费模式下，政府承担的运营补贴支出责任不同。PPP 项目的主要付费方式如表 6-16 所示。政府付费模式下，政府承担全部运营补贴支出责任；可行性缺口补助模式下，政府承担部分运营补贴支出责任；使用者付费模式下，政府不承担运营补贴支出责任。

表 6-16　　　　　　　　　　PPP 项目的主要付费方式

	付费机制	风险分担	收益分配
使用者付费	由最终消费者用户直接付费购买公共产品和服务	社会资本承担施工风险、运营风险以及需求风险，项目独占性风险由社会资本和政府共同承担	通常会约定最高价和最低价，同时也会设定一些限制超额利润的机制，包括约定投资回报率上限，超过上限的部分归政府所有，或者就超额利润部门与项目公司进行分成等
可行性缺口补助	在政府付费机制与使用者付费机制之间的一种折中选择，对于使用者付费无法使社会资本获取合理收益，甚至无法完全覆盖项目建设和运营成本的项目，可以由政府提供一定的补助，以弥补使用者付费之外的缺口部分，使项目具备商业上的可行性	收费或收益不足风险由政府和社会资本共同承担	基本原则是"补缺口"，不能使项目公司由此获得超额利润
政府付费	可用性付费：指政府依据项目公司所提供的项目设施或服务是否符合合同约定的标准和要求来付费。适用于公共服务类项目（如学校、医院等）。　使用量付费：政府主要依据项目公司所提供的项目设施或服务的实际使用量来付费，适合于污水处理，垃圾处理等部分公用设施项目	可用性付费：社会资本承担施工风险、运营风险，不需要承担需求风险。　使用量付费：社会资本承担施工风险、运营风险，社会资本和政府共同承担需求风险	可用性付费：项目运营后，政府即按照原先约定的金额向项目公司付款，但如果存在不可用的情形，再根据不可用的程度扣减实际付款。　使用量付费：事先约定最高使用量和最低使用量。项目实际使用量低于最低使用量时，政府按照最低使用量付费；高于最高使用量时，政府对超出部分不付费

（1）政府付费模式。政府付费模式下的运营补贴支出责任应确认为政府确定性负债。依据《政府会计准则——基本准则》，确认为一项负债的条件，除了满足定义外，还须满足：一是政府很可能承担该支出责任；二是政府承担该支出责任所流出的经济资源的金额能够可靠计量。在政府付费模式下，对于一个满足效益性要求、正常运行的项目，无论是采用哪种方式，该付费责任都应确认为政府的负债。

（2）可行性缺口补助模式。在可行性缺口补助模式下，政府承诺以财政补贴、贷款贴息、优惠贷款和其他优惠政策的形式，给予社会资本一定的经济补偿，从而形成政府的现实义务。如果某个 PPP 项目在运营过程中很可能产生可行性缺口，并且政府对补助金额能够进行可靠计量，将形成政府的预计负债；如果政府无法判断该项目是否产生可行性缺口，因而无法确定是否需要对社会资本进行补助，或者政府认定该项目产生可行性缺口但无法对补助金额进行可靠计量，则应将政府的补助责任作为政府的或有负债。

（3）风险承担支出责任是指项目实施方案中政府承担风险带来的财政或有支出责任。通常由政府承担的法律风险、政策风险、最低需求风险以及因政府方原因导致项目合同终止等突发情况，会产生财政或有支出责任。在我国实施 PPP 模式的过程中存在若干失败案例，不但没有提高整体经济效率，反而造成了极大的资源浪费。结果或者是双输，或者造成公共资源的流失，或者有损政府诚信。究其原因无外乎政府的管理能力欠缺和制度缺陷。PPP 模式的采用并非是单纯地将风险完全转移给社会资本的过程，政府的责任并没有转移，反而对政府的管理能力提出了更高的要求。基于风险承担支出责任的复杂性和不确定性，不应将其确认为一项负债。但政府主体应随时关注项目的运作情况，如果情况发生改变，该风险承担支出责任满足负债的确认条件，就应确认为一项负债。

（4）配套投入支出责任是指政府提供的项目配套工程等其他投入责任，通常包括土地征收和整理、建设部分项目配套措施、完成项目与现有相关基础设施和公用事业的对接、投资补助、贷款贴息等。该支出责任由 PPP 项目合同中的政府承诺所形成，满足负债的确认条件，应确认为一项负债。

能够提高整体经济效率是 PPP 模式存在的根本，但并非所有的项目都适合采用 PPP 模式。近年来 PPP 模式在我国得到了大规模的应用和推广，但在其会计核算方面还缺少规范，尤其是作为授予方的政府部门。依据"双控测试标准"，结合 PPP 项目的本质，除明确的私有化模式，如协议期满项目资产无须移交外，PPP 项目资产应该归政府部门核算。对于支付义务，在政府付费模式下，该付费责任应确认为政府的负债。配套投入支出责任满足负债的确认条件。风险承担支出责任通常不满足负债的确认条件，是或有负债。政府会计主体应随时关注 PPP 项目的运营情况，如果条件发生变化，会计处理应做出相应调整。

第七章 我国政府财务报告体系的构建及其在财政风险管理中的运用

政府财务报告体系如何设置由政府财务报告目标决定，本部分从对我国的政府财务报告目标分析入手，阐述我国政府财务报告的目标定位，进而得出什么样的政府财务报告体系才能达到这样的目标，即政府财务报告体系的具体设置。

第一节 政府财务报告的目标定位分析

财务报告与财务报表不是同一个概念。财务报表是根据公认会计原则或会计制度，用表格的形式概括反映会计主体在某一时点上的财务状况和某一期间内的经（运）营成果和财务状况变动的书面文件，财务报表是财务报告的主体部分。财务报表由报表要素构成，报表要素又由具体的报表项目构成，报表项目来自于会计账簿。如果报告基础和核算基础是一致的，财务报表中报表项目完全取决于记账凭证中的初始确认。财务报告由财务报表演变而来。最初公司对外报送的只有会计报表，直到 20 世纪中期，人们逐渐认识到会计报表的局限性，开始在会计报表之外加进去一些辅助信息。美国财务会计准则委员会（FASB）提出："财务报告不仅包括财务报表，而且包括直接或间接地与会计系统与会计系统所提供的信息有关的各种信息的其他手段。"

一 不同的政府财务报告目标

财务报告目标在企业会计中的运用已相当成熟。研究政府财务会计目标要借鉴财务报告目标在企业会计中运用的经验。结合政府组织的特点，提出政府财务报告的目标。

（一）企业财务会计中的财务报告目标

会计目标通常是财务会计目标的代名词，而文献中往往将财务报表（报告）目标视为是财务会计目标。1973年，AICPA发表了《财务报表目标》的专门报告，第一次明确了研究财务报表的目标应该研究的四个问题，提出了财务报表的目标有12箱，分为6个层次。1978年，FASB发表SFAC No.1《财务报告的目标》，把财务报表的目标定位为"提供在经营和经济决策中有用的会计信息"。1989年，IASC的《编报财务报表的框架》中提出"提供在经济决策中有助于一系列使用者的，关于企业财务状况、经营成果和财务状况变动的信息，财务报表还应反映企业管理当局向对交付它的资源工作和核算工作的成果"。这里包含了关于财务会计目标的流行观点：决策有用观和受托责任观。

1. 受托责任观与决策有用观的含义

受托责任观与决策有用观是目前国内外会计学界关于财务报告目标定位的两种主流观点。受托责任观认为，股份公司的产生和发展，使得企业的所有权和经营权分离，同时在企业所有者和实际经营者之间形成了委托代理关系。处于信息优势的代理人（经营者）对处于信息劣势委托人（所有者）委托其经管的财产负有受托责任。委托人需要了解代理人受托责任的履行情况以评价其经营业绩、决定其报酬及是否续聘。

决策有用观认为，随着资本市场的高度发展，股权会变得十分分散，投资者主要关注的是投资企业的风险和报酬水平以及整个资本市场的风险和报酬水平，因此财务报告的目标在于为资本市场的参与者提供决策有用信息。所以，决策有用观更加注重财务会计信息的相关性，主张采用公允价值等非历史成本计量属性对财务报表要素进行计量。

2. 对受托责任观与决策观有关的评价

所有权与经营权分离是二者共同要求的经济环境。在委托人和受托人之间的委托代理关系明确时，资本市场不是很完善时，注重的是受托责任观。随着资本市场的完善，逐渐转向了决策有用观。每种观点都有其存在的特定的历史环境，在各自特定的历史环境下都具备合理性。因此受托责任目标和决策有用目标互为补充。

3. 我国企业会计准则中对财务报告目标的界定

《企业会计准则——基本准则》规定，财务会计报告的目标是向财务会计报告使用者提供与企业财务状况、经营成果和现金流量等有关的会计信息，反映企业管理层受托责任履行情况，有助于财务会计报告使用者做出经济决策。财务会计报告使用者包括投资者、债权人、政府及其有关部门和社会公众等。我国企业会计准则将财务报告目标界定为决策有用观与受托责任观相结合，偏向决策有用观，同时兼顾决策有用观。

（二）政府组织的特点

政府组织与企业相比有很大的不同，表现在如下几点。

（1）存在的目的不同。政府存在的目的是为了提供具有非竞争性和非排他性的公共产品。企业存在的目的为，通过提供私人产品赚取利润，达到企业价值最大化的财务管理目标。

（2）取得收入的方式不同。企业取得收入是通过销售私人物品，取得产品销售收入。而政府提供的公共产品因为具有非竞争性和非排他性，无法对其使用者收费，只能通过税收的方式取得。

（3）支出的形式和范围不同。政府的支出形式和范围与财政的职能有关。财政的职能包括资源配置、调节收入分配差距和调控宏观经济。支出的形式与企业相比形式更多，范围更广。而企业的支出主要围绕企业经营展开。

（4）评价二者业绩的标准不同。判断一个企业的好坏主要是通过企业经营能否赚取利润。而对政府的判断就复杂得多，政府提供的公共产品是不产生利润的。

（三）政府财务会计目标

政府与企业虽然存在很大的不同，但是同样存在受托责任，同样存在对政府财务信息的需求。政府财务会计目标与企业财务会计目标在原理上是一致的。从基本目标上看是受托责任观还是决策有用观，具体目标围绕解决以下问题：第一，政府会计要向谁提供信息；第二，为什么要提供这些信息，即提供这些信息要满足信息使用者的哪些需求；第三，提供什么样的会计信息。

《国际公共部门会计准则第 1 号——财务报表的列报》指出：通用财务报表的目标是提供有助于广大使用者对资源分配制定和评价决策的有关主体财务状况、财务业绩和现金流量的信息。尤其应当提供对决策有用的信息，并通过以下方式反映主体对受托资源的经管责任：

（1）提供关于财务资源的来源、分配及其使用的信息；

（2）提供关于主体如何为业务活动融资并满足其现金需求的信息；

（3）提供对评价主体业务活动融资，以及为满足负债和承诺要求的能力有用的信息；

（4）提供关于主体财务状况及其变化的信息，

（5）提供对评价主体在服务成本、效率和成果等业绩方面有用的总体信息。

财务报告还可能向使用者提供如下信息：

（1）表明资源的获得和使用是否与法定采用的预算相一致；

（2）表明资源的获得和使用是否与法律和合同要求相一致，包括由适当的立法权威机构确定的财务限定条款。

由此可见，国际公共部门会计准则兼顾了决策有用观和受托责任观。

FASAB认为，政府财务报告目标应包括以下四个方面：

（1）反映预算的完整性；

（2）有助于评价政府的经营业绩；

（3）有助于了解政府财务状况的变动情况，政府未来的预算资源能否充分满足履行未来义务和提供公共服务的需求；

（4）反映政府财务管理系统和内部管理控制状况。

二 政府财务报告使用者分析

政府组织的特殊性使得政府财务报告信息的使用人及信息需求呈现很大的特殊性。

（一）政府财务报告信息使用者——不同观点

FASAB在《联邦财务会计概念第1号公告——联邦政府财务报告的目标》中，认为联邦政府信息使用者可以分为四大类团体，即公民、国会、行政官员和项目经理人员。其中，公民这一团体包括个别的公民（不考虑他们是不是纳税人、选民或服务接受者）；还包括一般的新闻媒体及更专业的使用者，如商业杂志；公众利益和其他拥护团体；州和地方的立法者和行政官员，以及来自公司、学术界和其他地方的分析家。国会团体包括被选出的国会议员和他们的雇员，包括国会预算局和美国会计总署雇员。行政官员这一团体包括总统及其代理人，如项目代理机构的主管以及在其领导下并对其进行协助的副主管；部门、行政机关、服务部门和代理部门的主管，以及管理与预算办公室和财政部等中央机构的官员。项目经理人员是指管理政府项目的个人。

IPSASB指出，政府财务报告的主要使用者包括：立法和其他管理机构；公众，包括纳税人、选举人、投票人、具体利益集团，以及政府供应或制造的商品、服务和转移支付的接受者等；投资者和债权人；评估机构；其他政府、国际性机构和资源提供者；经济和财务分析师；上级主管部门。

（二）我国政府财务报告信息使用者界定

从以上不同国家或组织对政府财务报告信息使用者的界定来看，从表述上看，都各不相同。但从实质上看，含义是一样的，都是"政府活动所涉及的所有利益相关者"①。具体到某个国家，由于政体不同，经济发展阶段不同，文化不同等，使得使用者表现出不同的特点。就我国而言，笔者认为，政府财务报告信息使用者不应包括政府外部的信息使用人，政府本身也需要财务报告来解除其公共受托责任。从外部来看包括以下团体或个人。

1. 立法机关

如果将"政府"界定为行政部门（在我国还包括事业单位），立法机关与行政部门是独立的。人民代表大会是我国最高的权力机构，代表所有人民监督政府的行为。相对于全体人民来讲，人民代表大会是受托人，相对于政府来讲，是委托人。人民代表大会需要依据政府提供的财务信息来实现监督职能并对政府的业绩做出评价。

2. 审计机关

政府审计从本质上讲，是接受公共委托，提供公共审计服务。②《中华人民共和国审计法》明确规定，我国各级审计机关依法对国务院和地方各级人民政府及其各部门的财政收支的真实、合法和效益进行审计。国务院和县级以上地方人民政府应当每年向本级人民代表大会常务委员会提出审计机关对预算执行和其他财政收支情况的审计工作报告。

3. 社会公众

社会公众的含义比较广泛。任何一个纳税人都有权了解政府的财务信息，了解政府的受托责任履行情况。

4. 投资者

投资者指政府债券的购买者或政府通过借款方式取得资金的债权人。债务是政府取得财政收入的一种形式，对债券的购买者来讲是资金使用权的让渡。

对于我国地方财政风险管理来讲，这一点尤为重要。我国的地方政府债券制度迟迟没有建立起来，预算法规定地方政府不允许发行债券的原因

---

① 常丽：《论我国政府财务报告的改进》，东北财经大学出版社 2007 年版，第 166 页。

② 美国的 GAO 是对美国联邦政府财务报告审计的机构，从属于立法部门的国会。GASB34 号规定，美国地方政府的财务报告必须经民间独立的 CPA 审计。在我国，立法机关和审计机关和行政部分是不独立的。

有很多种。其中，政府财务会计制度不健全，现行预算会计制度的严重落后，是地方政府发行债券的技术瓶颈。随着地方政府债务规模的逐渐扩大，地方政府债券制度急需建立，这也形成了对我国政府会计制度改革的倒逼。

5. 投资评估机构

无论从政府本身，还是从投资者和债权人的角度，投资评估机构对政府财务信用级别的评价都有助于降低融资成本或减少投资风险。投资评估机构作为政府财务报告的使用者符合社会资源最优配置的客观要求。

6. 主管部门和内部管理者

按照《中华人民共和国预算法》的规定，各级政府应当监督下级政府的预算执行，对下级政府在预算执行过程中违反纪律、行政法规和国家方针政策的行为依法予以制止和纠正。下级政府应将预算执行结果如实上报，接受上级政府的监督。另外，受新公共管理运动的影响，社会对提高政府绩效的关注度越来越高。对于下级政府来讲，需要向上级主管部门提供财务报告，以对其运营绩效进行评价。

三　我国政府财务报告目标的定位

陈立齐、李建发（2003）提出政府会计有三个层次的目标。基本目标是检查、防范舞弊和贪污，以保护公共财政资金的安全。需要建立必要的披露程序，提高财政资金的透明度，以防止财政的违法乱纪行为。中级目标是促进健全的财务管理。财务管理包括收税和其他收支、举债和还债等活动。这些活动通过预算或计划事先安排的，并通过适当的授权交易，将交易过程和结果记录在财务会计系统中。

改革者希望政府的运营活动具有经济性、效率和效益。在这种情况下，政府也需要一个管理或成本会计系统，以便确定其提供公共服务的成本是最小的或服务得更好。最高层次的目标是帮助政府履行公共受托责任。陈小悦、陈璇（2005）将"实现政府履行职责的高经济透明度"作为政府会计目标。路军伟（2010）提出了控制取向、管理取向、报告取向三种政府会计模式，分别对应基本目标、中级目标和最高层次目标。

邢俊英（2015）基于公共受托责任的历史演进形态，对我国政府会计改革目标进行了定位。按照公共受托责任的历史演进历程，分为受托财务责任、受托管理责任和受托社会责任。将政府会计改革目标分为三个层次，第一层次改革目标（基本目标）：反映公共受托财务责任的履行情况；第二层次改革目标（扩展目标）：反映公共受托管理责任的履行情况；第三层次改革目标（全面目标）：反映公共受托社会责任的履行情况。

常丽（2007）认为政府财务报告目标导源于政府会计目标，是政府会计目标的外在表现。依据 FASB 提出的财务报告目标的内涵，对我国政府财务报告使用者及其信息需求进行了分析。提出了我国政府财务报告的总体目标和具体目标。总体目标是反映政府受托责任和满足信息使用者的需求。具体目标是总体目标在运用层面的展开。

学者们的提法看似不同，实则存在密切的联系。这里提到了政府会计目标、政府会计改革目标、政府财务报告目标。从前文的分析中看出，在企业会计中，如果没有特指，会计往往就是财务会计，财务会计目标与财务会计报告目标虽有差异，大都看作同一词。但在政府会计中，还是要区分清楚政府财务会计和预算会计，预算会计从本质上看应该属于管理会计的范畴。政府会计目标是指整个政府会计体系的目标，不仅包括财务会计也包括管理会计。政府财务报告目标包括"基本目标"（总体目标）和"具体目标"。基本目标是比较抽象的概括——受托责任观和决策有用观；具体目标是，向谁提供信息、提供什么样的信息、这些信息能满足信息使用者的哪些需求。陈立齐、李建发（2003）政府会计的三个层次的目标无疑是政府会计而不是政府财务会计的目标，路军伟在此基础上提出了每个层次目标下的政府会计模式，并且他还提出了每个政府会计目标下强调的公共受托责任的类型。邢俊英（2015）所提的政府会计改革目标与三个层次的目标并不矛盾，有一定的对应关系。陈小悦、陈璇（2005）提出的政府会计的一般目标为"实现政府履行职责的高经济透明度"，"职责"即公共受托责任。常丽（2007）的分析针对的是政府财务会计报告。而政府财务会计是政府会计体系中最重要的部分，是提供政府财务信息的主要来源。如果将政府会计看作是政府财务会计，以上的分析都是"基本目标"。

结合以上分析，笔者认为，政府财务会计报告目标的分析应分为基本目标和具体目标两个层次。

（一）我国政府财务报告的基本目标

我国一直以来的"预算会计"实质上是收付实现制的政府财务会计，原来的以政府宏观经济管理和预算管理为核心的政府财务报告目标具有很大的局限性。随着《政府会计准则——基本准则》的颁布，这种情况发生了很大的改变。如《政府会计准则——基本准则》第五条规定，政府会计主体应当编制决算报告和财务报告。财务报告的目标是向财务报告使用者提供与政府的财务状况、运行情况（含运行成本）和现金流量等有关信息，反映政府会计主体公共受托责任履行情况，有助于财务报告使用者做出决策或者进行监督和管理。政府财务报告使用者包括各级人民代表大会常务委员会、债权人、各级政府及其有关部门、政府会计主体自身和其他利益相关者。

这里明确提出了受托责任的概念，反映了我国民主政治的进步。并且提出了受托责任观和决策有用观并重。从表述中也可以看出，包括了基本目标和具体目标两个层次。

（二）我国政府财务报告的具体目标

政府财务报告具体目标是对总体目标在运用层面的展开。具体目标围绕解决以下问题：第一，政府会计要向谁提供信息，即政府财务报告使用者；前文中对此已经进行过分析。第二，提供这些信息要满足信息使用者的哪些需求；第三，提供什么样的会计信息。GASB 为政府财务报告提出了三大类共计九小项目标。考虑到我国具体的政府会计环境，政府财务报告具体目标设定为：

（1）反映政府预算的执行情况

政府会计分为预算会计和政府财务会计，反映政府预算执行情况的决算报告是预算会计提供的，并不是政府财务会计的产品。之所以把预算信息作为政府财务会计报告的一部分是因为预算活动是政府活动的根本，也是政府受托责任的重要组成部分。包括预算收支的实际执行信息及与预算对比信息。依法组织收入和安排支出是政府受托责任最重要也是最基本的。政府实际预算收支与预算之间的符合程度，可以帮助信息使用者判断政府对预算资金的使用是否符合预算，是否履行了合法支配公共资源的受托责任。

（2）提供能够反映政府财务状况的资产、负债信息以及净资产增减变动情况的信息

政府占有的财务资源是公共资源，纳税人有权利了解公共资源的来源与运用情况。财务资源是公共资源中的一部分，是资产。从产权角度看，资产对应的权益有债权和所有者权益。政府的财务资源的来源有多种，主要是税收和发行债券，而后随着财政支出的进行，财务资源以不同的形态存在。政府财务会计与预算会计的差异就体现在，预算会计是资金会计，不核算实物资产这样的财务资源。并且政府财务会计核算的实物资产价值的增减变动与预算毫无关系。政府是公共资源的受托人，有义务提供政府有关财务资源来源与运用情况。

任何一个政府，要想得以存续，必须保证其拥有和控制的资源与未来

对资源使用的义务相平衡。净资产为资产减去负债的余额，反映了政府运用资源的灵活度，是国家财富的体现。

（3）提供关于政府怎样筹措资金和满足现金需求的信息

在政府会计采用权责发生制的情况下，提供的收入和费用的流量信息与现金的收入和支出不对应。但同时，政府筹措资金和满足现金需求的信息是对权责发生制财务信息的有益补充。

（4）提供政府的运行业绩信息

政府发生的开支、费用与实施的项目、服务相联系的成本信息，一定程度上反映出政府在特定项目、服务上投入的努力。政府活动的特征决定了政府服务的结果并不体现在收入上，因而需要传统会计指标之外的业绩信息，来评价政府的运行业绩。政府财务报告只能在可计量的范围内反映政府的服务成果，并通过与服务努力、成本相比较，反映提供服务的效率。

我国的改革从来都采用渐进式的方式，政府财务报告目标的设定既要考虑前瞻性，又要防止与事实脱节。

为了达到这些目标，财务报表应该提供主体的下列信息：①资产，②负债，③净资产，④收入，⑤费用，⑥现金流量。

第二节　政府财务报告体系的重构[①]

一　总体框架设计

（一）我国政府财务报告体系设计时的原则

在设计我国的政府财务报告时要注意对现有的会计制度的继承：

（1）在设计具体会计科目及报表项目时，因为政府会计准则不再区分不同的单位，设计时要考虑现有的总预算会计、行政单位会计、事业单位会计中相同的部分。

---

① 　随着 2015 年以来《政府财务报告编制办法（试行）》《政府部门财务报告编制操作指南（试行）》《政府综合财务报告编制操作指南（试行）》一系列文件的出台，本部分内容貌似陈旧。但文件的出台并非意味着到了终点，从财务报告产生的应有逻辑上，此时还并非算得上是真正意义上的财务报告；并且文件中并没有涉及现金流量表；另外想起自己做论文时对其投入的精力和感情，实在舍不得再把这部分改变原貌。

（2）借鉴企业会计准则的习惯。如在设计财务报告的组成部分时，没必要照搬美国的做法，设置"管理层讨论和分析"，可以采用大家较熟悉的企业会计准则的做法，财务报告包括财务报表、会计报表附注。

（二）总体设计

1. 构成

应包括以下几部分：

（1）基本报表：资产负债表、收入费用表（运营表）、现金流量表。

（2）附表。预算执行情况对照表等。

（3）附注。报表附注用来披露会计政策，对报表有关项目作进一步解释和补充说明。对于满足资产的披露要求但不满足资产确认条件的资产，应在附注中进行披露。如资源资产中的自然资源、历史遗迹等难以计量，或计量成本过高且意义不大。对于这类资源或事项将披露结果列示在财务报表附注中进行补充说明，将比直接在政府财务报告表内报告，从会计信息的成本收益角度，更为有效。对于国防资源、高科技资源等国家资源，无论其是否符合确认标准，都不需也不能充分披露于财务报告中。

（4）政府财务报告文字报告说明书。一般公众对财务信息的了解，主要是通过阅读政府财务报告文字报告说明书得知的，特别是对于不具有财务背景的公众来说，更是如此。

2. 基本报表的构成

为了满足我国政府财务报告的具体目标，笔者认为应设计财务报告体系。我国财务报告体系的设置，见表7-1。

表 7-1　　　　　　　　　我国财务报告体系的设置

信息需求	报表类型	会计基础
政府预算收支的实际执行情况	预算执行情况表（预算收支的实际执行数）	收付实现制预算 修正的收付实现制预算会计
政府实际预算收支与预算对比的信息	预算对比信息（预算数与实际执行数）	收付实现制预算 同上
政府有关财务资源来源与运用情况	收入费用表	权责发生制①
能够反映政府财务状况的资产、负债信息以及净资产增减变动情况的信息	资产负债表	同上

---

① 权责发生制在企业会计中已经得到很好的运用，对于修正的收付实现制和修正的权责发生制更难把握，同时考虑到国际政府会计改革的方向，我国的政府财务应采用完全的权责发生制。

信息需求	报表类型	会计基础
关于政府怎样筹措资金和满足现金需求的信息	现金流量表	收付实现制
政府运营成本和服务成本的信息	政府成本报表	权责发生制

二　资产负债表设计

资产负债表是反映在某一个时点上会计主体拥有的资源及这些资源的来源途径情况，反映的是存量信息，是表示一个会计主体财务状况最主要的会计报表。

列入资产负债表内的是符合政府资产和政府负债确认条件的政府资产和政府负债，即不是所有的政府资产和政府负债都列入资产负债表内。有些列入表内，有些在表外披露，还有一些既不在表内核算也不在表外披露。

这里的资产负债表还不是指政府整体的资产负债表。结合本书的论述框架：预算会计与政府财务会计的"双轨制"、政府会计主体的"二元制"、权责发生制在预算和政府会计中的运用，预算单位在进行实际会计核算时，首先要分预算会计与政府财务会计两个会计系统；其次，对于符合基金会计核算要求的基金（如国有资本经营、社保基金等）应采用基金会计的会计主体，单独分别基金编制，具体由相关预算单位核算。对于预算单位其他的经济业务（非基金），以单位为会计主体核算。同时，要依照会计准则要求的会计基础。会计期末时，预算单位理论上讲要编制四套表，一是单个基金的基金报表（基金报表也应有存量和流量两张报表）；二是此预算单位所有的基金的合并报表；三是其他业务的报表；四是将所有业务合并的合并报表。

表 7-2　　　　　　　　　　　资产负债表

编报单位：　　　　　　　　年　月　　日　　　　　　　　金额单位：

资产	期初数	期末数	负债	期初数	期末数
一、资产类			二、负债类		
现金			应缴预算款		
银行存款			应缴财政专户款		
有价证券			暂存款		

续表

资产	期初数	期末数	负债	期初数	期末数
暂存款			应付工资（离退休费）		
库存材料			应付地方（部门）津贴补贴		
固定资产			应付其他个人收入		
零余额账户用款额度			其他负债		
财政应返还额度			负债合计		
无形资产					
其他资产			三、净资产类		
			基金项目		
			（分类略）		
			未结转结余		
			（分类略）		
			净资产合计		
资产合计			负债与净资产合计		

三　收入费用表设计

表 7-3　　　　　　　　　　　　　收入费用表

编报单位：　　　　　　　　　　年　　月　　　　　　　　金额单位：

项目	本月数	本年累计数
行政事业活动收入		
其中：一般经费拨款		
其中：财政经费拨款		
财政专户返还收入		
核准留用收入		
上级补助收入		
基建拨款		
经营收入		
其中：提供服务收入		
销售商品收入		

项目	本月数	本年累计数
投资收益		
其他收入		
收入合计		
行政事业活动费用		
经营活动费用		
财务费用		
所得税费用		
资产减值损失		
其他费用		
费用合计		
结余		

关于收入费用表的说明：

1. 政府会计中收入费用表与企业会计中的利润表类似，尤其是对费用的确认。从国外的处理方式看，政府财务会计大都采用与企业会计一样完全的权责发生制。这里确认的费用，从本质上讲是按照配比原则费用化的部分。从财政学的角度是代际公平，当期的纳税人负担当期的政府成本。具体来讲：

收入费用表中的费用与政府的预算支出不是同一概念。预算收支的确认基础与运营表的会计基础不同，前者一般是收付实现制，也就是说预算支出不包括递延性质的支出，这些支出中有些是资本性支出。

收入费用表中的费用与预算支出中的经常性支出也不是同一概念，原因有两个，一个是会计基础不同，另一个是经常性支出不一定全都费用化，如购置的存货。

费用的范围包括依据权责发生制原则，应予费用化的部分。包括经常性支出中费用化的部分（经常性支出大都费用化），资本性支出中以折旧的形式资本化的部分。

2. 收入费用表与资产负债表的勾稽关系。

收入费用表与资产负债表存在严格的勾稽关系：收入与费用的差额构成了资产负债表中净资产的增减。详细来讲，如果本期的收入大于费用，政府期末的净资产表现为等额的增加；如果本期的收入小于费用，政府期末的净资产表现为等额的减少。也就是说，如果本期的收入大于费用，表明政府的财务状况变好，反之为变差。

3. 从采用的会计基础看，与资产负债表会计基础一致。

依据复式簿记的基本原理，交易发生时，要以会计分录的形式记录下来，需要会计人员判断出应于记录的要素和所属账户。所有的会计分录必须按照交易发生的顺序，连续而且全部记录所有的交易。这也是会计要素的初始确认。会计分录做成后，要按照分录中的账户，把金额借记或贷记在各个账户中归集。所有的账户可分为实账户和虚账户；实账户最后集中于资产负债表，虚账户最后集中于运营表。这也是会计要素的最终确认。可以看出，资产负债表和收入费用表中的数据直接来源于会计账簿，而会计账簿的数据来自于会计凭证中记载的会计分录。所以，运营表与资产负债表是在同一会计确认基础下的两个产品。

四　现金流量表设计

表 7-4　　　　　　　　　　　现金流量表

编报单位：　　　　　　　　　　年　　　　　　　　　　　单位：

项目	金额
一、经营活动产生的现金流量	
………	
现金流入小计	
………	
现金流出小计	
经营活动产生的现金流量净额	
二、投资活动产生的现金流量	
………	
现金流入小计	
………	
现金流出小计	
投资活动产生的现金流量净额	
三、融资活动产生的现金流量	
………	
现金流入小计	
………	
现金流出小计	

续表

项目	金额
四、汇率变动对现金的影响	
五、现金及现金等价物净增加额	

关于现金流量表的说明：

1. 现金流量表的编制基础是收付实现制，报告会计主体的"现金"在一个会计期间的流入流出及期末结余情况。与预算收支表的不同表现在，第一，预算收支只反映本期收支的流量，而现金流量表既反映现金的流量，也反映现金的期初期末的结存情况；第二，对"现金"的范围界定可能会存在差异，现金流量表中的现金往往指现金及现金等价物。

2. 现金流量表中包括所有的政府收支中与现金收支有关的业务，而这些业务中有些与本期的预算收支无关。如某预算单位对一项固定资产的处置，假设该固定资产的账面价值为 100 万元，处置收入为 100 万元，款项已收到。这项业务使得现金流量表的现金增加 100 万元，但并不属于预算年度内的预算收入，对预算收支不产生影响。

从以上两点的分析可以看出，现金流量表提供的财务信息与预算会计提供的预算收支信息存在很大的差异。即使预算和预算会计采用现金制，这种差异依然存在。

3. 各个国家对现金流量表的处理不同，包括发达国家，不是所有的国家都要求编制现金流量表。如美国，不论是联邦政府还是州和地方政府均不要求编制现金流量表。资产负债表和运营表信息的生产完全是在权责发生制会计基础下确认的，收付实现制是对权责发生制提供信息的有益的补充，必不可少。

五 政府综合财务报告

一个国家有无数个企业，每个企业都可以是独立的会计主体，虽从事不同的生产经营活动，但在会计处理上都要依据统一的会计准则，按照准则规定提供相应的财务信息。但一个国家只能有一个政府。狭义的政府一般指行政机关，广义的政府不仅包括行政机关，还包括立法机关、司法机关，包括军队、警察，还包括执政党。政府分为不同的层级，每个层级有每个层级的收支。每一级次政府的政府职能是通过政府各组成部门来完成的。从会计角度看，政府部门包括核心部门和职能部门两部分。核心部门的特点是掌管预算收支，但不提供具体的公共产品，如我国的财政部门。① 职能部门提供公共产品，提供公共产品的过程也是花钱的过程，是真正实现预算支出的过程，但职能部门的收入来自于核心部门，自身并不产生收入。这两个部门的职能不同，进而产生的经济活动有很大的不同，但同时适用政府会计准则。按照政府会计准则的规定，编制各自的财务报告，反映各自的财务状况、运营成果和现金流量情况。同时，还存在相对独立的基金会计报表。政府整体财务报告的编制应该由核心部门完成，反映政府整体的财务状况、运营成果和现金流量情况。

第三节　我国近年来的权责发生制政府综合财务报告实践

一　重要节点

财政部 2010 年正式发布《权责发生制政府综合财务报告试编办法》，2011 年财政部选择了北京、天津等 11 个省市试编了权责发生制政府综合财务报告。到 2012 年新增了上海等 12 个省市，试编范围增加到 23 个省市及其所属 74 个市县（区）。到 2013 年更是将试编范围扩大到全国 36 个省市。至此，试编工作推广至全国所有的省份。

2011 年 3 月，十一届人大四次会议批准的《中华人民共和国国民经济和社会发展第十二个五年规划纲要》提到"进一步推进政府会计改革，逐步建立政府财务报告制度"，正式提出了建立政府财务报告制度的要求。

2013 年 11 月，党的十八届三中全会通过的《中共中央关于全面深化改革若干重大问题的决定》（以下简称《决定》）全面阐述了我国未来深化财税体制改革的主要内容，明确提出要"建立跨年度预算平衡机制，建立权责发生制的政府综合财务报告制度"，从而将建立权责发生制政府综合财务报告确立为我国未来财税体制改革的重要内容。

时任财政部部长楼继伟在随后召开的全国财政工作会议上强调要"围绕建立权责发生制政府综合财务报告制度，研究制定政府综合财务报告制度改革方案，制度规范和操作指南"。

---

① 财政部门一方面对预算收入和预算支出进行核算，同时与职能部门一样，自身也会有收支。

2014 年全国"两会"上的《政府工作报告》中将"推行政府综合财务报告制度"列为 2014 年财税改革的"重头戏",并把它作为"防范和化解债务风险"的重要举措。

2014 年 8 月 31 日通过的新《预算法》第九十七条明确规定,各级政府财政部门应当按年度编制以权责发生制为基础的政府综合财务报告,报告政府整体财务状况、运行情况和财政中长期可持续性,报本级人民代表大会常务委员会备案。将"编制以权责发生制为基础的政府综合财务报告"首次写入《预算法》中,奠定了权责发生制的政府综合财务报告制度的法律地位。

2014 年 10 月,《国务院关于深化预算管理制度改革的决定》提出:"研究制定政府综合财务报告制度改革方案、制度规范和操作指南,建立政府综合财务报告和政府会计标准体系,研究修订总预算会计制度。待条件成熟时,政府综合财务报告向本级人大或其常委会报告。研究将政府综合财务报告主要指标作为考核地方政府绩效的依据,逐步建立政府综合财务报告公开机制。"

2014 年 12 月 31 日,《国务院关于批转财政部权责发生制政府综合财务报告制度改革方案的通知》(国发〔2014〕63 号,以下简称 63 号文)进一步确定了我国建立权责发生制政府综合财务报告制度相关改革的总体目标、主要任务、具体内容和实施步骤等,明确指出"力争在 2020 年前建立具有中国特色的政府会计准则体系和权责发生制政府综合财务报告制度"。

二 政府财务会计准则是权责发生制政府综合财务报告的前提和基础

从簿记学的角度,财务报表是信息处理的末端,其数据来自于账簿,账簿的数据来自于记账凭证。有了记账凭证的初始确认,一定会有会计报表内的最终确认。确认、计量、记录和报告是财务会计的核心工作。故财务报告准则是财务会计准则的组成部分,二者之间是部分和总体的关系。财务报告包括报表和附注,报表中有权责发生制的,也有收付实现制的。财务报告准则的内容至少包括以下内容:表内项目填列、表外项目披露及合并会计报表。表内项目填列就要分不同的会计基础。其中权责发生制的是主体,如资产负债表和收入费用表。其数据全部来自于账簿,会计准则所要解决的是表内项目的列报。所以,根源在于各会计要素的初始确认。

2011 年财政部选择了北京、天津等 11 个省市开始试编权责发生制政府综合财务报告。2011 年尚无《政府会计准则》,试编的权责发生制的政府综合财务报告并非是真正逻辑上的财务报告。即使 2015 年政府会计准则陆续出台，但由于没有一整套包括所有会计要素和财务列报的准则，这种情况并未发生实质性改变。

三　政府综合财务报告的不同层次

政府财务报告体系主要包括政府部门财务报告和政府综合财务报告。政府部门财务报告由政府部门编制，反映本部门的财务状况和运行情况；政府综合财务报告由财政部门编制，反映政府整体的财务状况、运行情况和财政中长期可持续性。各部门、各单位要清查核实固定资产、无形资产以及代表政府管理的储备物资、公共基础设施、企业国有资产、应收税款等资产，按规定界定产权归属、开展价值评估；分类清查核实部门负债情况。清查核实后的资产负债统一按规定进行核算和反映。各单位应在政府会计准则体系和政府财务报告制度框架体系内，按时编制以资产负债表、收入费用表等财务报表为主要内容的财务报告。各部门应合并本部门所属单位的财务报表，编制部门财务报告。

财政部门要清查核实代表政府持有的相关国际组织和企业的出资人权益；代表政府发行的国债、地方政府债券，举借的国际金融组织和外国政府贷款、其他政府债务以及或有债务。清查核实后的资产负债统一按规定进行核算和反映。各级政府财政部门应合并各部门和其他纳入合并范围主体的财务报表，编制以资产负债表、收入费用表等财务报表为主要内容的本级政府综合财务报告。县级以上政府财政部门要合并汇总本级政府综合财务报告和下级政府综合财务报告，编制本行政区政府综合财务报告。政府单位财务报表、政府部门财务报告和政府综合财务报告概念的提出，理论上有很大的进步性。但对于理论上的细节和实践操作的规范还是比较缺乏。

一是政府单位财务报告是基础。预算分为单位预算、部门预算和总预算。预算单位处于基础地位，公共产品的提供也是由预算单位提供的。预算单位编制的财务报告是整个财务报告体系的基础。各会计主体编制政府单位财务报告时应首先采用基金会计主体的形式（核算主体），其次才是以本单位为会计主体（报告主体）。在基金财务报告系列中应该既包括一般公共预算财务报告、政府基金财务报告、国有资本经营预算财务报告和社会保险基金财务报告。各单位按照四本预算编制的财务报告就称为本单位的基金财务报告。

二是对信息公开的要求。从现在的要求看是部门财务报告应报送本级政府财政部门，政府综合财务报告应报送本级人民代表大会常务委员会备案。会计本身核算的是微观主体的行为，随着主体之间合并项目复杂程度的提高，信息的有用性或许也在逐渐打着折扣。故从政府财务信息的有用性来考虑，从政府单位财务报表开始就应该公开。

第四节　政府财务报告在财政风险管理中的运用

一　财政（债务）风险预警机制与政府（综合）财务报告之间的逻辑

一个设计良好的财政风险预警机制至少包括两个部分：设计科学合理的指标体系和预警区间。其中相关数据能够可靠取得是对指标体系的基本要求。在设计风险预警机制中的指标体系的思路是首先从财政风险的根源入手，详细分析其来源，目的是甄别出什么样的指标体系能够真实反映财政风险状况。另外，要考虑相关的数据是否可得。数据一方面来自于统计数据，如 GDP、财政收入和财政支出等，另一方面来自于政府财务会计报告。

财政风险的状况最终通过在现行法律框架下允许政府调动的资源（资产）和政府承担的义务（负债）之间的平衡状态表现出来。获得基础的资产负债信息就成为了财政风险预警机制的必要条件，而政府财务报告是提供这些信息的基础手段。从财务报告的编报逻辑看，财务报告是会计工作的成果，记录的是已经发生的交易。有什么样的交易，财务报告中就会有什么样的反映。故而可通过对政府财务报告的分析，反映出财政风险的本来面貌，进而找出其根源。同时，限于财务会计确认计量方法的限制，并不能提供所有的资产负债信息。所以政府财务会计报告提供的信息主要用作短期的财政风险分析。但短期是中长期的基础，站在财务报告的角度分析财政风险是整个财政风险分析的逻辑起点。

二　指标设计及评价方法选择

（一）指标设计①

本书基于现有的关于财政风险预警机制的设计的研究成果，考虑到数据的可得性，筛选了下列指标。

---

① 《政府部门财务报告编制操作指南（试行）》《政府综合财务报告编制操作指南（试行）》中亦有政府财务状况分析指标。

1. 绝对指标

绝对指标指政府财务报告中提供的相关数据，具体表现为资产要素信息，又可分为表内和表外两个层次。从会计的角度，资产=负债+净资产，负债和净资产表示资金的来源，资产是会计主体的资源的具体表现。公共部门的资金只能来自于私人部门，分为经常性收入（税收）和借债。按照经济学的基本原理，经常性的收入只能对应经常性的支出，否则将会出现代际不公，而经常性的支出费用化，形不成资产。所谓的资产一定与资本性支出相关，而资本性支出的资金来源是借债。由于我国特殊的历史背景，政府资产中非流动资产也占有相当大的比重。财政投资建设的公共基础设施资产在不断增加，持有的国有企业的股权也会随着国有企业净资产的增加而增加。

（1）资产信息

前文中提到财政风险矩阵和财政风险对冲矩阵本质上是对政府负债和资产的分层，政府的各类资产的偿债能力存在较大差异。从政府会计的角度看，政府资产按流动性程度不同，分为流动资产和非流动资产。流动资产是可以在短期内变现的资产。非流动资产是短期内不能变现的资产，主要包括国有股权投资、固定资产、无形资产、土地使用权、公共基础设施、物资储备、文物文化资产、自然资源等。对于有些资产，如文物文化资产、国防资产、自然资源等在会计报表中是否反映、如何反映一直存在争议。抛开会计核算，偿债能力与流动性相关，而这些资产的流动性具有特殊性。

本书借鉴了陈穗红（2015）提出的按照其与地方政府偿债能力相关性的紧密程度，可将政府资产分为三大类：相关性较强的资产、相关性中等的资产和相关性较小的资产。然后，再和政府财务报告相联系。

第一类，相关性较强的资产。主要包括流动资产、国有股权投资、土地资源存量。这类资产的特点是主要发挥经济服务职能，易于通过市场出售变现，对地方政府偿债能力分析影响较大。

第二类，相关性中等的资产。主要包括物资储备、在建工程和公共基础设施。

第三类，相关性较小的资产。主要包括行政事业单位非经营性固定资产、文物文化资产、无形资产和自然资源。

这些资产信息理应在政府资产负债表中反映，但鉴于其偿债能力存在差异，在进行指标分析时还应区分开来。

（2）负债信息

负债信息为财务报告中的负债信息，包括表内的流动负债和长期负债，同时也包括附注中披露的或有负债。债务余额是期末应偿还的各类债务本金总额，反映政府债务总量。当期应偿还债务还本付息额指当年应偿还各类债务还本付息额。当期应偿还债务还本付息额，是从债务偿还的角度衡量债务总量，包括债务本金和利息。

2. 相对指标

站在政府财务报告的角度，反映政府偿债能力的指标如下。

（1）流动比率

流动比率＝流动资产/流动负债。反映地方政府的即期偿债能力，用以衡量地方政府流动资产在短期债务到期以前，可用于偿还负债的能力。一般情况下该指标数值越高反映偿债能力越强。

（2）速动比率

速动比率＝速动资产/流动负债。反映地方政府即期偿债能力的，与流动比率相比，这一指标在流动资产中扣除了存货部分，用以衡量地方政府流动资产中可以立即变现用于偿还流动负债的能力。由于地方政府的存货资产多为政府运营或公共服务所必需，变现的可能性比企业小，因此在衡量地方政府即期偿债能力时，速动比率较之流动比率更为准确。一般情况下该指标数值越高反映偿债能力越强。

（3）资产负债率

资产负债率＝负债总额/资产总额。本项反映政府财务状况的综合性指标。由于该指标中使用了资产总额，而地方政府的资产总额中有相当一部分数量并不能变现用于偿债，因此它并不适合直接用于评价地方政府的偿债能力。但是由于该指标是综合反映政府财务状况的核心指标，政府的财务状况对未来的财务流量和存量都有重要影响，也会间接地反映地方政府的偿债能力，因此可作为参考性指标。一般情况下，该指标数值越低反映财务状况越好。

（4）与偿债高相关资产比率

与偿债高相关资产总额/资产总额。

（5）逾期债务率

年末逾期债务余额/年末债务余额。逾期债务率是年末逾期债务总额与当年地方政府性债务余额的比率，是衡量地方政府信用水平的重要指标，可以反映一个地区的地方政府性债务违约和逾期情况。地方政府不按期偿还债务，会对其声誉和信用造成不利影响，从而缩小其未来举债的空间，增加其未来举债的成本。地方政府性债务逾期率越高，债务累积风险就越大。

（6）借新还旧率

举借新债偿还债务本息额/当年还本付息额。

（7）债务增长率

当年新增债务/上年末债务总额。

在运用上述资产负债表信息指标时，为了全面反映财政风险状况，还应与财政收支类指标结合使用。财政收支类指标和资产负债类指标之间存在密切关系。

（1）负债率，又称债务负担率。是年末地方政府性债务余额与当年地区生产总值的比率，是衡量一个地区经济总规模对其地方政府性债务承载能力的指标，可以反映出该地区的经济发展和经济增长对政府举债的依赖程度。

（2）债务财政负担率。债务财政负担率是年末地方政府性债务余额与当年财政收入的比率，是反映地方政府财政收入偿还债务能力的重要指标。地方政府的财政收入是地方政府偿还债务最重要和最直接的资金来源，债务财政负担率较高时，地方政府的财政负担就较重，从而就会产生较大的债务风险。

（3）高债务率占比。高债务率占比是指各个地区债务率高于100%的市、县、乡三级政府机构数分别占相应级次政府机构总数比重的加权综合值。

（4）高借新还旧率占比。高借新还旧率占比是指各个地区借新还旧率超过20%的市、县、乡三级政府机构数分别占相应级次政府机构总数比重的加权综合值。由于偿债能力的不足，许多地方政府会通过举借新债来偿还旧债。但"借新还旧"本身并不能从根本上消除债务风险，只会导致债务规模的持续膨胀和债务风险的向后转移，甚至会使短期阶段性债务风险累积转变为长期性债务风险。

（5）债务依存度（当期新增债务额÷当期财政支出×100%）

债务依存度是衡量地方政府当期财政支出对债务的依赖程度，如果此指标较高，则表明地方财政支出过度依赖借债，长期累积可能会爆发严重的债务危机。

（6）GDP增长率与债务增长率的比值，是反映地方经济能否健康持续发展的重要指标，GDP增速高于债务增速，则表明政府债务处于良性循环，尚有偿债能力；反之，则表明地方财政处于恶性循环，地方政府偿债压力巨大。

（7）经济债务弹性。经济债务弹性是年末地方政府性债务余额增长率与当年地区生产总值增长率的比值，是从动态角度衡量地区经济长期承债能力的重要指标，可以反映出一个地区地方政府性债务增长速度与生产总值增长速度的匹配程度。一般来说，地方政府性债务的增长速度应该与同期地区生产总值的增长速度相适应，如果前者快于后者，则可以在一定程度上说明地方经济发展对举债融资的依赖程度较大，会形成一定的债务风险隐患。

（8）财政债务弹性。财政债务弹性是年末地方政府性债务余额增长率与当年财政收入增长率的比值，是从动态角度衡量地方政府偿债能力的重要指标，可以反映出一个地区地方政府性债务增长速度与财政收入增长速度的匹配程度。一般而言，地方政府性债务的增长速度应该与当年财政收入的增长速度相适应，一旦前者快于后者，则意味着将来会有越来越多的财政收入被用来偿还债务，这会削弱地方政府的自身财力，从而会对地方经济的稳定健康发展造成不利影响。

（二）评价方法选择

在评价方法的选择上有横向分析法和趋势分析法两种。横向分析法为国际比较的方法。在缺乏一致的国际标准下，如各国政府会计核算的方法选择不同，提供的政府财务信息各不相同，横向比较没有意义。从我国的现实情况看，政府会计制度还比较落后，由于缺乏统一的政府会计准则，各预算单位的会计信息还不能实现横向比较，更不能依据政府会计提供的信息来进行横向的国际比较。财政风险的评价应以趋势分析为主、横向分析为辅。应侧重过去、现在和未来的分析，评价财政风险状况的变化情况，揭示变化的原因，并针对原因提出有效的应对措施。

趋势分析法，是通过比较政府连续几个会计年度的资产负债表或政府负债风险识别指标，以分析政府负债规模和结构的变化趋势。通过编制比较资产负债表，分析政府负债增减变动趋势，判断政府的可持续性。通过评价各指标的增减变化趋势及其原因，为制定有效的措施提供依据。

三 狭义财政风险管理与公共部门资产负债表

（一）公共部门资产负债表的层次

在第二章中对公共部门资产负债表进行过论述。公共部门资产负债表包括两个层次。第一层次为依据政府会计准则编制的资产负债表，这里的资产负债表为以"政府"为会计主体编制的政府整体的资产负债表。第二层次为包括了所有的政府资产和政府负债的资产负债表。这些政府资产和政府负债中，有些满足政府资产和政府负债的确认条件，包含在了资产负债表内；有些虽不满足确认条件，但满足披露要求，属于应在政府财务报告中披露的内容；还有些政府资产和政府负债这两方面都不满足，但仍包括在公共部门资产负债表中，如未来应收取的税收的折现额。

①依据政府会计准则编制的政府整体资产负债表

②广义的公共部门资产负债表之一（政府财务报告中核算和披露的资产和负债）

③广义的公共部门资产负债表之二（包含了全部的政府资产和政府债务）

（二）狭义财政风险管理与公共部门资产负债表

三个层次的资产负债表反映了不同程度的政府财务风险状况，即狭义的财政风险状况。不同之处在于，数据取得的难度逐渐增加。一般来讲，流动性越强的资产和债务，其价值越容易取得。所以，依据政府会计准则编制的政府整体资产负债表更能反映政府短期的财务风险。既然这些数据是由会计报表提供的，财政风险的衡量可以借助于企业偿债能力分析的方法。

偿债能力分析可分为短期偿债能力分析和长期偿债能力分析。短期偿债能力是指主体偿还流动负债的能力，包括偿还流动负债本金的能力和偿还即将到期的利息的能力。短期偿债能力可分为静态偿债能力和动态偿债能力。静态偿债能力是指资产负债表上的使用经济资源存量偿还现有负债的能力。动态偿债能力指运营表和现金流量表上的使用经济资源流量偿还现有负债的能力。静态偿债能力指标包括流动比率、速动比率和现金比率。动态偿债能力指标包括现金流量比率和流动负债保障倍数。这些指标中的数据完全来自于政府整体财务报表内。

四　广义财政风险管理与国家资产负债表

（一）国家资产负债表的编制

国家资产负债表是将一个经济体视为与企业类似的实体，将其某一时点上的所有资产（生产性和非生产性、有形和无形、实物和金融）和负债进行分类，然后分别加总，得到反映该经济体总量（存量）的报表。为揭示经济体中不同经济部门的资产负债构成，显示各部门在经济体总量中的份额，并描述部门间的借贷关系，通常还要编制各部门的资产负债表。

国家资产负债表体系的编制涉及五个方面：国家资产负债表的形式；资产的范围和分类；经济体的部门和子部门划分；资产和负债项目的估值

方法；国家资产负债表体系的加总。

（二）广义的财政风险与国家资产负债表

国家资产负债表反映了国家的"家底"，可以判断国家的"富裕程度"和变化趋势，可以警示政府对出现负的净资产的部门和地方政府予以重点关注。国家资产负债表可以从以下方面对财政风险做出判断。

1. 政府的债务余额、净资产和净金融资产。

国家资产负债表中的负债包括了诸多政府财务报告中没有反映的负债，如养老金成本、医疗成本和环保成本等。这些负债因不满足政府债务的确认条件，政府财务报告中没有反映，但都是政府未来应承担的债务。人口老龄化一方面带来了养老金成本的增加，另一方面带来了医疗成本的增加。环境恶化的现实一方面带来医疗成本的增加，另一方面带来环保成本的增加。在编制国家资产负债表时，对这些债务都采用一定的技术手段进行了估计。

净资产为总资产减去总负债，用来衡量总资产能否覆盖全部负债。净金融资产为金融资产减去总负债，用来衡量在短期内非金融资产无法变现的条件下，金融资产能否覆盖全部负债。金融资产有较强的可变现能力，在政府突然面对大规模的财政压力时，就可以直接使用其中的一部分，变现其中一部分用于支付债权人或将股权直接转让给债权人。与净资产相比，净金融资产是一个更稳健的风险指标。

2. 资产与负债的期限错配信息

财政风险管理的目的就是要使得资产和负债在规模和结构上相匹配。从财政风险矩阵和财政风险对冲矩阵也可以说明这个问题：单独的政府债务矩阵说明不了财政风险状况，要看直接显性负债与直接显性资产、直接隐性负债与直接隐性资产，或有显性负债与或有显性资产，或有隐性负债与或有隐性资产是否相匹配。转化到国家资产负债表上表现为资产与负债的期限是否匹配，如果用短期的借债进行长期的投资，势必风险会增加。

3. 各个部门和地区的负债率和风险集中点

某些部门和地区资产负债表所面临的风险有可能成为宏观风险的导火索。如美国次贷危机主要是居民部门对房地产的负债过高；欧债危机的起点是希腊等欧元区小国的国债支付危机。在国家资产负债表内，通过对居民负债率、企业负债率、各地方政府负债率、金融机构负债率等指标进行长期监测。

参考文献

专著类

《中国地方债务管理研究》课题组:《公共财政研究报告——中国地方债务管理研究》,中国财政经济出版社 2011 年版。

Hana Polackova Brixi、马骏:《财政风险管理新理念与国际经验》,中国财政经济出版社 2003 年版。

V. T. 阿雷莫夫、X. P. 塔拉索娃:《风险评价与管理》,邢涛译,第 1 版,对外经济贸易大学出版社 2012 年版。

贝洪俊:《新公共管理与政府会计改革》,浙江大学出版社 2004 年版。

财政部会计司:《美国政府及非营利组织会计讲座》,中国财政经济出版社 2002 年版。

财政部会计准则委员会:《绩效评价与政府会计》,大连出版社 2005 年版。

常丽:《论我国政府财务报告的改进》,东北财经大学出版社 2007 年版。

陈国辉:《会计理论研究》,东北财经大学出版社 2007 年版。

陈均平:《中国地方政府债务的确认、计量和报告》,中国财政经济出版社 2010 年版。

陈立齐:《美国政府会计准则研究》,中国财政经济出版社 2009 年版。

陈小悦、陈立齐:《政府预算与会计改革——中国与西方国家模式》,中信出版社 2001 年版。

丛树海:《财政扩张风险与控制》,商务印书馆 2005 年版。

樊丽明、黄春蕾、李齐云等:《中国地方政府债务管理研究》,经济科学出版社 2006 年版。

葛家澍：《财务会计理论研究》，厦门大学出版社 2006 年版。

《国际公共部门会计文告手册（2010）》，中国财政经济出版社。

贺蕊莉、刘明慧：《政府与非营利组织会计》，东北财经大学出版社 2011 年版。

胡志勇：《论中国政府会计改革》，经济科学出版社 2010 年版。

景宏军、王蕴波：《我国政府会计改革：理论探源与流程创新》，黑龙江大学出版社 2012 年版。

李建发：《政府财务报告研究》，厦门大学出版社 2006 年版。

李建发：《政府会计论》，厦门大学出版社 1999 年版。

李建发：《政府及非营利组织会计》，东北财经大学出版社 2011 年版。

李松森：《国有资产管理》，中国财政经济出版社 2004 年版。

刘钧：《风险管理概论》，中国金融出版社 2005 年版。

刘珺珺：《地方政府债务融资及其风险管理：国际经验》，经济科学出版社 2011 年版。

刘尚希：《财政风险及其防范问题研究》，经济科学出版社 2004 年版。

楼继伟、张弘力、李萍：《政府预算与会计的未来——权责发生制改革纵览与探索》，中国财政经济出版社 2002 年版。

路军伟：《双轨制政府会计模式研究》，厦门大学出版社 2010 年版。

罗伊·T. 梅耶新：《公共预算经典——面向绩效的新发展》，上海财经大学出版社 2005 年版。

马恩涛：《中国经济转型中的政府或有负债研究》，经济科学出版社 2010 年版。

马骏、张晓蓉、李治国：《中国国家资产负债表研究》，社会科学文献出版社 2012 年版。

毛程连：《国有资产管理学》，复旦大学出版社 2005 年版。

萨尔瓦托雷·斯基亚沃——坎波、丹尼尔·托马西：《公共支出管理》，中国财政经济出版社 2001 年版。

石英华：《政府财务信息披露研究》，中国财政经济出版社 2006 年版。

孙开、彭建：《财政管理体制创新研究》，中国社会科学出版社 2004 年版。

孙开：《财政体制改革问题研究》，经济科学出版社 2004 年版。

孙开：《地方财政学》，经济科学出版社 2008 年版。

武彦民：《财政风险：评估与化解》，中国财政经济出版社 2004 年版。

王晨明：《政府会计环境与政府会计改革模式论》，经济科学出版社 2006 年版。

王惠平、姚志伟、方周文、刘微芳：《政府会计相关问题研究》，中国财政经济出版社 2012 年版。

王瑶：《公共债务会计问题研究》，经济管理出版社 2009 年版。

王银梅：《权责发生制预算与会计改革问题研究》，中国社会科学出版社 2009 年版。

王雍君：《政府预算会计问题研究》，经济科学出版社 2004 年版。

邢俊英：《基于政府负债风险控制的中国政府会计改革研究》，中国财政经济出版社 2007 年版。

张海星：《公共债务》，东北财经大学出版社 2011 年版。

张海星：《政府或有债务问题研究》，中国社会科学出版社 2007 年版。

张琦：《政府会计改革：系统重构与路径设计》，东北财经大学出版社 2011 年版。

张雪芬：《政府会计发展与对策》，中国时代经济出版社 2006 年版。

张月玲：《政府会计概念框架构建研究》，光明日报出版社 2009 年版。

赵建勇：《中外政府会计规范比较研究》，上海财经大学出版社 1999 年版。

赵西卜：《政府会计建设研究》，中国人民大学出版社 2012 年版。

中国会计学会：《政府会计理论与准则体系研究》，大连出版社 2010 年版。

卓志：《风险管理理论研究》，中国金融出版社 2006 年版。

论文类

张琦、王森林、李琳娜：《我国政府会计改革重大理论问题研究》，《会计研究》2010 年第 8 期。

陈志斌：《政府会计概念框架整体分析模型》，《会计研究》2009 年第 2 期。

陈志斌：《政府会计概念框架结构研究》，《会计研究》2011 年第

1 期。

张娟:《政府会计与企业会计:基于 IPSASB 与 IASB 最新研究成果的分析》,《会计研究》2010 年第 3 期。

肖鹏:《基于防范财政风险视角的中国政府会计改革探讨》,《会计研究》2010 年第 6 期。

路军伟:《我国政府会计改革取向定位与改革路径设计——基于多重理论视角》2010 年第 8 期。

戚艳霞、张娟、赵建勇:《我国政府会计准则体系的构建——基于我国政府环境和国际经验借鉴的研究》,《会计研究》2010 年第 8 期。

张琦、张娟、程晓佳:《我国政府预算会计系统的构建研究》,《会计研究》2011 年第 1 期。

马恩涛:《政府或有负债控制及其风险防范研究》,《财政研究》2009 年第 7 期。

马恩涛:《政府担保与我国或有负债风险的防范》,《特区经济》2006 年第 7 期。

张春霖:《如何评估我国政府债务的可持续性》,《经济研究》2000 年第 2 期。

马金华、王俊:《地方政府债务问题研究的最新进展》,《中央财经大学学报》2011 年第 11 期。

贾璐:《我国地方政府或有负债会计问题分析》,《会计之友》2012 年第 3 期。

陈霖:《政府或有负债会计问题研究》,湖南大学,2008 年。

常丽:《政府会计资产负债要素的界定及披露问题研究》,《东北财经大学学报》2011 年第 1 期。

马乃云:《借助会计核算理性分析政府或有负债》,《商业研究》2008 年第 12 期。

吴莹、刘家君:《政府负债会计处理与责任考核》,《会计之友》2012 年第 2 期。

孙芳城、欧理平、马千真:《政府债务会计核算制度改革探索》,《财政研究》2006 年第 4 期。

陈璐璐:《我国政府债务核算与披露问题研究》,《预算管理与会计》2010 年第 1 期。

袁佩佳:《资产负债管理框架下的地方财政可持续性分析》,《地方财政研究》2006 年第 3 期。

郝东洋：《基于财政风险控制导向的政府会计改革研究》，《财会通讯》2011 年第 8 期。

张国生：《政府财务境况和财政风险：一个分析框架》，《公共管理学报》2006 年第 1 期。

张国生：《改进我国政府资产负债表的思考》，《财经论丛》2006 年第 5 期。

沈沛龙、樊欢：《基于可流动性资产负债表的我国政府债务风险研究》，《经济研究》2012 年第 2 期。

潘俊、陈志斌：《政府财务信息披露理论框架构筑》，《上海立信会计学院学报（双月刊）》2011 年第 5 期。

张志华、周娅、尹李峰：《澳大利亚的地方政府债务管理》，《中国财政》2008 年第 11 期。

刘尚希：《财政风险：一个分析框架》，《经济研究》2003 年第 5 期。

丛树海、郑春荣：《国家资产负债表：衡量财政状况的补充形式》，《财政研究》2002 年第 1 期。

丛树海、李生祥：《我国财政风险指数预警方法的研究》，《财贸经济》2004 年第 6 期。

喻凯：《浅析权责发生制政府会计改革的难点与对策》，《财会研究》2012 年第 3 期。

陈胜群、陈工孟、高宁：《政府会计基础比较研究——传统的收付实现制与崛起的权责发生制，孰优孰劣?》，《会计研究》2002 年第 5 期。

寇铁军、张海星：《地方政府债务风险的外部分析》，《东北财经大学学报》2007 年第 1 期。

张海星：《财政机会主义与政府或有债务的预算管理》，《财政研究》2007 年第 11 期。

常丽：《政府财务报告主体的重整——基于财政透明度视角》，《财经问题研究》2008 年第 6 期。

常丽：《美、日政府资产负债信息披露全景图比较研究》，《财政研究》2010 年第 8 期。

刘锡良、刘晓辉：《部门（国家）资产负债表与货币危机：文献综述》，《经济学家》2010 年第 9 期。

杨小军、方文辉：《关于建立政府资产负债管理的几点思考》，《青海金融》1999 年第 10 期。

丛树海、郑春荣：《国家资产负债表：衡量财政状况的补充形式》，

《财政研究》2002 年第 1 期。

张梅：《金融危机下我国政府债务风险与控制研究——冰岛事件引发对政府会计的思考》，《湖北经济学院学报》2010 年第 2 期。

曹远征：《重塑国家资产负债能力》，《IT 时代周刊》2011 年第 8 期。

金秀、黄小原：《资产负债管理模型及在辽宁养老金问题中的应用》，《系统工程理论与实践》2005 年第 9 期。

张曾莲：《论政府预算会计与财务会计的结合》，《中南大学学报》（社会科学版）2011 年第 8 期。

张勇、徐公伟：《我国政府财务会计和预算会计协调机制研究：基于基金会计角度》，《商业会计》2010 年第 2 期。

厉国威：《试论我国政府会计基础的选择》，《财会研究》2010 年第 20 期。

黄保华：《财政总会计实行权责发生制的技术路径——基于财务会计与预算会计结合模式》，《财会月刊》2011 年第 10 期。

徐志、吴姗、王凤燕：《事业单位应否纳入政府会计主体》，《预算管理与会计》2010 年第 5 期。

马国贤：《政府会计改革路径之我见》，《行政事业资产与财务》2011 年第 3 期。

财政部国库司：《政府会计制度体系研讨会观点综述》，《预算管理与会计》2010 年第 8 期。

毕记满、杨成文：《隐性债务下的政府会计改革探析》，《审计与经济研究》2007 年第 5 期。

赵建勇：《中美政府资产负债表比较研究》，《经济科学》1999 年第 1 期。

刘尚希：《财政风险防范的路径与方法》，《财贸经济》2004 年第 12 期。

刘尚希：《财政风险一个分析框架》，《经济研究》2003 年第 5 期。

马恩涛：《财政调整、机会主义与政府或有负债》，《改革探索》2006 年第 10 期。

刘志强：《主权债务危机财政风险形成的制度分析》，《当代经济研究》2011 年第 7 期。

靳能全：《公共危机下我国政府会计的改进研究》，《财会研究》2011 年第 11 期。

宋承刚、董雪艳、吴金波：《国有资本会计初探》，《财会月刊》2008

年第 6 期。

万弩、诸建伟、熊艳：《金融危机对政府会计改革的效应分析——基于加州财政危机的视角》，《财会通讯》2011 年第 7 期。

邢俊英：《析我国政府会计负债的定义和确认标准》，《预算管理与会计》2008 年第 2 期。

王庆东、常丽：《新公共管理与政府财务信息披露思考》，《会计研究》2004 年第 4 期。

陈小悦、陈璇：《政府会计目标及其相关问题的理论探讨》，《会计研究》2005 年第 11 期。

陈立齐、李建发：《国际政府会计准则及其发展评述》，《会计研究》2003 年第 9 期。

上海市预算会计研究会课题组：《政府会计要素的确认与计量》，《预算管理与会计》2008 年第 6 期。

海南省政府会计改革课题组：《政府会计要素的确认与计量问题研究》，《预算管理与会计》2008 年第 12 期。

应益华：《政府会计治理在债务管理中的作用研究——以希腊主权债务危机为例》，《会计之友》2012 年第 5 期。

上海市预算会计课题研究会课题组：《政府会计管理模式若干问题研究》，《预算管理与会计》2007 年第 5 期。

李建发、肖华：《公共财务管理与政府财务报告改革》，《会计研究》2004 年第 9 期。

蔡志刚：《政府债务会计信息披露如何更透明》，《中国会计报》2012 年第 7 期。

马骏：《中国公共预算改革的目标选择：近期目标与远期目标》，《中央财经大学学报》2005 年第 10 期。

马蔡琛：《政府会计确认基础与权责发生制预算改革的思路》，《财会通讯》2006 年第 7 期。

谷祺、邓德强：《德法模式政府会计改革动因的比较与启示》，《上海立信会计学院学报》2006 年第 3 期。

陆建桥：《关于加强我国政府会计理论研究的几个问题》，《会计研究》2004 年第 7 期。

马海涛、马静：《完善我国财政债务核算体系的思考》，《财政研究》2005 年第 5 期。

张曾莲：《政府会计引入公允价值的思考》，《中国管理信息化》2011

年第 3 期。

赵谦：《基于资产负债框架的国债管理研究》，《财政研究》2008 年第 2 期。

刘谊、廖莹毅：《权责发生制预算会计改革：OECD 国家的经验及启示》，《会计研究》2004 年第 7 期。

刘光忠：《关于推进我国政府会计改革的若干建议》，《会计研究》2010 年第 12 期。

张海星：《地方债放行：制度配套与有效监管》，《财贸经济》2009 年第 10 期。

郭磊：《我国政府会计改革的理论分析：基于新制度经济学视角》，《财政监督》2014 年第 9 期。

姜宏青、刘亚峰：《基于权责发生制的养老保险基金会计体系构建》，《财务与会计》2015 年第 7 期。

贾建军：《政府与社会资本合作（PPP）会计问题探讨》，《商业会计》2015 年第 10 期。

张德刚、刘耀娜：《PPP 项目政府主体会计核算探究》，《财会月刊》2016 年第 28 期。

赵海立、刘维丹：《政府和社会资本合作模式（PPP）的会计处理探讨》，《财务与会计》2015 年第 21 期。

王李平：《常见 PPP 项目运作模式会计核算管见》，《财会月刊》2016 年第 16 期。

王芳、万恒：《PPP 模式下政府负债会计问题探讨》，《财务与会计》2016 年第 15 期。

张秀霞：《PPP 项目会计核算的国际借鉴》，《财会通讯》2017 年第 10 期。

崔志娟：《PPP 项目在政府综合财务报告中确认、计量与披露的探讨》，《商业会计》2016 年第 2 期。

崔志娟：《政府会计的 PPP 项目资产确认问题探讨》，《会计之友》2018 年第 1 期。

李雨阳、黄子辰、任伟：《美国政府特许服务权安排的会计核算及启示》，《会计之友》2018 年第 2 期。

陈新平：《PPP 国际会计制度的演变趋势及启示》，《中国总会计师》2017 年第 7 期。

外文文献：

A Goddard. Accounting and NPM in UK Local Government - Contributions Towards Governance and Accountability. Financial Accountability and Management, 2005, 21 (2): 191-218.

Algie, R., 2003. Governance Traditions and Narratives of Public Sector Reform in Contemporary France. Public Administration, 81 (1): 141-162.

Athukorala, S.A., REID B. Accrual Budgeting and Accounting in Government and its Relevance for Developing Member Countries. http://www.adb. org/Documents/Reports/Accrual_ Budgeting_ Accounting/defaul.t asp.

Athukorala, S. L., and Reid, B., 2003. Accrual Budgeting and Accounting in Government.

Bailey, L.P., 2003.2003 Miller Governmental GAAP Guide For State and Local Government. New York: Aspen Publishers.

Baker, R. and M.D. Rennie. Forces leading to the adoption of accrual accounting by the Canadian federal government: an institutional perspective. Canadian Accounting Perspectives, 2006, 5 (1).

Barrett P. 2004. Financial Management in the Public Sector - How Accrual Accounting and Budgeting Enhances Governance and Accountability. Working Paper, Australian National Audit Office.

Boisard, G., 1982. Public Access to Government Information. Government Publications Review, Vol 9: 205-219.

Boyne G. and Law J. 1991. Accountability and Local Authority Annual Reports: the Case of Welsh District Councils. Financial Accountability & Management (3): 179-194.

Broadbent, J., and Laughlin, R., 1997. Evaluating the 'New Public Management' Reforms in the UK: A Constitutional Possibility? Public Administration (Autumn), 75: 487-507.

Carlin, T.M., 2005. Debating the Impact of Accrual Accounting and Reporting in The Public Sector. Financial Accountability and Management, 21 (3): 309-336.

CarlinT.M. Debating the Impact of Accrual Accounting and Reporting in the Public Sector. Financial Accountability & Managemen, t 2005, 21 (3): 309-336.

Chan, J.L., 2001.Reforming American government accounting in the 20th century.In Liou, K.T. (Ed), Handbook of Public Management Practice and Reform (Marcel Dekker, New York): 97-121.

Coy et al.2001.Public Accountability: a New Paradigm for College and U-niversity Annual Reports.Critical Perspectives on Accounting (12): 1-31.

G D Carnegie, B P West. How Well Does Accrual Accounting Fit the Public Sector? Australian Journal of Public Administration, 2003, 62 (2): 83-86.

GASB.Concepts Statement No.1.Objectives of Financial Reporting: 56.

Hana Polackova (1998), "Contingent Government Liabilities: a Hidden Risk to Fiscal Stability," World Bank.

Hana Polackova Brixi, Contingent Liabilities in New Member States.

Hana Polackova Brixi and Allen Schick.2002.Government at Risk-Contingent Liabilities and Fisca lRisk.Washington: World Bank.

Hana Polackova Brixi (1998), "Government at Risk", World Bank.

Hana Polackova Brixi, Fiscal Adjustment and Contingent Government Liabilities: Case Studies of the Czech Republic and Macedonia.

Hepworth, N.Government budgeting and accounting reform in the United Kingdom.Paper for the Beijing National Accounting Institute Symposium, 2001.

IFAC. PSC. Study 14: Transition to the Accrual Basis of Accounting: Guidance for Governments Entities.December, 2003.

Ingram, R.W.Economic incentives and the choice of state government accounting practices.Journal of Accounting Research, 1984, 22 (1).

International Monetary Fund. 2001. Manual on Fiscal Transparency. Washington.

Kopits, George, and Jon Craig.1998.Transparency in Government Operations, IMF Occasional Paper No. 158. Washington: International Monetary Fund.

Lüder, K.and R.Jones.Reforming Governmental Accounting and Budgeting in Europe.Fachverlag Moderne Wirtschaft, 2003.

Marti C.Accrual Budgeting: Accounting Treatment of Key Public Sector I-tems and Implications for Fiscal Policy. Public Budgeting& Finance, 2006, Summer: 45-65.

Paulsson G.Accrual Accounting in the Public Sector: Experiences from the

Central Government in Sweden. Financial Accountability & Managemen, t 2006, 22（1）: 47-62.

Robert Berne.The Relationships between Financial Reporting and the Measurement of Financial Condition. GASB Research Report, 1992: 1 - 27, 115-148.

Schiavo-Campo Salvatore.1994.Institutional Change and the Public Sector in Transitional Economies.Discussion Paper No.243.Washington: World Bank.

Schick A.Performance Budgeting and Accrual Budgeting: Decision Rules or Analytic Tools? OECD JournalonBudgeting, 2006, 7（2）: 109 - 138. http: //www.oecd.org/document/14/0, 3343, en_ 2649_ 33735_ 2074062_ 1_ 1_ 1_ 1, 00.htm.l.

T M Carlin.Debating the Impact of Accrual Accounting and Reporting in The Public Sector.Financial Accountability and Management, 2005, 21（3）: 309-333.

后　记

回首三年前的这个时间，一边是千头万绪的工作，一边是高度紧张地准备博士生入学考试。在觉得自己简直无法承受之时，被医生告知自己最好马上动手术入院治疗。被医院一部部冰冷的仪器检查时，我想了很多：到现在为止忙忙碌碌的人生、刚要入幼儿园的儿子、风风雨雨牵手十三年的爱人。刹那间，我内心平静极了，所有的不快和阴霾一扫而光，剩下的只是温暖和感动。带着这份坦然，非常顺利地通过考试，之后非常顺利的手术，到现在非常顺利地完成博士论文。

衷心感谢导师孙开教授。导师严正的学术品格、深厚的学术修养和豁达、谦逊的为人处世原则，不仅开阔了我的学术视野，更教导了我无数的人生哲学。博士论文从选题到结构设计，从资料收集到观点形成，从行文规范到修改定稿，倾注了导师大量的心血。导师虚怀若谷的宽广胸襟和怀瑾握瑜的高尚人格，如春风化雨，润物无声，让我和我的家人倍感师恩的温暖。这将是我一生的财富，我将永远铭记在心。在导师的指引下，我开始了对政府会计领域的研究。还是在导师的指导和帮助之下，从犹豫和徘徊中逐渐走出来，思路逐渐清晰。论文能顺利完成，与导师深厚的学术功底及细心的指导密不可分。同时衷心感谢师母孙璐女士三年来在生活上对学生无微不至的关心。

感谢我硕士阶段导师，财税学院张炜教授。您的善良、豁达、智慧、美丽让我学到了很多，明白了很多受益终生的人生哲理。让我学会了对别人感恩、宽容和尊敬，对自己自信、自强、自尊和自爱。以一个强大的内心去面对生活中的喜怒哀乐，品尝生活的酸甜苦辣。

感谢财税学院财税贺蕊莉教授、张海星教授、刘明慧教授、李松森教授、苑新丽教授、朱晓波教授、会计学院常丽副教授，感谢他们在百忙之中对我在专业上的指导及对我提供的文献上的无私帮助。感谢财税学院所有指导和帮助过我的老师。

感谢我的师兄彭建。三年前，在师兄的引荐下，我有幸成为孙开教授的门徒。感谢一直以来对我的帮助。感谢各位同门，田雷、景宏军、高玉强、董黎明、王浩林。感谢他们在我论文写作中提出的宝贵建议和给予的精神支持。

感谢我的工作单位青岛大学经济学院，感谢单位所有领导和同事，没有领导们的支持，没有同事们的帮助，我很难顺利完成学业。

最后，要感谢我的家人们一直以来为我默默的付出。尤其要感谢我的爱人刘培学，正是他的真心相伴，才让我能顺利走过这段痛并快乐的日子。感谢儿子刘悦淳，他是我最疲惫最无助时能够无缘无故快乐起来的源泉。

虽然下了很大功夫，但无奈学海无涯，囿于学识，对政府会计领域的研究还有很多不足之处，有待以后进一步研究。不足之处，望大家指正。

刘慧芳

2013 年 3 月 16 日

本书后记

本书是在我的博士学位论文的基础上完善而成的，同时也是 2016 年国家社科基金后期资助项目《财政风险管理视角下的政府会计改革研究》的最终成果形式。在本书出版之际，我谨向国家社科基金对该项目给予的资助表示衷心的感谢。中国社会科学出版社的任明老师为本书的编辑出版付出了大量的心血，深表感激。

对论文的修改和完善实属不易。在这个过程中有幸得到了诸多专家学者们的帮助，不管是阅读学者们的文献，还是在学术研讨会上的当面请教，还是遇到瓶颈时非常冒昧的电话联系，都给了我很多的启发，没有这些，论文的完善无从谈起。在此一并感谢。学者们对学术研究的热情和严谨的态度也将深深影响我以后的科研之路。

论文从开始写作到本书出版经历的时间比较漫长，而且这段时间正是我国政府会计改革进展较快的几年，书中有些资料略显陈旧，再加上本人学术水准有限，书中不足之处，敬请同仁指教。

2018 年 12 月 26 日